本丛书为云南大学"双一流"建设民族学一流学科建设项目成果

丛书编委会

主　任: 林文勋

副主任: 何　明　关　凯　赵春盛　李志农　李晓斌

委　员（按姓氏笔画为序）:

马居里　马雪峰　马翀伟　马腾岳　牛　阁　王文光　王越平

龙晓燕　庄孔韶　朱　敏　朱凌飞　张　亮　张海超　张锦鹏

张　赟　何　俊　李永祥　李丽双　李伟华　陈庆德　陈学礼

郑　宇　周建新　赵海娟　高志英　谢夏珩

本书为国家社科基金项目
"'魁阁'时期云南九村镇再研究"（16BSH003）阶段性成果

教育部人文社会科学重点研究基地

云南大学西南边疆少数民族研究中心文库

魁阁研究丛书 | 主编 何 明 赵春盛

魁阁文献

魁阁学者劳工社会学研究

张美川 马雪峰 主编

社会科学文献出版社
SOCIAL SCIENCES ACADEMIC PRESS (CHINA)

"魁阁研究丛书"序

　　"魁阁"是表演中国传统社会文化中"耕读传家"的重要场所,呈贡魁阁却在近现代的时空际会中成为中国人文社会科学形成与发展的庇护所,这里的"魁阁"及其学人也因此被誉为中国现代学术集团的雏形。"魁阁时代"推动了人类学学科范式的转型,探索了中国之于世界的意义,是现代中国人文社会科学的滥觞。"魁阁时代"及其学人体认并经历了中华民族共同体的自觉,留下了滋养今天大学文化与学科建设的"魁阁精神"。

　　1938 年,吴文藻到云南大学从事社会学人类学讲座课程和研究工作,同时受熊庆来校长的委托创建云南大学社会学系并出任首届系主任。后来,云大又与燕京大学合作建立"燕京 - 云大社会学工作站",由费孝通主持。费孝通在《从实求知录》中写道:"不久,我也接踵从伦敦返国,立即投入云大新建的社会学系,并取得吴老师的同意在云大社会学系附设一个研究工作站,使我可以继续进行实地农村调查。这个研究工作站在敌机滥炸下迁居到昆明附近的呈贡魁星阁,'魁阁'因而成了这个研究工作站当时的通用名称。在这里我回想起魁阁,因为它是在吴老师尽力支持下用来实行他多年的主张为社会学'开风气,育人才'的实验室。"费孝通在回忆"魁阁"研究时说:"真是想不到,将近 50 年前,为了油印他(张之毅)那本《易村手工业》,我曾一字一句地亲手刻写蜡板;过了这么半个世纪,最后还是轮到我,为了出版这本《玉村农业和商业》,又一字一句地亲自校阅他的修正稿。这段学术因缘,岂是天定?""魁阁"汇聚了费孝通、许烺光、陶云逵、瞿同祖、张之毅、田汝康、史国衡、谷苞、胡庆钧、李有义、张宗颖等一批当时中国杰出的社会学、人类学、民族学、法学等学科的研究者。尽管狭义的"魁阁"仅存在了 6 年左右的时间,"魁阁时代"的学人后来也星散于中国乃至世界各地,"魁阁"却被誉为中国现代学术集团的雏形。

在学科史意义上，费孝通的《江村经济》是人类学学科范式转换的里程碑。马林诺夫斯基在该书的序言中写道："这是一个中国人对自己人民的研究，这种方法对于西方人类学而言，实际上是很难能可贵的一种方法。"在完成云南内地农村的调查近50年后，费孝通在《〈云南三村〉序》中写道："《云南三村》是从《江村经济》基础上发展起来的……当我发表《江村经济》之初确有人认为解剖这么一个小小的农村，怎么戴得上《中国农民生活》这顶大帽子……如果我停留在《江村经济》不再进一步到《云南三村》，那么只能接受上述批评了……江村只是我认识中国社会的一个起点……目的是很清楚的，我认为，就是人要把自身的社会生活作为客观存在的事物，加以科学的观察和分析，以取得对它的正确如实的认识，然后根据这种认识来推动社会的发展。作为一个中国人，首先要认识中国社会。《云南三村》是抱有这个目的的。"如果说1939年用英文在伦敦出版的《江村经济》标志着人类学学科的"去殖民化、异文化"，那么《云南三村》则标志着人类学学科的"文化自觉、本土化"。

费孝通说，魁阁的学风是从伦敦政治经济学院人类学系传来的。现在放宽历史的视界回顾起来，广义的"魁阁时代"及其学人融汇了来自英国、德国、美国、法国、中国等国家的学术传统和学科素养。继人文社会科学"西学东渐"时期的"群学研究"之后，"魁阁时代"不仅是现代社会学中国化的重要环节，也是中国人类学、民族学、法学、经济学等现代人文社会科学的摇篮。"魁阁时代"学人的研究涉及学科之多，领域之广，留下的调查资料之丰富，研究成果之丰硕，成为后来者可以挖掘的一座学术富矿。目前，我们首批推出的"魁阁研究丛书"包括三类。第一类是"魁阁时代"学者的文集汇编、田野调查照片以及"魁阁村落"的档案集成，例如，《张之毅文集》《魁阁学者劳工社会学研究》《魁阁三学者文集》《云大社会学田野调查老照片（1939-1954）》等。第二类是后来者对"魁阁时代"田野点的再研究，包括《空间变迁与社会转型》《经济、社会结构与精神生活：安村、尾村再研究》《村庄研究的四个维度——"魁阁"时期四村再研究》《云南三村再研究》等。"魁阁时代"的田野点除了村落以外，还包括工厂、集市等类型。第三类是纪念"魁阁时代"的论文集以及其他文稿，例如，《纪念"魁阁"80周年研讨会论文集》和《魁阁》集刊等。在后续的魁阁研究中，我们将更注重挖掘积淀在"魁阁时代"学人原典中的"道隐无名"和方法论，并在"魁阁"田野点跟踪研究中走向一流学科建设更广阔的未来。

艰难岁月，薪火相传。"魁阁时代"的学人也在用自己的智识思考"中华民族何以是一个"的问题。张之毅在《论中国民族性的形成及其转变》中写道："变是既定的事实，悲观没有用，保守没有用，空口提倡也没有用，现在的工作是怎样使青年们完成他们自我的人格，发展他们健全的个性，使他们学得应付生活的新知识，使他们依各人个性人格和兴趣各位育在一适当的地位，使全社会份子分工合作建立起和谐的生活，最后而最紧要的是建立起一种社会的公道，这些是决定今后新文化成功和失败的主要条件，值得大家注意和努力。"后来，1988 年费孝通在香港中文大学 Tanner 讲演中说："中华民族作为一个自觉的民族实体，是近百年来中国和西方列强对抗中出现的，但作为一个自在的民族实体则是几千年的历史过程中形成的。"从 1840 年那时起，世界给了中国一个苦难的百年转身；而通过新旧民主主义革命乃至新中国成立 70 年以来的艰苦奋斗，中国给了世界一个崭新的中华民族。铸牢中华民族共同体意识，坚持共同团结奋斗、共同繁荣发展，推动中华民族走向包容性更强、凝聚力更大的命运共同体，"万物并育而不相害，道并行而不相悖"，不同文明、制度、道路的多样性及交流互鉴可以为人类命运共同体建设和人类社会进步提供强大的动力。

习近平总书记指出："哲学社会科学是人们认识世界、改造世界的重要工具，是推动历史发展和社会进步的重要力量，其发展水平反映了一个民族的思维能力、精神品格、文明素质，体现了一个国家的综合国力和国际竞争力。"推进新时代中国特色社会主义建设伟大事业，一个重要的前提就是要用科学的理论和方法作指导，去认识中国与世界、理解中国与世界、建设中国与世界。费孝通在《〈云南三村〉序》中写道："我们对自己的国家有信心，对自己的事业有抱负。那种一往情深，何等可爱。这段生活在我心中一直是鲜红的，不会忘记的。……我当时觉得中国在抗战胜利之后还有一个更严重的问题要解决，那就是我们将建设成怎样一个国家。……对中国社会的正确认识应是解决怎样建设中国这个问题的必要前提。科学的知识来自实际的观察和系统的分析，也就是现在所说的'实事求是'。"当我们重返魁阁，我们能感受到，在昆明市呈贡区的那座小楼里，在写过"故国月明中"的那根柱子旁，一代学人给后来者留下了"开风气，育人才"的教育理念和"报国情怀、社会担当、扎根田野、自由讨论、团队合作、传承创新、文化自觉、美美与共"的"魁阁精神"。

魁阁旧作读来晚

逝水流年望复空

灯下家园方块字

故国待晓月明中

是为序。

2019 年 11 月 3 日午赵春盛谨识

于东陆园

导　言

一　本书缘起

本书编者就职于云南大学民族学与社会学学院社会学系，在长期的教学与研究过程中，逐渐意识到云南大学"魁阁"时期（1939 年至 1946年）的社会学研究工作站留下的是一笔极为宝贵的学术遗产，但这笔学术遗产在很多方面并未得到深入的继承与发扬，而是相反，正如有学者谈及中国社会学的发展历程时所指出的，1949 年以前的中国社会学传统至今仍然是"冻结的传统"①，对于"魁阁"时期留下的学术遗产虽有若干研究，已呈现某种"解冻"倾向，但就总体而言，相较于这笔学术遗产的思想质量与丰富性，目前的学术继承仍然远远不够。

这种状况在有关"魁阁"时期社会学者的劳工研究领域尤为突出。编者参与本系研究团队的"'魁阁'时期九村镇再研究"项目（由云南大学社会学系马雪峰老师主持的国家社会科学基金项目，本书的编修也属于该项目的阶段性成果之一），在整理与讨论研究资料的过程中，发现史国衡的《昆厂劳工》一书在中国早期劳工研究中占有相当重要的地位，在"魁阁"学者开创的社会学研究维度中，这部著作也是一个关键性的文本，其所引发的工厂民族志、劳工的工业教育以及机器时代的社会团结等研究方向，虽然一度中断，但显然至今都是极为重要、有待深入研究的问题。令人遗憾的是，这么重要的一部著作，在社会学恢复重建后一直没有重新出版。② 用中国社会学史研究者闻翔的话来说，《昆厂劳工》以

① 成伯清:《"冻结的传统"——中国社会发生学的文化反思》,《中国社会科学报》2010 年第 138 期。

② 由于战时费用昂贵，出版困难，《昆厂劳工》最初于 1942 年以油印本的形式发表，1946年才正式由商务印书馆出版。值得注意的是，1944 年 2 月和 3 月，费孝通访问哈佛大学，在哈佛大学霍桑实验室主任埃尔顿·梅奥（Elton Mayo）教授的帮助下，连（转下页注）

及《内地女工》（由同为"魁阁"成员的田汝康撰写，作为《昆厂劳工》附录出版）至今"仍然埋没在故纸堆中，成为魁阁学术遗产中被忽视的一环"。①

有感于上述状况，也为了让早期中国社会学研究中的这颗遗珠重现光彩，我们的研究团队认为，以严肃、负责任的态度重新出版《昆厂劳工》这部书是极有必要的——该书的重新出版可以作为对"魁阁"社会学研究工作站成立八十周年的纪念，或许更重要的是，还可以为学界对"魁阁"学术成就的继承与发扬提供扎实的文本基础。为此，我们以1946年商务印书馆的版本为底本，参考1944年哈佛大学出版社的英文版加以校对，并精选"魁阁"学者们公开发表于报章的劳工讨论文章，编辑成书，力图提供一个善本，以准确还原"魁阁"学者们有关劳工问题的思考，描摹他们曾经达到的高度。

以下将从编者的角度，初步探讨《昆厂劳工》一书所蕴含的学术理路与再研究的可能性。这个探讨并非对"魁阁"学者们的劳工研究的全面评述，而仅仅是一个反思性的评论，是打开某个新的研究空间的尝试。最后，我们还会说明编辑方面的若干技术细节。

二　魁阁学者的劳工研究

我们认为，魁阁学者们的劳工社会学研究之所以重要，首要原因在于劳工研究对于早期中国社会学的本土化而言意义重大。我们就此问题做一个初步探讨。

劳工研究直接指向的，实际上是学术界持续争论的现代性问题，而现代性问题最集中的领域，正是资本主义的工业文明。换言之，现代工业文明或者现代工业体系的兴起，其对农业文明的取代过程以及所带来的冲

（接上页注②）同许烺光一起将《昆厂劳工》译成英文本，书名为 *China Enters Machine Age*。该书由吴文藻作序，梅奥撰写编者按语，1944年由哈佛大学出版社出版，后来的芝加哥大学出版社、Praeger 出版社均有出版，此外，1945年的 *American Political Science Review*（Volume 39, Issue 2, pp. 379 – 381）、*The Journal of Asian Studies*（Volume 5, Issue 1, pp. 73 – 75）分别刊载了 G. Nye Steiger 和 Lawrence K. Rosinger 关于此书的书评文章，足见中西学术界对此书的重视。参见刘绪贻《忆挚友史国衡教授：一位潜力被扼杀的社会学家》，《读书》2009年第4期。

① 闻翔：《劳工神圣——中国早期社会学的视野》，北京：商务印书馆，2018，第154页。

击，身处其中的人如何应对这一巨大的转型过程，而古老的农业国家①又是如何通过艰难的转型逐步建立现代工业体系，这些都是极其重要的问题。与现代性相伴生的社会学这门学科，无疑也与这个问题结下不解之缘，从古典社会学创生时代的马克思、韦伯、涂尔干，到现代社会学快速发展时期的梅奥、帕森斯、雷蒙·阿隆、克罗齐埃、丹尼·贝尔、卢曼等，一代又一代的巨擘对工业社会、后工业社会的研究，把讨论推向了更为深广的境地。

只有在文明转型以及现代性问题的背景下，我们才能理解闻翔所说的："劳工问题不仅仅是一类特殊的社会问题，或只构成一门特定分支社会学所处理的研究对象，而是理解中国的现代转型的一个具有总体意义的问题。"② 进一步我们就可以追问，中国的劳工问题有怎样既受西方影响又有自身独特性的历史路径、探讨方向？其和中国的历史政治文化传统等有着怎样的关联？换言之，从中国的社会转型及现代性构建的角度来看劳工问题，也应该是中国社会学的一个极为重要的探讨方向，并且可以说是题中应有之意。

从上述更为宏阔的视野来重审"魁阁"时期中国社会学的劳工研究，才可以对其进行更好的定位，并有助于从中汲取更为丰富的经验和启示，进而思考当下正在快速发展、充满危机与问题的社会现实。

本书所涉及的劳工研究，主体部分是史国衡的《昆厂劳工》和田汝康的《内地女工》（以附录形式收录进《昆厂劳工》一书），还有费孝通针对该书撰写的两万多字的长篇分析文字"书后"。这几项研究构成魁阁学者劳工研究的核心，后续发表在各个报刊的讨论劳工问题的文章，是对这几项研究的延续与深化。我们拟从传统社会向现代社会转型、契洽理论以

① 费孝通的《乡土中国》有深远的学术影响，这种学术影响恰好说明了一些根本性的问题：中国早熟、悠久的农业文明，对于近代以来由西方传来的工业文明有强烈的抵制和排斥，由此这个转型过程显得异常艰苦。由费孝通主导的魁阁学者们的研究脉络中，《乡土中国》和《昆厂劳工》实际上构成农/工对照与交织的整体问题意识。用闻翔的形象语言来表达，即"乡土中国"遭遇"机器时代"——这是涉及文明转型的重大问题，对于今天的中国社会学界探讨城乡发展的学者而言，仍然构成了基本的认识范式和讨论语境。参见闻翔《"乡土中国"遭遇"机器时代"——重读费孝通关于〈昆厂劳工〉的讨论》，《开放时代》2013 年第 1 期；刘守英、王一鸽《从乡土中国到城乡中国——中国转型的乡村变迁视角》，《管理世界》2018 年第 10 期。

② 闻翔：《劳工神圣——中国早期社会学的视野》，北京：商务印书馆，2018，第 3 页。

及方法论反思这三个层面，来讨论魁阁学者的劳工研究当中蕴含的问题"矿脉"。

首先，如前文所述，劳工问题涉及的实际上是传统社会向现代社会转型的问题，是具有文明转型意义的现代性问题。这个问题引出一系列的相关问题，如传统农业文明究竟有什么文化、心理的意涵？现代工业文明与传统农业文明是截然两立、彼此竞争与取代，还是可以走向兼容互补、共存共荣的关系？现代工业文明进入中国（于是发生了中国的现代性问题），是如同费正清的"冲击－回应"理论所指出的那样，导致中国以被动方式进入痛苦、艰难的现代转型过程，还是如同孔飞力所说的①，西方的冲击只是事情的一个方面，更主要的在于中国自身的传统早已危机重重？按照孔飞力的看法，自清朝中叶以来中国传统即已进入危机和衰落时期，这种衰落不是以往的朝代更替意义上简单的清王朝的衰落，而是中国传统文化作为一个整体的衰落，是中国更为深刻的变革过程。换言之，如何认识中国传统本身，已经是摆在学者面前的一个难题。

魁阁学者们在对劳工的研究中，显然清醒地意识到这个问题。对于传统的遗留，史国衡在《昆厂劳工》中有很多精到的探讨。例如，他明确指出，昆厂对工人群体的划分，即技工、帮工和小工，实际上和职员/工人的划分一样，都是传统社会中的"劳心者/劳力者"划分的镜像，换言之，传统儒家文化所建构的劳心者/劳力者二分框架，是解读后来很多现象的"深层密码"。费孝通在"书后"讨论到社会分层问题时，接过史国衡的论述线索，指出传统农业所养成的社会机构并不合于工业的需要，传统农业社会当中劳心与劳力的隔离决定了社会身份的高下，这种分化在现代工业中导致的结果就是职员与工人的对立，阻碍了合作的契合，而"这种心理上的歧视实是现在中国劳工问题的症结"。

田汝康的《内地女工》研究的独特性在于，它从性别角度涉入劳工、工业建设问题，而性别则与农业社会传统有着千丝万缕的牵连。我们从入厂动机即可看出这一点。如果说在史国衡的《昆厂劳工》里，很大程度上帮工的入厂动机是逃避兵役（后续又有若干篇文章专门探讨役政与工业建设的关系），战争这一外在因素很显然对于工厂内迁、作为男性的帮工为

① 孔飞力：《中华帝国晚期的叛乱及其敌人——1796－1864年的军事化与社会结构》，北京：中国社会科学出版社，2002。

避兵役而入厂这一逻辑链条形成重大影响，那么，在田汝康的调查报告中，我们恰恰可以看到，女工的入厂动机首先不是来自宏大的战争影响因素，而是来自离她们更切近的家庭因素：她们绝大部分是为了逃避家庭痛苦，通过亲戚介绍而进厂的，因此，对于那些在传统社会结构的重负下艰难求存的底层女性来说，工厂不啻于是福地。尤其值得注意的是，田汝康的研究显示，女工的家庭普遍因这些年轻女性离家入厂做工而感到羞耻，认为女性在外工作、抛头露面有辱门风，而且一旦家庭危机解除，女工们即辞职返回家庭。这就清楚地告诉我们，在传统的男性外出工作（男子从农业或其他职业走入新工业，不过转业而已）、女子兼任妻子和母亲且具有管家责任的格局下，女性进入工厂构成了对传统的挑战，是中国社会变迁的大动力；而除非我们能改变整个的男女关系以及家庭结构，考虑工厂在社会教育上的功能，否则这个过程必然伴随旧的家庭组织解体、新的工厂组织难以安顿女工的痛苦过程。

　　工厂是男工逃避兵役的避难所，也是女工逃避家庭痛苦的暂时栖居地，从中我们可以看出，中国早期的工业化的确是在农业社会向工业社会转型这一巨变背景中发生的，因此，带有很强的中国自身的历史与传统印记。史国衡和费孝通都谈到中国农民进厂过程和英国圈地运动导致的农民进厂截然不同，十八、十九世纪的圈地运动使英国农民的土地被没收，基本上没有返乡的可能，农村经济结构发生重大变化，农民只能群集到都市寻找工作。而中国农民则是在战争与役政的驱使下被迫入厂，背后的经济结构并没有发生重大变化，就心态而言，这批进入工厂的农民仍然留恋旧有的生活方式与习惯，一旦工厂没有形成良好的升迁机制和特别的吸引力，他们总会脱离工厂重返农村，因此，这些劳工终究很难在新工业中安顿下来。

　　如何让新工业具备社会团结和个体安顿的微观基础，正是费孝通和史国衡提出的"契洽"理论所要重点探讨的方向。这是我们这里讨论魁阁学者劳工研究的第二个重要问题。

　　仔细考察本书所涉及的契洽理论内容，我们发现，费孝通、史国衡是在两个层面来展开讨论的，一个是在劳工问题所产生的整体现代性背景（即全球工业化和各国经济日趋一体化的背景）下，中国和其他国家（国际社会）的契洽，另一个是中国内部传统与现代的契洽。

　　按照史国衡的看法，到了现代，经济行为已经冲破了国家的界限，不独我们的生产效率、生产成本等和其他国家的生产情形已经是息息相关，我们劳工的生活状况也眼看和别国的劳工相陪衬、相链锁，再不容一个政府把它当作一个隔绝的问题独断地解决了。这种形势要求我们国家和其他国家的生产、劳工保障政策方面要有恰当的连接和应对，尤其在劳工政策问题上更是如此。

在谈到我国作为当时国际劳工局的会员国之一，如何与国际上对劳工福利保障的推进保持一致时，史国衡敏锐地指出，国际上改善各国劳工界的生活，以求实现人类正义及人道主义，这是事情的一个方面；但更重要的是另一个方面，即各国以协同方式谋求改善劳工生活，实际上目的在于防止不公平竞争："如果某一国自动减低工时提高待遇，另一国却不顾人道，行使血汗剥削制度，则后一个必反而在国际市上占优势。"① ——我们要注意的是，此处涉及另一个牵连甚广的复杂问题。在经济日趋一体化的背景下，经济与政治处于复杂的纠缠状态。我们在看到波兰尼指出纯粹的市场是一个神话、进而深入批判资本主义的同时，还应该看到事情的另一面。

在国与国之间的合作契洽方面，也就是说，在工业生产进入国际分工与竞争的背景下，如果我们追随国际劳工局以 20 世纪最进步的国家为标准所设立的劳工保护政策，那么我们的工业会自行破产，即便勉强补助了工人生活，但这种福利仅限于工业工人，负担实际上转嫁给了农民，农民的生活因此更加困苦。正是因为看到了这一点，史国衡才会批评当时的国民政府"有约必批，批未必行""重繁文轻实际"这种虚与委蛇的做法，强调真正的出路在于"把改进劳工生活的计划看作整个平民生活改进的一环，而这种改进又与经济的建设政治的民主视同一体。社会产业达到了某种程度工人生活也随之而递升"。这是极有见地的分析。

对于费孝通来说，契洽所展示的问题纵深更多体现在传统与现代的关系当中。费孝通分析了西方社会当中的新工业对原有经济格局的挑战，以及所导致的问题。"书后"第五部分"现代工业的病症"一节，费孝通引用勒普莱和涂尔干的理论，说明工业化的社会组织对原有社区生活的动摇和解组，经济个人主义虽然带来了财富的增长及随之而来的物质享受，但现代工业如"病菌侵入到和平安定的社区中"，使人们丧失了生活意义，走上了毁灭之途。作为对这幅灰暗的工业化图景的确证，费孝通敏锐地指

---

① 史国衡：《我们有劳工政策么?》

出了一点：不管是欧洲还是中国，在早期工业化的过程中，人们最初进入工业社区都是"不得已"的，即不是工厂本身的引诱，而是社会其他力量逼着他们走上这条道路。这就解释了为什么在现代工业中还留着过去传统的组织，甚至"不受承认的遗留成为非正式的结构"；个中原因，正在于劳工们"怀念着过去愉快生活的结构，在个人化了的社区中去追求社会生活的企图"。[①]

这样一来，费孝通的论题逐渐清晰起来。传统农业与现代工业，实际上代表了两种不同的生活方式和经济态度。费孝通认为，农民的消费观念是，他们经常在生活程度上划出一个限度，一旦达到这个程度，就不再劳作了。这和工人的经济态度截然不同。以工业化初期的美国为例，从世界各地来到美国的劳工，在成功期望和竞争秩序的推动下，愿意为了多得一些工资而接受十六个小时以上的工作，他们"反对缩短工作时间，因为他们的注意焦点不在工作当时的甘苦，而是在未来的荣誉和生活"。这就是说，这些劳工会为了将来而牺牲眼前。如果这种情况一直延续，那么这些劳工实际上就是韦伯笔下的早期新教徒的形象，工业的效率也不是问题。但自由竞争的结果是，大企业家统制了经济机构，把持大部分利润，劳工除了每月的工资就别无所得。这种情形必然造成劳资冲突的格局，最终表明，经济个人主义已经不适宜于成熟的工业组织。顺着这个逻辑，费孝通得出的初步结论是，包括西方人在内，都明显感觉"二百年来对物的技术确已大大的增进了，可是被对物的技术所联系的庞大人群（从工厂起到整个人类）之间却表示出他们契洽的精神在同一时期非但不能增加，而且反而退步了"。既然20世纪40年代的西方实际上已经无法解决契洽问题，费孝通自然反对新技术、新工业造成的"互相残杀、互相对立的局面"，认为这是一个死局。

在这种情况下，把目光重新投向传统，就是自然而然的事情。传统之所以能够在工业组织中遗留，费孝通给出了明确的答案：因其曾一度给人以所需的契洽。[②] 进一步的追问则是，如何恢复传统社会中"高度契洽的

---

① 费孝通："书后"。

② 由此可以看出，契洽说与当时的功能主义理论一脉相承，我们在林耀华所著《金翼》一书的平衡理论中，一再看到功能主义对魁阁学者的影响。值得注意的是，费孝通晚年逐渐将注意力从以往的"社区"转向"个体"，通过回忆帕克，尤其是回忆潘光旦的位育学说，反思功能主义科学的不足，从而走向"文化自觉"。

社会组织"？费孝通对新技术所持的谨慎怀疑，今天是否还有同样的意义？这种怀疑在何种程度上是有效的？或者，我们是否可以说，在技术日益发展的今天，已经到了不可能抛弃、无法摆脱其影响的程度了？"从科学里得到力量可以提高我们的生活，也可以促进我们的死亡。"问题在于，我们不能因噎废食，不能因为技术发展、工业社会的种种病象，就完全走回头路。马克思在 1849 年曾经告诫劳动者："宁肯在现代市民社会里受苦，也不要回到已经过时了的旧社会中去！因为市民生活以自己的工业为建立一种使你们都能获得解放的新社会创造物质资料，而旧社会则以拯救你们的阶级为借口把所有国民抛回到中世纪的野蛮状态中去！"[1] 1869 年，马克思在致库格曼的信中写道："我不仅把大工业看作是对抗的根源，而且也看作是解决这些对抗所必需的物质条件和精神条件的创造者。"[2] 按照日本学者望月清司的看法，孕育新精神的温床正是市民社会。[3]

显然，史国衡后来的调查与思考，与费孝通"书后"中的思路相比照，开始出现不一样的路径。史国衡对个旧锡矿工人的调查表明，个旧矿业展现的是不同于昆厂的另一种工业生态：它并不是由战争这个外部因素所主导的，而是工业社会的内部生长或者某种"原生态"的呈现。但是，由于锡矿本身较早进入国际贸易进程，受国际市场的影响大，加上我们的采矿技术长期以来处于原始、落后状态，因此，我们看到的结果，恰恰是劳工更为悲惨和无望的局面，这就彻底展示了在这样一个古老国家发展工业化所面临的困境。史国衡在整体调查的基础上，以其令人印象深刻的干练风格提出了解决思路，就是寄望于新技术，而这个新技术又是和更强有力的国家组织密切关联的。

最后，我们还可以讨论魁阁学者的劳工研究中涉及的方法反思。这个反思也可以放在三个层面进行：史国衡采用的实地调查法；费孝通对"霍桑实验"的考察与引证；社会调查与社会学调查（社区调查）的方法之争。

我们都知道，1940 年 8 月 25 日到 11 月 10 日，时为云南大学社会学研究工作站（即魁阁）助理研究员的史国衡，在昆明郊区一家因抗日战争工

---

① 《马克思恩格斯全集》第 6 卷，北京：人民出版社，1961，第 230 页。
② 《马克思恩格斯全集》第 32 卷，北京：人民出版社，1974，第 528 页。
③ 望月清司：《马克思历史理论的研究》，韩立新译，北京：北京师范大学出版社，2009，中文版序言。

业内迁而新成立的国营兵工厂待了两个半月，先后住过技工宿舍和艺徒宿舍，在食堂包饭，与工人共同生活。他对全厂 500 多工人中的三分之一做了访谈和记录。表面看来，这非常接近今天所说的"参与观察法"，但实际上史国衡并没有直接参与工厂生产，而是保持某种有距离的"客位"身份，即费孝通所说的"做客人"而非"做工人"。费孝通对此做了清晰的说明："我们并不主张调查者应当全部成为被调查的社区中的一分子，譬如在工厂里调查就得实际做工人，这是所谓直接参加法。事实上，这是不能，亦不必的。"原因在于，一个已经成年的人在短期内想变成社区的一分子是不可能的，表面的熟悉甚至亲密，很难掩盖研究者在当地始终是客人的本质；事实上，客人的身份恰恰赋予研究者某种可以去问东问西、到处打探的"特权"，这种实地调查的"特权"不会引起任何猜忌；最关键的一点，保持客人身份，研究者和当地人既不存在利害关系，如果是在工厂，研究者与工人、管理者及厂方自由来往，又不会遭到猜忌。这是不是一个近乎理想的实地研究方法？我们认为，要在短短两三个月内融入社区，固然困难，但如果是长达一两年甚至更长的时间内呢？尤其是在研究者主动介入、干预的方式下，参与到当地的共同事件中，那么，获得本地人的信任，融入社区成为其中一分子，就未必是不可能的。布洛维[1]以反思性科学理论所主导的"拓展个案法"研究，批判实证科学当中，实证理论与实践至今存在的"无法消除的断裂"，既强调行动和干预的可能，同时也不放弃科学原则（只不过这个科学原则一定是反思性的，而非以往的实证性的）。布洛维的工厂民族志做法，至少为我们提供了另外一种不同的劳工研究进路，如果用来与魁阁劳工研究进行对比和参照，检验费孝通所概括的"做客人"的田野调查方法，一定会有不少有益的研究发现。

第二个方法反思层面，是费孝通的"书后"讨论第三节"工作效率"时，重点引证和参考的哈佛大学在西电公司开展的一项关于工作效率的研究，这个研究就是今天我们熟知的"霍桑实验"。应该首先明确的是，费孝通引证这个实验研究，目的在于回应史国衡的问题：作为国营兵工厂的昆厂，以爱国自诩的工人何以经常发生怠工玩职一类的行为？如果习惯或观念不能完全解释该问题，那么或许还有别的解释因素存在。费孝通概述

---

[1]　麦克·布洛维：《拓展个案法》，载《公共社会学：麦克·布洛维论文精选》，沈原等译，社会科学文献出版社，2007。

了霍桑实验过程，引出其中若干重要结论：影响工作效率的并不是研究者所控制的工作环境，而是在进行这项试验时所创造的心理状态。为了进行实验，研究者和工人有了密切的互动和交往，工人们认为这表明他们很重要；为此，他们心甘情愿进行合作，这个心理使他们的效率大大提高。进一步的研究还表明，工人过去与现在的生活情境，尤其他现在所处的工业组织的社会情境，是影响工人工作效率的直接要素。这就解释了，为什么在工厂工人们当中，会有非正式组织和小团体存在。费孝通认为，霍桑实验表明了这一点，无论是霍桑实验所涉及的美国工厂，还是早期工业化的中国工厂，这个问题是相通的："工厂里并没有发生一种使工人们甘心效力的社会情境。工厂现有的社会情境并不能引起工人们高度效率的原因，一部分固然出于这辈工人生活中还带着农民的习气，可是重要的还得求之于工业组织的本身。"换句话说，霍桑实验以某种"证伪"的方式，排除了之前研究者以为可能会影响工作效率的体制、工作条件等因素，逐步聚焦到人本身，人的心理、意义感和尊严感，还有人在组织情境中的存在感。值得注意的是，霍桑实验前期采用的标准实验研究的控制变量方法（虽然不成功，但并不意味着没有意义），到后面发现工人心理的重要性后，采用访问谈话的方法，乃至最后转向工业组织本身，这个过程表明，尽管有布洛维所说的"情境效应"，研究者的在场本身即已经对工人的行为产生影响，但只要问题意识明确，尤其是获取工人的信任与同意，哪怕具有干预性质的实验方法也能获得重要的发现，而超脱式的实证研究取径，在实际研究中确实很难成立，必须经历严格的批判性的检讨。此外，对方法的反思、推敲，完全可以连接到研究中的核心问题。

第三个方法反思层面，是社会调查和社会学调查之间的争论。费孝通在"书后"的"实地观察"部分，谈到了他所主张的社会学调查和社会调查的根本不同："我们和社会调查者不同的是在制定表格及规定表格中各项意义的手续，和应用表格时的态度。在本书，和我们所发表其他的报告一般，凡是可以用数字表示，而且用数字表示比较更清楚时，我们决不避免用数字。可是我们并不迷信数字。每个数字所代表的意义并不是自明的，而是需要我们加以解释的。我们所用的表格并不是在调查之前加以制定的。我们给予调查员带下乡的是一个启发他思想，引导他观察的研究方案。"费孝通主张，表格是工具不是主人，这是社会学调查与社会调查根本不同的地方。而社会学调查或社区调查，其关键含义是什么呢？费孝通认为，社区研究的出发点是一套已有的理论，由理论带出许多相关联的问题，然后由这些问题出发去考察事实，在理论与事实之间反复，目的在于验证已有理论或是形成新的理论。我们在此可以看到，社区调查的关键含义，实际上是超越单纯事实（过于注重表格和数字，即囿于单纯事实的表现）、形成理论认识。这个认识对后来中国社会学的发展影响深远，在我们看来，正是对理论认识的强调，使得费孝通等魁阁学者的劳工研究能够打破人类学、社会学等学科分工的限制，以更为灵活而又有深度的方式，切入中国社会种种问题情境；也正因如此，魁阁学者的研究对于中国社会学的本土化才有这么重要的贡献。

　　不过，必须指出的是，费孝通、史国衡等人所指出的社会调查的缺陷，实际指向当时陈达所做的包括劳工研究在内的统计调查。按照闻翔的细致梳理①，这种批评对于陈达而言并不公允，实际上，陈达的劳工研究体现了结构分析、历史分析和行动者分析三者并重的"三位一体"方法论，这样一种历史性与综合性兼备的视野，今天尤其值得劳工研究者们吸收和传承。

三　若干编辑说明

　　本书没有收录陈达具有广泛影响的著作《中国劳工问题》，原因不仅是这部著作篇幅较大，更适合单独重新出版（1989 年上海书店影印版《民国丛书》第二卷把这部著作作为一册单独再版，卷次号为 02017），而且还在于无论是研究取径、分析视角，还是理论渊源和问题意识方面，这部著作均不同于魁阁学者的劳工研究。许烺光属于严格意义上的魁阁学者群体的重要成员，1943 年他以英文发表了《中国西南新工业中的劳工与劳工关系》一文（纽约 Institute of Pacific Relations，太平洋关系社出版，第 45页），因为资料不易搜寻的缘故，该文没有被收录到本书。此外，史国衡、费孝通仍然有若干发表在报章的劳工问题讨论文章，尽管多方搜寻，也未能找到原文。所以本书仍有不少遗憾之处，尚待有机会再版时，另行补充。

　　本书文字的录入工作是团队合作完成的，参与者为云南大学民族学与社会学学院社会学系 2017 级的五位本科同学，他们分别是周天羽、王浩

---

① 闻翔：《劳工神圣——中国早期社会学的视野》，北京：商务印书馆，2018，第四章、第六章。

普、杨非凡、高中丽、赵金玥，对于他们不避繁难的辛苦付出，这里深致谢忱。文字校对和编辑方面的总原则是，除了把1946年的商务印书馆版以及当时报刊文章的繁体字转为简体字以外，尽量保持民国时代的表达原貌。例如，民国时代没有"哪"字，一律用"那"字来表达不同的意思，我们没有替换过来；当时有"的""得"二字，但没有我们今天常用的"地"字作为连缀，我们认为这是具有民国时代特色的白话文，也没有加以修改。为了阅读方便，我们在标点符号方面，多采用新式标点法，如民国时代没有双引号，用符号「」来表示引用，我们用""加以替换。此外，文中的注释方面，我们也把夹在正文段落中的注释改为了页面脚注。其他旧版文字排印方面的错漏或是不清晰之处，我们一一加以修正和编辑，并做注释进行了说明，还请读者诸君明鉴。

第一部分 《昆厂劳工》（1946 年版）

第二部分 魁阁学者劳工研究文章

目
录

第 一 部 分

《昆厂劳工》（1946年版）

昆厂劳工

史国衡

总　序[*]

　　本丛刊之发行，起于两种信念及要求：一为促使社会学之中国化，以发挥中国社会学之特长；一为供给社会学上的基本参考书，以辅助大学教本之不足。丛刊内容暂时分为甲乙两集，甲集以社会学理论及方法为范围；乙集以各处社区之实地调查报告为范围；中国社会学尚在草创时代，故创作与译述，不得不兼收之。兹就社会学之中国化，基本参考书之供应，以及甲乙两集之编纂三点略分论之。

（一）社会学之中国化

　　社会学诞生于中国将近四十年，而大学之开讲社会学，至多不过三十年，始而由外人用外国文字介绍，例证多用外国材料；继而由国人用外国文字讲述，有多讲外国材料者，亦有稍取本国材料者。又继而由国人用本国文字讲述本国材料，但亦有人以一种特殊研究混作社会学者，例如：有以社会学为社会问题的研究者，亦有以社会学为唯物史观，或辩证法的研究者，要之，当此期间，社会学在知识文化的市场上，仍不脱为一种变相的舶来品。

　　近十年来，社会调查与社会统计的风气颇为流行；搜集事实及尊重事实的重要，逐渐被人认识，此本为科学进步极好的征象，不幸又有人误信"科学即测量"者，甚至亦有误信"在实地调查以前，脑中应只有一张白纸"，即为严守科学精神者。殊不知一切科学工作的进行，事前必须悬有一种可以运用的假设，假设与科学绝不可分；我们的立场是：以试用假设始，以实地证验终；理论符合事实，事实启发理论；必须理论与事实糅合一起，获得一种新综合；而后现实的社会学才能植根于中国土壤之上，又

---

* 　《昆厂劳工》最初收录于吴文藻先生主编的《社会学丛刊》乙集。本文是吴文藻先生为该丛刊撰写的总序。——编者注

必须有了本此眼光训练出来的独立的科学人才，来进行独立的科学研究，社会学才算彻底的中国化。

（二）基本参考书之供应

查欧美各大学本科就学青年必读之书，除了洋典籍之外，至少尚有两大类：一是标准教科书，一是基本参考书。前者发行于美国，后者则通行于欧洲各国。惟近年来美国先进学者，已觉教本内容包罗万象，难免肤浅，青年阅读以后，在学术思想上并不能得到真正的修养，及严格的训练。年来国内各大书坊，因迎合潮流，对于大学丛书——特别可以采用为教本者——颇为提倡。此于大学教材标准之划一及教学程度之提高，固不无小补。但一方面亦不免使读者养成"教本蔽"的心理习惯，或竟驱使求知欲极强盛的青年误入歧途，沾染了"思想公式化"的流行病。这在青年思想上，实潜伏着很大的危机。我们有鉴于此，愿就在适应时代需要的前提下，来充量介绍及发挥一派一家之言，俾使青年得有机会，锻炼"思想系统化"的头脑。今日思想界所需要的刺激，是学派之争，而不是门户之见。苟欲纠正复杂错误的思想，这或许是最灵验的药剂。

（三）甲乙两集之编纂

本丛刊的主旨是要在中国建立起比较社会学的基础。欲建立巩固的基础，必须一面介绍健全的理论和方法，一面提供正确的实地调查报告。所谓比较社会学，最简单言之，即系应用类似自然科学上的方法——比较法，对于各地现存的社区，作系统而精审的观察。现代社区的核心为文化。因此，也可以说，社会学便是社区的比较研究，文化的比较研究或制度的比较研究。这样的比较社会学是包括了通常所谓之"农村社会学"与"都市社会学"，"社会人类学"与"文化人类学"；或"民族学"与"民俗学"的园地，因为现在各国社会学与人类学所研究的目的，题材，观点，及方法实在是全是一样的，并且这种看法与我国国情最为吻合！

"社区"，"文化"，"制度"及功能皆系社会学上的基本概念。这些概念与其他若干重要概念，密切联系起来，组成一个体系，即是比较社会学上的"概念格局"（Conceptual Scheme），这种概念格局，在一切科学思辨工作上是必不可少的工具。为要发展比较社会学的园地，凡关于社会与社区，文化与文明，组织与制度，结构与功能，以及人与人的社会关系等等的基本学理，都想分别予以介绍及发挥。介绍虽以限于一派一家之言为主体，但相反相成的理论，具有特独的贡献者，亦在采纳之列。

甲集征稿的范围除普通社会学外，亦兼及特殊社会学：有关于文学的功能方面者，如经济社会学，法律社会学，宗教社会学，道德社会学，或艺术社会学，也有关于团体的制度者，如家族社会学，阶级社会学，专业社会学，民族社会学，或国家社会学，此外亦兼收关于历史上社会制度的专门研究或当代社会变迁的研究，因为必须在特殊社会学方面先行表显了成绩，普通社会学才能立下根基来；并且必须在专刊（Monograph）社会学发达以后，比较社会学才有真正立足之地。

专刊社会学是社会学方法论发达以后的产品，它所企求的科学程度，较一般水准来得高，譬如理论与事实之间，必须完全契合。这种契合，一方面可给理论以健全的基础，一方面可给事实以科学的结构，因此，社会学不仅仅是单纯的事实的科学，而且乃是必须以事实为根据的理论的科学。又上面曾说本着功能的观点，来考察现代社区究竟什么是功能观点，极简单地说，就是先认清社区是一个整个，就在这整个的立足点上来考察它的全部社会生活，并且认清楚这社会生活的各方面是密切相关的，是一个统一体系的各部分。要想在社会生活的任何一方面求得正确的了解，必须就从这一方面上与其它一切方面的关系上来探索研究。例如若是要想了解某一村落的经济生活，就必须考察经济与家族宗教间的关系，经济与宗教巫术间的关系，乃至经济与法律道德间的关系，换言之，每一种社会活动，不论它是风俗，制度，或信仰，都有它的独特的功能；非先发见它的功能，不能了解它的意义。任何活动的功能，便是它在社区视为统一体系下的全部社会生活上所占的地位，因此，站在方法论上来讲，比较社会学乃是实地应用功能研究法，藉以证验假设的一种系统而精审的观察，即是对于所研究的对象，严格加以控制，而后始作的观察，也就是上文所说的比较法。这种比较法，用之得当，则其效力实就等于自然科学上的实验法了。

乙集专收各型社区的实地调查报告：有属于边疆民族的部落社区者，有属于内地工业前期的村镇社区者，有属于初期工业化的近代都市社区者，亦有属于种族，语言，文化各异的杂居社区者。目前本着社会学理论而进行的实地调查工作尚在初步尝试时期，所以现阶段可以发表的各种实地研究专刊，未必能充分满足我们的期望；更说不上真正实现我们的理想，但是我们深信努力推进实地工作，发表研究专刊，从此痛下苦功夫，是建立"社会学中国化"的基础，这种看法绝对是正确的，这种立场亦确是颠扑不破的。

最后，战时纸张昂贵，印刷困难，人民购买力又极度低降，普通大学丛书，例必数十万言，定价之高，端非一般读者所敢问津。唯目今国内精神食粮之缺乏，已为大众所公认，为欲迅速供给社会科学之读物，只能采取小型刊物的丛刊方式，以应需要，海内君子幸留意焉！

目　次

第一章 导言

　　这本调查报告，可以说是我们对于农村社区研究的一个延伸。我们研究室的师友几年来在乡村做调查，看到不少的农民离开家园，丢开土地，跑向都市里去过活，而且知道其中不少人进入了内地新式工厂。这种事实不禁在我们心里引起了一串问题：农民进入现代工厂，最初是抱着什么打算？进厂以后怎么样调适他们的生活？他们个人的观点发生了什么变化？他们过去的一套积习在做工的效率和工厂管理上又引起了如何的结局？最后他们在工业建设当中，将尽什么样的一种功能？这类问题都是值得我们继续追求的。劳力外流，在农村里所引起的反响，我们算是已经有了相当的认识，至于他们在上述那些方面的种种表现，只有在工厂里才可以找得出答复来，这就是我们对于新工业中的劳工问题发生兴趣的一个起点。

　　我们所发生的那一串问题，虽则简单而率直，也并非纯粹出于学术的兴趣，而实有关当前经济建设的急务，实即为今日中国的基本问题的一部分。我们应当还记得，战前十多年间，国内乡村建设运动风行一时。一般的见解似乎倾向于农业的改良，并且相信中国自救之道是在农村建设，经了七年的战事，这种见解似乎已经有了一些变化。大家又好像认为工业化是立国的唯一途径了。很多学者都认为农业本身也只有靠工业化的力量才能改良，乡村生活亦只有希望城市之光来加以促进。几年之中舆论的转变，可以从一个极端到另一个极端，但真的要建设工业却非轻而易举的事。我们很可以同意中国经济基础的确立必有待于现代工业的发展。但是我们在接受这个原则时，却想到很多具体的问题：我们怎能达到这目的？在现代工业建设过程上有什么困难和阻力？我们应当怎样去克服这些困难和阻力？要回答这些问题，我们最好先能对目前战时新工业的实际情形做一番分析。我这本书就是为这个目的而写的。

　　在本书中我将分析一个战时内地工厂里劳工的情形。读者在批阅这本书的时候，应当常常记着这是一个战时新工业的记录。经了长期抗战，军事节节失利，沿海工业中心相继沦毁，中原物产丰富之区成了战场，我们国家民族的生命大部分得依赖内地生产力的支持。而西南诸省在现代工业上本系落后的地方——地形崎岖，交通不便；原料虽富，大多未经开发。在这大后方，在这短短的几年中，在这艰难困苦的环境中，为了抗战的需要，我们终于开垦了这片处女地，把新工业建立了起来。

在二十八年，二十九年①的时候，武汉，广州失陷了之后，昆明也就成了后方经济上最重要的都市了，因为它处在两条国际路线的交叉点上，向南有接通海防的滇越铁路，向西有接通仰光的滇缅公路。这两条动脉虽则运输量很薄弱，却是当时最优良的对外门户。昆明不但有此交通上的优势，而且从当时的军事形势看去，谁也没有料想到后来安南和缅甸会这样容易沦毁于敌手，所以在当时算是后方最安全的都市。因此，很多国防工业也就选定了这个地方，昆明也就在这个时期繁荣了起来。可是不久敌人控制了安南，最后在三十一年，缅甸沦毁，国际线路封锁，这些新兴的工业进入了最艰难的时期。我们的研究就是在这个时期开始的。

虽则战时有种种特殊的情形，在这时所见到的工业问题也许和战后可以很不相同，但是战时内地工业却证实了在一个经济比较落后的乡村环境中，现代工业确可以在短期间，因各方的努力，获得可观的成绩。在这一点上论，这个例子正代表了今后中国新工业所共有的特征。我们国家民族所遭遇的基本问题就是要从农业经济蜕变成工业经济。这里所发现的问题因之很可能在战后工业建设中也会逢到的。经了这次旷古未有的浩劫，沦毁区解放的时候，所有工业基础说不定会全部毁灭，需要我们从头做起，谁敢说那时所处的环境会比抗战初期好得多呢？战时内地工业建设中所获得的经验和教训还是值得我们保留的。

在战时内地工业中所见到的一种困难是技工的缺乏。技工缺乏在战后的工业建设中很可能更为严重，因为战后的工业建设的速率比战时可以高得多。工业的种类和规模在短期间扩大起来，而所需的技工却要相当时期的聚集和养成，其间供不应求的情形或许更不易避免。我们并不是因为研究劳工而特别夸大这个问题的严重性，我们若把劳工和其他生产要素，如资本原料、运输等作比较就可见到它的特殊性，别的都有借用外源的可

---

① 二十八年、二十九年分别指 1939 年、1940 年。——编者注

能，而大量的劳工却总得求诸于国内。别的都可以加速，而人的训练很可能欲速不达。我们若不能在短期内养成合宜的和足够的现代劳工，我们所希望的大规模工业建设会停留在纸上无法实现。若是滥竽充数，在新工厂里充满了不合式的人员，不但生产效率无从提高，甚至会发生种种问题，影响社会安宁。究竟现代工业需要怎样的劳工？我们有没有这种人才？怎样去养成这种人才？这些自是我们工业建设不容忽视的问题。这些问题也只有在实际的工业经济中去寻求答案。

由于以上所述理论和实际上的要求，作者就决定作这种研究的尝试。不过劳工的吸收维持，训练，保养，组织和管理，以及如何改进他们的生活，提高他们的效率诸种问题，必须从社会，经济，心理，营养诸方面同时入手，才能够得到比较完全的答案。所以当我们这个研究题目选定之后。即由费孝通先生约同周先庚先生，丁佶先生，沈同先生等共同商议研究计划，并由费孝通先生拟定研究草案，作为实际调查的一个引线。然后在昆明附近各工厂参观，决定以资源委员会某大工厂为调查对象。这一方面是因为该厂很愿意和我们合作，尽量给我们以各种方便，另一方面是由于我们知道这个厂办理得极认真，我们想从已有成效的事业上，去窥出一部分国营事业的前途，不过为了我们讨论上的便利，并表示注重事实的因果起见，特用"昆厂"来代表该厂的真名，而以姓氏和号码区别那里面一些员工。

在论昆厂本身之先我们还应记取过去百十年来我们的民族工业大部分是偏重在长江下流和沿海一带。自从抗战军兴，沿江沿海的工业重镇先后毁落，工厂源源内迁。本来打算在外省建立的工业也改变原议在内地设厂，昆厂就是在这种情形之下重新独立的一个。它里面一共包括三个分厂，本书是以甲乙丙厂分别指称。每分厂有厂长一人，上有总经理和协理各一人总揽其成。全厂在当时有正式做工的工人约五百名，我们的个案记录约当全体工人三分之一。

正式的调查工作是从二十九年八月二十五日开始，至十一月十日结束。在这个期间我们是和工人过共同生活，开始我们住在技工宿舍，随后又住在艺徒宿舍，迨昆厂被敌机轰炸以后，我们又和许多工友住在临时宿舍里，举凡饮食，起息，逛街子，坐茶馆，谈闲天，听演讲，以及闹事打牌种种活动，我们都尽量找机会参与。居得久了，他们对我们就很少顾及，所以每次厂中发生了事端，总有朋友来和我们叙经过论得失。有时他们之间的误会也自动来请我们做调人，甚至为了私人的事，也来向我诉苦闷，话身世，叙衷曲。同时因为厂方对我们的工作已有谅解，所以每一事件发生，我们更可以向管理方面去求解释和印证。因此，本书的材料除了一部分现成记录而外，大部是我们亲自观察和谈话的记录。在我们离厂之后，我们还不住和厂里的朋友联络，所以有些方面我们在离开工厂以后，仍然有报道。

在工作期间，我们原定每周回到昆明参加一次讨论，以便对材料有更好的分析和补充。迨昆明警报频繁，大家忙于奔命，而丁佶先生亦不幸于此时惨遭灭顶，我们少掉这样一个热心指导的人，实在使此次调查工作受到很大的影响。扩大研究的计划既受打击，所以我们还是只能就我们这个小团体能力所及尽力做去。

当这本报告完成之后，曾送去请昆厂负责人分别评阅，意在让局内的人士从他们的观点和立场给我们一个启发。后来昆厂总经理还特别请我们去给他们负责管理的人员作过讨论，虽各因人事仓忙，未议论出什么结果，但我们小小的尝试即已引起工厂负责人的关心，足见他们对于工业中人的因素也很重视，这不独使我们研究的勇气倍增，且使我们对于工业建设的前途更具信念。

本书主要的论点，是说明在内地，新式工业和旧有的农业是两套不同的生产系统，它们有不同的经济基础，有不同的组织和机构，不同的社会文化背境①。因之在这两系统里面所养成的或所需要的工作人员，其出身，训练，生活态度，工作的动机，以及对于社会人生的了解亦大不相同。但在旧的环境里骤创新业，总得从旧的机构里去发掘人手，于是新的需要和旧的传统碰了头，少不得要在种种活动和观察上发生出种种矛盾抵触的现象，我们就是要从社会文化的背境对于这种种表现作一个分析和展望。

---

① "背境"，即今天常用的"背景"，后同。——编者注

第二章　工人来源

工人的籍贯与来处——地域与身份
——技能轩轾与工业传统

　　在我还没有进昆厂的时候，有一次无意之间，和一位正在某大工厂会计课做事情的朋友谈起了我想实地调查工人生活的计划，他的脸上骤然为我现出难色，随即说了他在厂里得来的许多观感，认为我的计划恐怕不大能实现。他说当前新式工厂里面，差不多全是上海工人的天下，他们在厂内神气活现。上面的人觉得技工稀少不容易招来，所以也另眼看待。工人们的气焰因而更加高张。他们平时不大服从管理，要是偶尔事情不如意，脾气一发作，就扔下工具要退场，弄得不好就打人。他说出外来的上海工人狰狞可怕的形容，和不易应付的情形，意思好像是在警告我，最好不要去惊动他们，自讨麻烦。

　　等我进了昆厂，厂中负责人也一再提到外来技工很成问题，要让我多和这批人发生接触，至于本地工人仿佛无足轻重，还未有人提到。因而工人来源的地域差别，在我的脑筋里就预先划上了一个深刻的痕迹。

　　我一住入工人宿舍就看见工人们自己所形成的集团也以同乡关系为最主要。在铺位的分布就表现得很清楚。工人的铺位，本来是经厂方指定的，可是过得稍微长久一点，工人见了厂方对于这件事的处置，并不怎样严格，所以渐渐的都以大小同乡的关系互相招引移动而类聚起来了。譬如我住的是第二技工宿舍的第一间，里面十八乘双层铺可以睡三十六个人，除了六个空子而外，只有四个川人，湖北湖南各一人，剩下二十四位就都是云南人了；在云南工人当中，又多以同县同村的关系联铺合床。后来各宿舍我都混熟了，更发现同乡相聚是一般的原则。

016

朋友的谈话，昆厂负责人的指示，和宿舍里的印象，都一致的促起我对于工人地域来源的注意。来源不同，背景各异的工人们，带着他们不同的性格，不同的希望，进入工厂，在一起生活，一起工作；人和人，人和工作的调适，自是厂中人事管理的关键。何况，昆厂是后方新兴的组织，受着战事环境的影响，工作人员来源更加复杂，很多工厂里的问题显然是这个原因中发生的。为要分析这种情形，就必须找出工人间的个别差异，因之我们首先注意到的，是地域这个因子。

一　工人的籍贯与来处

我们在开始要分析的是厂中工人的籍贯和他们进入昆厂之先的工作，区域或所在地。关于调查方式，起初我们本想利用人事课的现成记录来清理他们的来源，无奈记录，做得并十分不完善，而工人流动性又大，出出进进川流不息。遇到一个时期进厂的人数多，情势急切就来不及履行登记手续；一部分登了记的，做不多时又出了厂，登记单子就成过时的记录。我们和人事课打商量，请他们发动一次总登记，可是又毫无结果。我们自己因为人力和时间的限制，更来不及亲自动手，所以只好就已有的材料，加上我们的个案记录，作为我们分析的根据。在数量上虽只占全数工人三分之一，但在技工，帮工和小工的人数比例上还算均匀。下面工人的籍贯和直接来处两个表，就是根据这些材料作成的。

在表一和表二里，我们把工人列成三类，即技工，帮工和小工，这是按照厂方所定的区别。通常技术工人在厂内有固定的工作，如车工，钳工，电工等。帮工相当于半技术工人，照规定他们进厂后经六个月的实习，就可以升为三等技工。小工事实上只是技术工人的帮手，在厂内做杂事，如清扫厂房，擦机器，抬材料。厂中因为机器设备不完全，人力的需要相当大，所以小工差不多占了工人总数的三分之一，所谓帮工也多半担任小工的工作。是以帮工的地位并不确定，这得看他们个别的人缘，资历，和外表来决定身份。那末原则上工人虽然分作三等，而实际上只有技术工人和非技术工人的区别。以后凡是提到非技术工人，在未经特别指明的时候，帮工也是被包括在内的。

把下面两个表格拿来作一个对照，就可以发现工人的地域来源分布得很广，同时工人的来处和他们原籍，也大有分别。我发现许多工人生长在某一个地方，而做工和应招的地点又在别一处，所以唯有把籍贯和来处合并起来看,才可以得到一种解释。最明显的例子,是那几位湖北的技工,老籍是在汉阳,应召是在上海,而家庭仍在上海。原来他们出身汉阳钢铁厂,待汉阳厂倒闭之后,他们那批工人才陆续携着眷属到上海某铁厂去做工。据说那里面有近百的人,全是去自湖北。他们这一群无土可安的人,差不多上十年未返家乡。八一三的炮①火打停了那个工厂,他们马上变成了难民。不久就经原来的上司介绍到后方来进昆厂。还有家在长沙、无锡而在上海做工的,也有不少例证,这是我所以要把工人的籍贯和来处相提并论的理由。

从工人的籍贯和来处的比较上,很可以使我们看出几件事:最显著的是技工几全部来自外省,而帮工和小工的最大多数是取自云南,地域的不同,显示了工人的等次。其次是工人的籍贯虽相当分散,他们的直接来处却比较集中,例如技工大多是江浙各县的人,但其中将近一半是来自上海,这是因为他们以前多在上海做工,工人的其他来处也都是中国比较发达的省会和市镇。再其次综括的看,技术工人无论是籍贯和来处都偏重在长江的下游,就是通常我们所谓的下江。记取了这几个特点之后,就可以进而分析其间的前因和后果了。

表一　工人籍贯

技工			帮工			小工		
省份	县市	人数	省份	县市	人数	省份	县市	人数
江苏		23	云南		31	云南		33
	无锡	8		昆明	8		富民	12
	上海	5		楚雄	3		元谋	6
	常州	3		宣威	3		玉溪	3
	其他	7		大理	2		寻甸	2
浙江		17		宜良	2		禄丰	2
	宁波	6		陆良	2		其他	8
	绍兴	4		嵩明	2	四川		4
	杭州	3		其他	9		安岳	3
	定海	2	四川		6		其他	1
	其他	2		遂宁	2	西康		2

---

① 1946 年商务印书馆版第 10 页的这个"炮"字为古繁体字"礮"。——编者注

续表

技工			帮工			小工		
省份	县市	人数	省份	县市	人数	省份	县市	人数
湖北		8		其他	4		西昌	2
	汉阳	6	其他		3	其他		2
	其他	2						
湖南		4						
	长沙	3						
	其他	1						
广东		4						
云南		3						
其他		4						
总计		63			40			41

凡一省或一县仅占一人者列入"其他"项内

表二　工人的直接来处

技工		帮工		小工	
来处	人数	来处	人数	来处	人数
上海	30	昆明	32	昆明	21
无锡	4	其他	8	富民	12
南京	4			元谋	2
汉口	3			其他	6
长沙	3				
昆明	3				
杭州	2				
广州	2				
香港	2				
芜湖	2				
其他	8				
总计	63		40		41

二　地域与身份

上面只是我们一种客观的事实，可是在厂里面的人看来，却有他们自己的一套观念。因为厂中的技术工人是从外省来的占绝对多数，而外来的工人，不是生长在江浙一带也多半在上海一带做过工，或是直接从上海应召而来。于是把江浙沿海一带的省份称作"下江"，技术工人被称为"老师傅"，因而"下江老师傅"或"外来老师傅"，简直成了内地工人在背地谈话时，对外来工人的一种很流行的称号。反转来看，帮工和小工是西南数省的占绝对多数，而内地工人又百分之八十是云南本省的人，并且在技术工人的眼中，不论帮工或三等级工，都和小工具同样的身价，于是"本地小工"也成了内地工人一个笼统的头衔了。

外来人和本地人既是在技术的等级上有了这样一个概括的分割，寖假①就无形之中以地域的分别来表示工人们技术程度和他们在厂里面的身份了，所以通常谈话的时候只要指出某位工人是外来的或是本地的，实已于有意之间含着重视或轻蔑的意味了。

工人们对于这种分割非常敏感，例如41号小工，他是我所知道江浙的工人在本厂以小工起身的唯一无二的一个。从他一口下江话，和他那种种派头来看，简直和老牌的技工分不开。要不是从工资等级，担任的工作性质，并从他的朋友那里去打听，看了他的工衣穿得直挺，口袋里常常插着一把折尺，怎样也不会料到他居然是一技无长的工人。不待言他的身份是靠着外来人衬托出来的。我还亲眼见着那几位湖北的技工，那一次为了罢工的案件，他们自告奋勇的和一位科长办交涉，都说着一口夹杂的上海话，居然有本地的朋友认为他们是上海人。可是另外也有派头差一点的外省工人，因为担任粗工，而被认为内地工人的。例如39号的湖北帮工，在打铁间里做过半年，那一次他因故要退厂，一位技术导师，和我谈起这人的事故，还很肯定的说他是云南人。说来说去，不外是技术决定了工人的等级和地位，而地域的区分在大致上又和工人的技术之分不期而合。于是无形之中，说出工人的来源地，就可以显示那人有无技艺，也就是籍贯和来处决定了工人个别的荣辱。

其实在内地突然间树立新工业，技工和非技工人在地域来源上所表现的参差出入，也是无可避免的一种现象。因为内地既很少工业的积累，找

---

① 寖假（jìn jiǎ），逐渐。清谭嗣同《仁学》四："少贤于此，则能通于一家而不能通于乡里，寖假而一乡一县又不能通于一国。"夏曾佑《小说原理》："寖假而煨禁、呵责、指斥人之长吏、父兄、道学先生，亦无不对人则斥之。独处则玩之。"——编者注

不出够用的技术工人，必得向外面去延揽，而非技术工人可以就地招考，因而在厂中工人的结构上才会有这样一个结果。可是这种事实反映在人们的心坎上的，却另外有一种涵义，工人地域的分布，无形中产生了工人们对于地域差别的信念，认为新工业中的下级干部，非外来工人莫属，从这一个观点上出发，遂产生了工人们自尊和自卑两种极端相反的心理。例如我刚才提到的41号的下江小工，原为行伍出身，进厂不到三个月，就越级升成三等技工，升工不久又嫌工资小，准备辞职他去，有一天他就对我讲"我已经向工程师办过交涉，下个月的工资加上四分或五分我才干下去，若只加三两分，和对待本地人一样，我就走路了"。当时我觉得他的破例要求不会成功，哪晓得后来他居然如愿以偿，这当然更使他自己觉得与内地工人不同科了。湖北的几位技工也素来瞧不起本地人，他们就常常对我讲内地人的坏话，"本地人怎么学的好手艺，他们既不肯用心，一有机会就偷闲坐下来，脑筋又笨，一件工作，讲上三遍四遍，还是一个不懂"。一位常州的朋友，也常当着我的面耻笑本地工人没常识，像修理电灯线，脚下垫一块木板，可以减少触电的危险，道理很简单，他们一点也不明白。那位巩县出身的技工，也曾告诉我，他所有的朋友都不大看得起本地人，说本地人笨脚笨手，一点也没出息，只配一生做小工。

在这种对比之下，本地工人自然会感到心虚。我曾听到那位巩县工人说，他知道几个本地人，本来在外省做过多年的工，这一次回来进昆厂，就是报的江苏籍。我又亲自遇着自某大学实习工厂出来的云南工人，学得一口四不像的上海话，他忿忿不平的对我讲："厂里下江人最占便宜，我有一位同事，手艺和我一样，又是同时进厂的，却比我多拿四分钱一小时，还不是靠下江的派头。他当时还劝我报外省籍贯，你看怎样好意思呢？"从这种偏见和疑心就可以看出工人们对于来路是怎样的重视了。

三 技能轩轾与工业传统

事实上关于工人地域差别性，也不只是限于工人们自身的看法，关心国内工业的，或实际主持工厂的人士，也有他们的各种见解。例如杨端六先生在《再论战后内地工业建设》文中（《今日评论》），也曾提到这点，杨先生说"内地几省的情形不见得绝对相同，以湖南而论，一般人短于经商，而长于做工，要在这里训练工人，似乎不是很困难的工作。至于四川，民情稍有不同，……初看似极易训练，不过他们有一个通病，就是自作聪明，每每不易接受下江人的指示，或许他们是习于旧惯，总以为他们的旧方法是再好不过的"。杨先生论工人性情，固未忘怀习惯的因素，但重视工人的地域来源，也甚显然了。我还听到一位工业界的领袖说过与此相类似的一番话，大意是"中国工人来源，最好的是宁波上海区的，脑筋灵活；次为山东河南区的，体格魁伟；再次为广东湖南区的，动作敏捷"。其余省份的工人似乎自郐以下了。

这两个论断，也只是主观的见解，并未说出这种差别和地域性究竟有什么关联。通常我们说"内地工人"和"外来工人"，"内地"和"外来"本来就含混，并没有一条清楚的界限划分开。例如杨先生说内地，就是以湖南工人和四川工人做对比，而未提到湖北。其实湖南湖北同为长江中流的省份，杨先生是否以武汉为华中的工业重心，因而不把湖北列为内地，我们不得而知。但这位工业界的领袖却又把湖南和沿海几省相提并论，是不是并未把湖南看做内地，我们就更不明白了。再者这两位所列举的都是省单位，我们的省只是政治区划，并不表示种族差异和文化特质。在我们的人口当中，体质特征尽管有参差，但除开西藏蒙古的一部土著而外，即是人类学家也不肯确切的为我们作种族分类。至于说方言差别，或可以使工作人员在教习上彼此不相瞭，使工作成效降低；实则我们的方言区域，又并不与省界相符合；而且在这两位的语气里，并未显示语言上的隔阂。所以上面两个论断，从地理区域，人种分别，或方言的不同，都不能寻求解答。他们的根据，实际上就是社会的和经济的特点。这与工人们对于地域来源上的偏见，正是如出一辙。所谓"内地"，就是文化比较浅，工业比较落后的区域，从这类地方出来的人，因为未沾染现代工业的风气，在机器上的工作能力当然不会好。

我们若是回溯一下中国近几十年来新工业发达的行迹，就不难见到我们的工业原来是偏重于沿海一带和几个为铁道河流交叉的通都大邑。江浙湖广诸省，正是首当其冲。那么挨近这地方的居民，就有如近水楼台，得了风气之先，现在青年下江人可以说是在工业的环境下陶育出来的，对于机器生产，差不多是耳濡目染，司空见惯的了。

例如38号的上海技工，就常常自鸣得意的叙述他自己从小对于工业就有了姻缘。原来他的父亲是一家汽车行的修理匠，工作的地方距他家不远，所以他父亲去上工常带他一同去玩耍。用螺丝和木板造小车，或拾断锯片磨小刀，都是他常玩的把戏。他的哥哥也是一个技术工人，他在家中还备了一套很简单的工具，做点零星小生活，所以对多机器零件，这位工友从幼小就已经摩熟了。

此外，我还可以举一个例证，有一个晚上，我和49号的湖北小工谈得正起劲，忽然灯光一闪，电灯熄了，他连忙站起身来，说以前坏过几次，他知道毛病在什么地方，于是自告奋勇的去修理电线。一群小工在旁边却看得目瞪口呆。事后我问他怎样学会了这一手，他就说"这有什么难，我家住在汉口的时候，向来不出一文灯费，总是自己接私线偷电用"。他还学过驾汽车，因为一种特别原因，才来做工人，自然是小工当中的佼佼者了。

至于内地农村出身的人，一向只是与木石土壤接触，日常的工具不过是锄锹绳索扁担的一类极简单的东西，在云南田地大多用人工挖，插秧的田只是在灌水以后才用牛力耙，除草工作都是用手扯脚扬，用拖曳机耕田，当然是他们从来未听过的事。生平未见过机器，哪来新工业的习惯和常识。一旦走进了工厂，几分土气一下子摆不脱，动作欠灵活。了解能力也比较差，甚至举止动静也赶不上外来人那样洒脱大方，所以处处显得笨拙落后，这不是别的原因，就是内地工人缺乏一个工业上的传统。

内地工人既然是缺乏一种工业知识和技术训练，一切都须从头做起，待遇当然最低，升迁的机会也比较少，在他们自己心里很容易引起自卑的感觉，于是尽管在厂方是以技术来定工人的等级和待遇，而在内地工人们自己看来却认为是待遇和机会上的大不公允。譬如上面的例子，就是本地工人来为自己的工资较同等的外来工人为低，至于他和那位同事本领是否真的一样，却不一定可以凭他自己的话来断定了。再如24号帮工的故事，也会惹起本地工人很多的烦言，原来他是六月份考入厂的帮工，据说成绩相当好，起初是被派到车床上去学习，可是不到一个月，另外一个下江帮工却取他的位置而代之，有人说那位下江工人，是另一个技工的小舅子，那技工暗中向上司说了个人情，才会有这个调动发生。又如本地工人就对那几位鄂籍技工不满意，说他们心思毒狠，不肯教本地工人的手艺，吩咐的话难得懂，遇事也不敢多问，动不动就骂人。相反的是一位上海初出茅庐的小工，进厂不到一年半，已经居于第二等技工的地位，据说是因为有个老技工受过他家的拜托，特别加以照应的结果。

这种种传闻和怨语，也许是有其根据，也许是一种揣测之辞，不过这类的话不论真伪，听到工人们的心中，却有其重量和作用。狡黠点的内地工人遂存心投机取巧，于是有的装腔作态的去学上海话，有的甚至冒充外省籍，舍本逐末，不在工作上求长进。忠实点的，总觉得做技术工人，乃是外来人的权利，他们纵然吃了力也是不讨好，于是丧志灰心，更觉得工作没有多大意思了。

内地工人在技术方面确实是次于外来技工，但这并不足以证明内地工人就永远没有学习技术的希望，工厂负责人更不致有意的抑制他们，如果大量的内地工人能够在技术工作上有进展，不独厂方会乐观厥成，肯给他们以适当的升迁，即从地域差别上发生的偏见也就会消于无形了。但情势并不这样简单，我发现他们当中许多人缺乏做工人的决心，没有把做工看作终身事业，他们的中心兴趣，似乎还是种田地，做商贾，或是家庭手工业，过不惯有规律、有一定作息时间的工厂生活，既然是心不在焉，做起事来如何会精彩？说来也许很奇怪，一个工人进了厂，自然得安心做工，若是不打算做工人，他们又何必多此一举呢？要明白这个究竟，我们还得追本溯源，看他们是些怎样出身的人，既不愿做工又为什么会进工厂？我们必须找出他们入厂动机，才可以解释这种现象。亦唯如此，才可以明白战时劳工情形是怎样的复杂，这一点我们将在第四章做分析。

第三章　技工的内移

上海招工与就地入厂——志趣——教育机会与家庭负累

上章我已说明昆厂的工人中至少可以分为两类，一类是外来的技工，一类是内地的小工。这已点明了他们来源的不同，因之我们在继续讨论内地工业人力的来源时，也得话分两头。本章将先论外来的技工的内移，至于内地小工如何会入厂的问题则将留在下章再说。

一　上海招工与就地入厂

自二十七年上海的战事爆发以后，继之南京沦陷，长江下游和沿海重镇相继失守，江浙沿海一带的人民遂向内地作空前的一个大迁徙。很多原来在工厂做工的劳工从战区逃难到内地，同时又有不少工厂为了避免敌人的攫夺搬入内地的，还带了技工进来，这些是内地工业接收外来技工的第一批。敌人一旦巩固了沦陷区后，大量内移的人口流动也就停止了。但是这时的上海租界还保持它的特殊地位，而且从上海到香港海防的海运尚通，从这条路线，沦陷区的人民还能进入内地，可是路费相当高，一般工人并不能个别担负此项费用。因之内地工厂若需招致外来技工，必得设法供给路费和帮助办理交通手续。

昆厂是二十八年在内地建立起来的一个工厂，为了充实技术干部，部署生产，当然也得从速向外埠去招工，所以它在上海特别成立招工的机构，藉租界的掩护，陆续招送工人到昆明。就昆厂由沪招致技工的暂行办法看来，招工手续固然是由该厂驻沪办事处就近处理，但必得先由厂中主管部份将所需技工的手艺，经验，年龄等条件详细规定，并开明工资范围，通知办事处负责人。所以为要在外埠招一批技术工人，往往需经过几度的函电往返。

上海的租界是间接受着敌伪的包围和压迫的，驻沪的办事处也得防备万一有什么意外，所以不便以本厂的名义公开号召，同时又怕有不三不四的歹人，趁机混进内地来，也不能公开号召，于是物色人工的时候，只好靠一些有关系的私人和团体辗转接洽介绍了。来源一受限制，耳目就难周密，标准既经降低，待遇反得高抬，要是介绍人夹杂一点阴私，暗中使弄要挟手段，主持人也不便太苛求。在这种情形之下，劳工的供求不能相应，有无不得畅通，也是情理中事了。

在直接应招而来的工友一方面，因为不明白招工的底细，事先费了不少狐疑和周折的故事，我已经听得很多，但以轧压间里那群技工的介绍人所玩弄的把戏，最值得一述。原来他们这一群在八一三战后，都困住在上海难民收容所里，原厂复工尚遥遥无期，厂主人每月给的五元津贴实在是不够维持家用。后来由他们原来的一个上司，推荐到昆厂驻沪办事处，虽然这群人里面还有个年纪过大的工人，因为他们要一致行动，所以代昆厂招工的人也只好一起接收了。领班的工资是每月一百五十元，其余的工人都是七八十元，就二十八年上海的工价说当然是很高的。可是条件讲妥之后，介绍人就向这群工人索报酬，规定以后他们由昆厂汇给他们家庭的工资，全由这位介绍人经手，他每月从每个人的名下扣五元，从领班的名下扣三十元，事后领班不肯接收条件，所以结果未来昆厂，其余的到昆厂以后，托人到上海接眷属，这个中间人还从中阻挠。这件事当然只是招工机构欠健全，劳工内迁受阻碍的一个例子，从这个例子里便可以表示沦陷区的工人急于向内地谋工作，而内地工业更需要熟练的人手，只是中间没法沟通起来。

在招工的条件议定以后，还有许多事情要归厂中负责安排。在上海动身以前，得预借一个月的工资以做安家费，须携眷同来者，并可以多借川资一百元。上海至海防统舱，海防至昆明的四等车费，以及护照费，体格检查费，注射费均由厂方负担，由沪办事处代为办妥，车票由昆厂驻海防的办事处代表代为代理。至于其他费用，如船上铺位，饭菜，小账，旅馆费，概归工人自理，不过另外由厂方津贴二百元，这些都是厂里由上海招致技工的暂行办法里面有明文规定的。

据各时期来的技工们自己估计，再益以人事课负责人的口头报告，在二十八年的年底每招一名技工，所耗旅费，约为250元。可是到二十九年三月间，车船费就共须200元，厂中津贴100元不够用，曾破例加到130

元，合计已为 350 元了。到三十年的七月间，旅费一把连差不多总在 350 到 400 元之间；而且工人的工资和津贴，是自上船之日起算，通常因为舟车延迟到厂以后又得休息三数日，共需耽搁三星期，按着当时的工价，厂中又无形的要负六七十元的损失，至于招工手续费、邮电费、预支工资的利息和各办事处维持费的一部分，也应该分担在招工费用身上的，都还未曾计入，所以平均来说，在二十八年下期到二十九年上期，从上海招一个技工到昆明，平均至少要费 400 元左右的成本。迨越南变起，滇越铁路受阻碍，技工内来更困难，而成本亦愈高，这个期间我还未见厂中从上海招过工。交通的阻碍加深，招工的费用趋昂，所以向沿海一带招工的活动就无形地停顿了。

在直接向外埠招工之外，当然还有获得工人的办法，例如自动逃到自由区来的工人，随其他工厂撤退或他厂向外招来的工人，如果可以就地收罗，当然比较轻易省事，问题的关键就在内地的工业都缺乏技术干部，从他厂诱致技工势必得提高工资，使他们愿意离开原厂，如果各厂都实行这个政策，则工人跳来跳去，工资随之飞腾，这样挖①工到最后是没有一个厂可以得到好处的。所以在还可以向上海招工的时候，内地各厂无形之中，尚有一个默契，不许相互抢夺工人。同时工厂外部招工都有两年的工作契约，未到期退厂，须赔偿全部招工费用。可是等到内来的路线阻塞，技工奇缺，劳工契约和各厂间的谅解就无形勾消了。于是各工厂为了自己的利害关系，私下以优厚的条件挖别厂的技工，技工也以奇货可居，择肥而噬。有的是趁机潜逃，有的故意玩忽怠工，甚至不服从管理，让厂方自动地开除他们，这样他们就可以摆脱契约上的责任了。后来厂方看到劳工契约并没有束缚工人的效力，也只好放弃消极的强制，用提高工资的办法来稳定他们。至于这办法是否减低了劳工流动，乃是我们以后所要提到的一个问题。

"挖工"的事实，我们从表三还可以得到一个说明。我们看到有 63 个技工当中，由昆厂直接从上海招来的只有 17 个，随昆厂内迁的 5 个，其余的都是随他厂内迁，自动或由他厂向外埠招来，而由昆厂就地收罗的。换言之，昆厂直接从上海招来的工人如不中途退厂，决不止占这个比例，昆厂如不就地收罗别厂工人，也不会有这些零星入厂的人数，从重庆和桂林

---

① 挖，同"拖"，这里等同于挖人才的"挖"字。后同。——编者注

招工，也就是一个证据。

另外我们看出在技工内移方式里，自动从沦陷区撤退的并不多，63个人当中不过10人，这件事实据我们看并不是一个例外的情形，在战争期间，工人实在不会有充分的经济力量远来内地，同时如果没有援引和人事关系，贸然逃出来，也是一种冒险。这一点也可以替我们解释内地工业中的技术工人何以缺乏到这个地步。我们移植工业创建工业，不能及时有计划的抢救劳工实在是一个莫大的损失。

表三　技工内移的方式

技工内移方式	人数	技工入厂方式	人数
昆厂直接从上海招致	17	上海招工	17
自战区随他厂内迁	17	零星就地介绍入厂	8
		重庆招工	6
		桂林招工	3
自动由沦陷区撤退	10	零星就地介绍入厂	10
原在后方逐渐内移	8	零星就地介绍	8
随昆厂内移	5	在厂正式成立之先已与厂发生关系	5
原籍西南	4	零星就地介绍	4
他厂直接从上海招致	1	零星就地介绍	1
自南洋归国服务	1	零星就地介绍	1
总数	63	总数	63

二　志趣

沿海及华中原有工业区的技工进入内地，是出于战事的影响。敌人占据了或破坏了沦陷区的工厂，有些工人在混乱的时候逃入内地，没有逃出来的，就有人要失业赋闲。这群人受了爱国心的驱使，并不愿在敌人的工厂中工作。内地工业勃兴，感到技工缺乏，不能不设法到上海一带去招工，他们一方面用国家民族的利益去激发人心，另一方面用经济利益去打动他们。号召的手段既不同，所吸收的人因之也有差异，如是，被招入内地工人所具的动机、兴趣，以及对工作的态度自然极不一律。对于这些工人心理上的殊异如以分析①，是可以帮助我们了解工厂管理和劳工流动性

---

① "如以分析"，原文如此，疑为"如加以分析"。——编者注

上很多问题的。

与厂里的技工日常接触时，就可以分辨出他们中间确有不同的集团。有一天厂中人行道旁的布告上，忽然出现了一张用红字做标题的广告，原来是从中央研究院请来了一位学者当晚到厂里来讲西北问题，在午饭时候，就有几位青年工友来和我约定当天晚上早点去听讲了。晚饭后，果然我们一行四五个直向会场出发，在途中却碰着那几位湖北技工，我们顺便邀约他们去听讲，他们却答复得爽直，"不去，我们去了也听不懂"。我们走了十多步，又碰着26号技工，我照样请了他一声，他却又支吾其词地加以拒绝，笔直向厂外溜达去了。同行的朋友，却回过头来告诉我，"这些老家伙，只是高兴喝酒打牌，这类演讲，当然是不会去听的"。追到了会场，我又细细的清点了一下听众，在百多个人当中，除大部分职员而外，就只上十个比较年轻的工人，不禁使我回味到先前那位朋友的按语。

后来在技工当中，还时常听到他们互相诽谤的议论。自命青年的工人，一提到老一辈的，就带着几分傲慢的神气，说他们思想陈腐，不知道怎样爱国，只喜欢赌博吃酒，干一些堕落勾当。而老一份①的工友，反转来对他们也多半怀着一种轻蔑的意思，认为这辈年轻气盛的毛孩子，性情轻佻，态度骄妄，手艺都不到家，只是靠着介绍的人得力，和一些老辈师傅的涵容提携，大半是因缘时会，要是在上海，那有这批后辈露的头角。从他们彼此相轻的辞令看来，各有各的矜持，都是各以己之所长来轻人之所短，老辈工友认为青年工人技术未臻纯熟，并不和他们论思想学识。青年工人却不提老辈人手艺是否到家，只是专门责备他们没有脑筋，似乎不大关心国家兴亡、世界大事。从双方的论战当中，也就不难看出他们各人的优劣所在了。

我今年第二次进昆厂，正值民国三十五年五一劳动节的前两天，我从厂中工人办的壁报上，看了一篇某位工友写的文章，题目是"从上海到内地来含有两种不同思想的工人"。对于青年和中年工人思想的分歧描写得甚为具体，我可借当中几段原文，来表示他们一部分人的观点。

"忍着病痛与耻辱，一年来不见天日的同胞，终于听到了内地工厂招工的消息，而几乎鼓舞了……

"从上海开到海防的轮船载着很多离开了糜烂的沪江的同胞，枯黄的

---

① "老一份"，原文如此，疑为"老一辈"。——编者注

脸，露着热烈希望的表情，不一致的计划和憧憬在每个人的心头却活动，曾受过外国或本国资本家苛刻待遇的青年劳工，此刻憧憬着以后在国营工厂雇佣生活是如何好的待遇。听说那里脑的劳动者与力的劳动者一律平等。这里多么惬意的工作呀！美丽的生活憧憬，仿佛遥遥地向他们招手了。

"中年劳工的脑筋里，跳跃几个 $，听说那里几块钱一天，的确比上海各工厂的工资要高出几倍，心里活算盘在盘算家费，自己的用费，和储蓄的分配，想着总会有余裕吧！本来久已在上海过着麻木的生活，现在对于他们麻木的感觉突然来了这样一个刺激⋯⋯

"他们在这样的上海制度底下，早已固定了宿命的主张，热忱的思想在他们脑筋里，已经不像这些青年人那样活跃了！⋯⋯"

这几段文字的中心思想，不外把青年工人的热忱和抱负拿来与中年人的重财观念和麻木的感觉做一个尖刻的对比。当然对这种劳工文艺性质的作品，在渲染和润色方面，我们不得不持几分保留的态度，但是外来技工在志趣上，他们自己有这样一个大致的主观划分，却也甚为显然。

我知道18号的无锡工友当时正在旧街子和一个当地人家进行婚事，他的哥哥告诉我，不管这件事情成不成，他的老弟要在内地结婚是已经不成问题的。理由很简单，就是因为他的弟弟性子刚强，在家乡看到日本人横行，气得发了急，才负气跑到内地来，作了他们这一群老大哥的同路先锋。日本人不退，他誓不回去，这就是他要在内地结婚的理由。后来我又亲自和这位青年工友谈过几次话，我故意的提到沦陷区的事情，他就指手画脚的对我讲他的愤慨，"上海沦陷后，我从上海回无锡，看到日本人无理压迫中国人，就令我生气，见了日本岗位还要鞠躬敬礼，搭车又要先兑换军用票，简直到处是他们的势力，我回家不到一星期就决计到内地来了"。后来他的几个师兄，在上海租界一家工厂上工，有一次他去见他们原来的师傅，却大大的受了一顿指责，骂他们为奸商，就是间接为敌人做走狗，他们着了急，才写信托他介绍到昆厂。

常州朋友原来在芜湖做工，战事起后回故乡，后来恐怕遭厂人危害，才又投奔上海，当时上海秩序恢复，日本工厂已经开工，每天清晨在虹口一带鹄立待雇的苦力多得非常，他曾应朋友的邀约，去虹口一带挤在人群中观过一次光，亲见日本人来招揽，临时讲好了条件，一批批的引向别处去了。他见了这种情景，感到很痛恨，依然退下来困居在上海。后来见了昆厂招工的消息，还疑心敌伪的欺诈，费了相当的周折才明白此中底细，并且邀约了两个志同道合的朋友，一同到自由的祖国来。其中一个还是带病登轮，但终于赍志以殁，这位朋友至今天未断怀思。今年"五一节"还写了"纪念一位为祖国殉难的战士"一文追悼亡友。

40号的绍兴朋友，原是一家报馆的排字工人，在南京失守以后他抛开家庭流亡到后方来，他要算这群朋友当中程度最好最深明大义的一个。中山县的朋友，原在兵工厂做工，工厂迁移，他奋然回乡加入保卫团，并参加过战斗，一直到中山失守，才由广西退进来。他在壁报上发表的许多首新诗，仍然表现出慷慨激昂的热情。

那位从巴纳维亚归国的华侨，却带来了另一副心境。他虽然没有直接受过敌人的压迫，但间接的却受过大的刺激。在广州沦陷了以后，他的荷兰主人曾向他讥笑的说："你们广州又失陷，还有什么可打呢？"他当时找不出好的话来回答，但是心里已经感到非常难堪了。迨后欧战激烈，荷兰不兼旬而亡，他却又用同样的口吻向他主人报复的说："我们还在打，你们呢？"厂主对他从此怀了恨心。恰好不久华侨发动归国服务运动，他就携家同来了。他平时在厂最爱看经济政治一类的书籍，并时常提到祖国的工厂管理和效率远不及他所见的外国工厂，很使他感到灰心。

浦东的朋友八一三后从上海退回浦东去看看家小，晨气萧瑟，两手插在口袋里兀自向前走，忽然从路旁闪出两个日本兵，劈头向他两耳光，警告他把手放在口袋里，是犯了携带手枪的嫌疑。他这一气就非同小可，躺在家里一天没进饮食，因此还一度进过游击队，后来队伍解了体，他才悻然来内地做工。

我后来发现，中年工人也未尝不想表示他们也关怀时事，思想并未落伍，可是我们有时谈论的事情，他们并不十分明白，只能坐在旁边讨讨常识。偶尔说出意见，或因为用辞失当，或把意思弄颠倒，反招青年朋友笑话。此无他，只是他们早年所受的教育弱人一等，迨后困于生活，忙于工作，更无暇日闲心来补足这种缺陷，于是知识愈形落后，与这些人[①]小学中学而又出校不久的青年工人比较起来，自然显得有几分距离了。

三 教育机会与家庭负累

青年技工与中年以上的技工思虑和志趣的差异，我们看出来是导源于

---

① "这些人"，原文如此，疑为"这些"。——编者注

两个原因：一个是青年技工比一辈中年以上的技工所受的教育多，因为国民教育的推行正是近十年来的事体，中年以上的工人，早年没有一个好机会受教育，若是把技工的教育程度和他们的年龄作个比较，就可以发现青年工人教育程度确是高出中年工人。就我所知道的个别情形说，厂中外来技工受过中学教育的，决没有三十五岁以上的人物，而从未进入学校，目不识丁的，又绝少有二十五岁以下的。故举凡有托朋友补习文字，或是请人代写家书，总是年纪大的去央求年纪青的，相反的情形可断言绝无仅有。再如新招的学徒，常背地对我取笑他们的导师一字不识，学技术他们是徒弟，读书识字，他们就可以充师傅了。

表四　技工婚姻状况与教育程度

年龄	未婚				已婚				总计
	初中修业	小学	不识字	合计	初中修业	小学	不识字	合计	
15 岁以下									
15－19	1			1		1		1	2
20－24		12		12	2	4		6	18
25－29	5	1		6	1	6	1	8	14
30－34						13	3	16	16
35－39						3	4	7	7
40－44						2	1	3	3
45－49							3	3	3
50 岁以上									
总计	6	13		19	3	29	12	44	63

那次厂中曾为斗殴的事开除了几个工人，19 号的技工有一天晚上特为找我去谈这件事的是非曲直，他不等我开口就先说了一篇大道理，我觉得他的话有相当的理由。从他那里我认识了他的师弟，8 号的技工小朱，这位新识的朋友见面不到两次，就和我谈宪政问题，然后又问国内政党活动的情形，工人中不乏这样的有心人，倒是使我深为诧异的一件事。后来才知道这两位一个是中学修业，一个是小学毕业，同是某科学仪器馆出身的。小朱最喜欢称道的是某某物理学家是他们的馆长，自己曾经听过他的讲。

此外如 21 号的常州人就是昆厂壁报的编辑，40 号的绍兴人，原来做过排字工人，在这群青年朋友当中程度最好。59 号的华侨最能谈国际情形，常比较南洋的工厂和我们国营工厂的优劣。中山县的工友是壁报长期撰稿人，还常常做新诗。这些知识程度比较高的也正是前面我们所指出的有志趣的青年工人。

许多次经验告诉我，在以这一群青年朋友作对象时，我不妨高谈阔论，甚至可以从工厂管理，谈到天下国家，愈把话题放大，他们愈听得入神。不过另外一群技工却不欢迎这一套。所以有时青年和中年的朋友同在一个茶桌上谈天，意见总不免有分歧，要是谈起国事来，中年朋友多半坐在旁边不措一词，偶尔提一点意见总是被青年朋友驳了回去。而他们所能谈的，也不过是他们以往怎样打码头，赌博时玩弄技巧的故事。因此他们有时感到程度太差，和青年工人谈不来，不待终场，就自行退席。

我们分析这两群工人志趣的差别，第一是起于教育程度的不同，其次他们在负担上也各有轻重之分。青年工人因为未曾结婚，没有家庭负累，他们的行踪很少约束，不似中年工人还要支付家庭，不能趁一时的气愤，而忘掉了妻室儿女。

上面叙述的那些青年工人到内地的英勇行踪，固然是由于他们有血性有意志，敢作敢为，但是仔细察察他们的家世，才可以明白他们所以肯如此作，能如此作，而到了工厂还有心情谈做人，谈国事，大半是由于他们负累比较中年人轻，所受的束缚比较小，故可以显出悠游旷达，不孜孜于为利的神情。

譬如 21 号常州朋友，家中就可以不必需要他，在过去好几年他就是在蚌埠芜湖等处做工人，家事委诸叔叔料理。若在经济方面，那更不成问题，据他自己讲，能够多汇款回家固然好，不能，家中也可以勉强维持。从他请我寄钱到呈贡安江去接济一个艺专的学生这件事，也可以得到一个证明。40 号的绍兴人，出了门两年，就没有得着家中一封信，可是他并不算十分焦急，因为他的家中有财产，人手也很多，据他说他的工资有一部分就是用去帮忙朋友的。中山县的朋友，对于家庭的担负也不重，因为他家中虽然没田产，他的父亲却还年富力强。那位南洋的华侨自己常常讲，回到国内来，只是求过精神痛快，如就经济收入说那只有吃亏的。原来他还携着家属到云南，后来他的工资不够用，索性把家眷送回香港交给父母养。

由以上的分析，我们可以说大部青年工人的志趣所以能比较积极的，不是教育的功劳，而是负累较轻的结果。至于他们所认为志气消沉的中年工人，即或是受过好的教育的，多因室家负累过重，压得气也吐不出来，若是教育根底既差，再加以生活压迫，又何能怪他们志气消沉。

例如从上海来的几个湖北技工，就是这么一类的人，常喜欢谈上海的生活和物价变动情形，或是抱怨家庭接不进来，汇款感到困难等等。要是他们特别来看我，那就不是要求我缮呈文向厂方办交涉，就是要写琐细噜囌①的家信。再如53号的长沙工友，我好久就看见他愁眉不开，衣裳也穿得异常褴褛，下工后总是一个人在空地上徘徊，历次的集会和游戏从来没见过他参加，颓唐可谓达于极点。经我仔细打听，才知道是他的老人病在家中，既无盘费回家，又没办法多筹一点款子寄回去，只好是焦虑终天。

由此可知在我们旧的生产制度之下，要树起新的工业，不唯从农村里骤然出来的工人与新式工人不大能配合得上。就是在所谓工业工人中间，因为社会的变迁太快，新旧不相衔接，生活也无法安稳，所以他们之间在生活态度上和个人观点上也有很大的出入。

---

① 噜囌，又作"噜苏"，即"啰嗦"。《景德传灯录·大梵圆和尚》："问：'水陆不涉者，师还接否？'师曰：'苏噜苏噜。'"——编者注

第四章　内地劳力的蜕化

内地工人的原有职业——内地工人入厂的动机

　　在第二章第三节里面我已经点明，技工是外来的，小工是内地的。这是在内地创立工业的初期，一种不足为奇的现象。理由很简单，就是技工在内地招不出，非技术工人向外地招又不合算。但是这只能作为一种临时的措施，为将来计，我们须有根本的打算才合理。因为我们内地工业建设，并不是一种临时的措施，乃是开发后方，奠定民族工业，树立独立自主的经济体系之开端。我们现在所借用的一批外力，大部分还是由于我们沿海的工业遭受敌人摧毁压迫，才有这多人力转移过来，将来这批人居留是否还成问题，我们以后还要加以分析，不过在我看来并不完全可以乐观。同时，我们既是向工业化的途程迈进，我们整个的人力发展，也得和这个步调相配合，所以这种人力基础势必要建筑在内地。从工业化的趋势讲，也得设法把千千万万的农村人口逐渐加以吸收训练，使他们成为工业建设的干部，同时就可以减轻农村人口的压力。不过从乡村吸收人力，不是怎样容易的一件事体，这不比征兵可以用政治力量去强迫，尤其是一般人民乡土观念很重，安土重迁的习气未摆脱，没有极大的引诱力，很不易使他们离开家乡。何况在内地土地分配还比较平均，人与地之间尚有一道牢不可破的连锁。所以在工业建设之初，进工厂的是些什么人？他们为什么进来？这都是值得追求的问题。所以在下面我们从工人们的原有职业入手分析。

一　内地劳工的原有职业[①]

　　首先我们要问，在内地工人当中，是否他们原来完全是农人？如果不

---

　　① 1946 年商务印书馆版中存在目次与正文中标题不一致的现象。在整理过程中，出于保持原貌的考虑，并未做修改。——编者注

是，他们在入厂之先，究从事何种职业？唯有明白了这些情形，才可以讨论我们内地劳力的来路，和工人进厂所取的途径，使我们对于农村劳力的蜕化过程有个了解。下面两个表①，就是我们根据内地工人的职业转变作成的。

在两表里还有几点是要加以解释的；对于原有职业和入职以前的过渡职业，我是以抗战军和内地工业开始创立的时期分段落。在这以前继续从事的职业，认为属于原来职业苟无外力影响，他们可能长此下去。这个时期以后的转变，就算直接或间接接受了新战争与新经济建设的影响。在时间因素之外，我们也考虑到有的工人原来同时操两种职业的，我们要分别出正副；又有的则就两种以上职业随时转换，例如元谋姓高的就是忙月在家种田地，闲月出做泥水匠的一个工人。就他家庭来说，泥水匠也许可以算是副业，但就他个人说，无论是就从业的时间长短，或全年总收入说，泥水匠的生涯反而居于首要地位。再还有家庭里本来是不折不扣的农业，自己也能够种田，可是有的在忙月并不躬亲耕种，只是帮帮工守守场，到闲月就成了茶店烟馆里的常川顾客，论职业他们可以归之于农，论个人行业只能算雇工自营的地主，而不能算是农工。再还有家本农家，父兄也是农人，他本人却赖祖宗余荫，终日无所事事，我们只能说他们是赋闲。再还有同一属于商贾贩卖的人，有的像武定的小工老刘赶马贩糖，有的像四川的帮工卖埽帚②锅刷，营业性质虽同，资本大小却③相去甚远，但我们也只好归于一类。同时我们是要测定人力蜕化的迟速难易，所以凡是碰到模棱两可的情形，就看那种职业对于他们过去生活习惯发生最大的影响。还有一种是刚出学校的学生，我们可以说，他们是尚未就业的人，正处在找职业的过程当中。

若单就两张表中的数字比较，无疑的农人要比其他职业出身的人数为多。但是我们不应该忘记，在内地社会中农人在总人口中所占的成分极高，普通说来，决不会低于百分之八十。若是农人和其他职业出身的人进入新工业的机会相等，则在厂的内地工人中应当也有百分之八十左右是农人出身的，而现在的事实并不如此，他们只占总数百分之三十四。从比例上去判断就可见内地农人加入新工业的并不若其他职业出身的人踊跃。若

① 表五、表六。——编者注
② 即扫帚。——编者注
③ 1946 年商务印书馆版原文为"确"，疑为"却"之误。——编者注

表五　帮工原业分布

原来职业		主要的过渡情形	
未就业（学生）	15	直接入厂	5
		军警	5
		投考短校	3
		测量局工	1
		司机	1
农人	9	军警	4
		直接入厂	3
		局工	1
		路工	1
工匠	5	直入	3
		军警	1
		商贾	1
商贾	4	直接入厂	3
		局工	1
军警	5	直接入厂	5
赋闲	2	直接入厂	2
总计	40		40

表六　小工原业分布

原来职业		过渡情形	
农人	19	直接入厂	8
		商贾	4
		路工	2
		散工	1
		校工	1
		家役	1
		军警	1
		测局工	1
未就业（学生）	6	机关役工	3
		直入	3
工匠	6	直入	6

续表

原来职业		过渡情形	
商贾	5	直接入厂	5
赋闲	3	直接入厂	3
失业	1	校工	1
公务员	1	直入	1
总计	41		41

单就第五表看，农人在帮工当中所占的成分更小，农人所以不易受新工业的吸引，据我们想，一方面是由于农人根本上不大愿意离开他的土地做职业上的冒险，另一方面农人在都会当中很少觅找职业的线索，所以进入工厂的机会并不多。

此外所有其他职业出身的工人，就其中每一项说起来，数目并不算大，但是合起来已经过了全数的三分之一。且比直接由农人出身的工人数为高。要是这种现象还相当普遍的话，亦足见发展新工业可以减低的旧有职业的人口数，差不多是农业和其他职业各居其半。这是在工业发展期间，职业人口流动一个值得注意的现象。

其次我们在表里看出，不仅是在帮工当中成分比较少，而他们在离开原业到入厂的过渡期间，一半以上的人都有过渡的职业，直接进工厂的赶不上其他职业直接进来的人数。这是说进厂的农人不独地位被压在工人的底层，技工的阶梯难爬，而且有机会到厂里来的人，还多半是离开了农村，在别的行业里打过两个滚，换过一点头面的。换一句话说，在入厂之先，他们自己已经不是在操农作，他们的籍贯是乡间，而他们应招的时候已经不是在乡村而在昆明省会了。所以人力从农业转别业而入工业，从农村转都会而入工厂，正可以表示劳力在蜕化期间如不特别加以外力的督促，大半是要按照一定的程序去进展。也就是上面所说的理由，乡下人对于工厂还没有深切的认识，若是没有特别的联系，他们不会放胆的跳进来，而且也不知道怎样跳。他们一定要在自己熟悉的机关混些时日，土气渐渐减少，眼界稍开，见识加广，才知道工厂是怎么一回事，机会到来，就有人要作尝试了。在欧洲工业先进的国家，当早年工业化的时期，他们徘徊都市的农人是一直走进工厂，或是先在别的职业里打一个转弯呢？就我们所知道的文献中，似乎还没有这一类的说明，而一般的假定总觉得农人直接进入工厂的多。但无论如何就这类研究所告诉我们的事实说，却使我们不能相信初出农村的农夫会是工业里面的好干部。

还有现代工业通常是集中在几个中心，若是一个国家尚未全盘进步；交通工具未能和早期工业发展相配合，则内地的人力也很难向几个工业中心集中。何况人民知识固闭，耳目不周，很少人知道新式工厂为何物。我知道有的家庭为了逃兵役，把子弟送进工厂做学徒，听说里面有机器有军需用品，同时还上军训上补习班，家长闻而色喜，盖以为他的儿子将来可以做官长发大财了。像这种国民教育程度不普及，人民思想闭塞落伍，新工业的意识尚未普遍进入人心的时候，再加上地境的隔离，人民自难得从四乡远趋工业都市了。英国当十八世纪初年，工业在她的北部勃兴，由于交通困难和贫穷律的限制，就阻止了南部的穷困农人北向谋业的机会。在十九世纪初年普查报告里表示得很明白："在 Lancashire，Cheshire 和 Yorkshire 诸郡一些发达的工厂工人当中从南部来的极其少，他们却是自临近几郡来的。而苏格兰工业区则满是爱尔兰的迁民和苏格兰高地丧失土地的农民。"[1] 这么看来，中国内地农村劳力所感受到的阻力多多少少是与英国十八世纪初年农民相仿佛的，只要看到第一和第二表里不独四分之三以上的帮工和小工是云南籍贯，而且都是昆明四周交通比较便利的几县的人。再从直接来处看，40 个帮工当中的 32 个，和 41 个小工当中的 21 个都是从昆明进的厂，这类数字虽然不大，但就这类趋势的确和英国早年的情况是遥相辉映的。

二 内地工人入厂的动机

为了明白这些工人的背境，我在调查期间，会特别留心他们的入厂动机，经我们在厂内几个月的观察询问所得来的结果，发现每个工人入厂动机相当复杂，我们只好择其中最主要的来作分类。

（一）逃避兵役——当我们的役政尚未臻完善之先，在战争的时候，有人逃避兵役，自然是一种不可避免的现象。我们看看表中所列的避役的人数一共 45 人，居然超过全数之半，成分不可谓不高。并且上面的一个数字，我们还只算了主因，有的工人原来对于兵役，还有在可避与不必避之间，同时又有其他的原因逼他们，这才更迅速的逃避出来，如果把这人数

---

[1] Cole and Fostgate, *The Common People*, *1746－1938*（London, 1939,）pp. 123－124.

一并归纳进去，则逃逸人数之多尚不止此。此外要是就小工和帮工的逃役人数稍加比较，更可以看得出来，小工的逃役人数要比帮工多，这是由于小工的原业以农人为最多，而农人又差不多都是为了逃役才出门的原故。

我当时在厂里，很清楚的知道富民二十多个小工，就没有那一个不是为了兵役的关系离家进厂的。因为他们这一群人知道我是来自学校，所以都公开的向我说实话，诉衷曲。其中有一位姓王的朋友，在他们当中程度最高，资格也最老，有一天晚上，正当着他们一大群同乡环绕着我们坐着的时候，老王忽然很得意的用手向人群中划了一个圈子，对我说道："这些朋友统统是我们那一个坝子的人，都是一个一个由我介绍进来的，我们那里闹一次抽兵，就有几个同乡带信过来要进厂。——唉，要不是抽兵，我们那个乡间多自在！"

这个半自负半慨叹的老王自己也不是例外，他原来还是一个读书人，过去还在初级小学教过两年的蒙童，后来做布贩赶街子，随后又学会了镶牙，正准备到县城去开个店子，那晓得计划还未及实现，抽兵的事看看就要闹上门来，不得不打定主意出远门。好在他在外面的交往还算宽，才仓皇赶进省城来，合式的笔墨事情找不到，只好应招进昆厂做帮工，做了不到三月请假转了一趟回家，回厂误了期，才又改姓名，换了一个部门做小工。他的意思是反正是暂时避役，帮工小工都一样，不过由于他长期的驻守，总算是有益于他的一些同乡，为他们开了一条避役的大道，以后来的人，只要知道了他的地点，就可以源源而来，不必再到处去碰壁了。

我在小工宿舍里发现他们常以同乡的关系一二十人聚居在一起，都是因为兵役逼得急，彼此以同乡关系介绍进来的。例如元谋的小工当时就有十多个，那位姓黄的朋友就常对我发慨叹，"这世界真是磨难人，我们出了门丢得家中老的老，小的小，以前妇人们不能做的事，现在她们也得做，忙月还要请帮工。别的我不希望，只望了太平了早点回家"。另外一个姓赵的，家中还有七十多工田出租，家中六口人吃茶饭，一向在家过清闲日子。那次抽了他的兵，用三百元请了个替身，自己才一直溜进工厂，最近期间是不敢回家去露头面的。

在避役的帮工当中，那几个在消费税局当过局丁的朋友，有两个在当初就是为了避役的原因跑出来，由于同乡的关系才走上那条路，迨后见了昆厂招工的广告才又联袂而来，其中有个麻大哥，家中原在昆明开小帽店子，近年家中歇业回呈贡原籍，自己正当兵役年龄，不敢随家返里，只好东逃西躲。最凑巧的是我们的工作站正设在他住的那一村，有一次我特约他一同回去走一遭，他就摇起头来对我讲："乡的户口册上，还没有我的姓名，要是回去闯到保甲长眼里，挂上了名字抽壮丁，岂不是自讨麻烦？"昆明的老李家中也有四十多工田，还养着两匹马，天天拖柴贩米到昆明市，这次被迫出了门，家中还是请长工照料。从航校转进的老沈，我常常见他独自拿着一本《古文观止》哼，一谈起家事，他就不胜惋惜："敬孝最要紧，父母已经上年纪，现在还不能回去养，将来怎样养得成？"言下大有逃役与忠孝不能两全之慨。当我们看来八十一个内地工人当中过半数是为逃避兵役而来，很容易使我们想到这些人既不是为作工而来，就不易接受技术训练；将来外面的压力一去，借居的目的已达，就大有离厂返家之可能。

表七　内地工人入厂动机

离原业的动机		原业	
避免兵役	45	农人	25
		未就业（学生）	12
		商贾	3
		赋闲	3
		工匠	2
经济动机	16	军警局丁	5
		工匠	5
		农人	3
		未就业（学生）	2
		失业	1
求社会地位	10	未就业（学生）	6
		赋闲	2
		公务员	1
		工匠	1
社会纠纷	10	商贾	6
		工匠	3
		未就业	1
			总计 81

再从四五十个逃役工人的身份来分析，我又发现他们大多数是富农甚至有小地主的子弟。他们当中有不少是农忙了不下田的人。入了工厂以后，还嫌工资不够用，当从家中领津贴，这可以证明这些人如非逃役，工厂很难以现在的工资标准去吸引他们进来。我在厂中做调查心中就觉得很奇怪，为什么逃役来的工人，穷苦出身的就较少？后来经过我仔细的盘问，才知道真的贫困分子，即或要逃役亦不大愿意入工厂，因为工厂贵重的是技术，他们所凭藉的是劳力，所以为了善价出售劳力，都相率到挑运土木或垦殖各方面去找出路去了。只有一辈小有资产者，才贪图工厂的安全和保障，由此我们也可知道在内地劳工竞争当中，这类工厂所凭藉的还是另外一套实力，这实力乃是由推行役政时衬托出来的。工业从役政的裂缝中吸收了一批人力，这批人力的工作效率和兴趣怎样，当然是不难想象的一件事。

（二）经济的动机——在我们所知道的例子当中，为了经济动机入厂的是次于逃避兵役的那一项。那些在军队服过役的朋友，原来都是因为家境不好，才跑出来干军警，譬如那位禄丰的帮工，家里贫无立锥之地，哥哥在县城里一家店里当店员，他一个人十多岁就跑出来吃军粮，还当过一度宪兵，后来物价逐渐涨，里面的薪水加不来，外面的引诱则愈来愈大，才设法退伍出来。有一位在某某特务圈内服务，这番开小差逃出来也是为薪饷不充足。此外凡是经军警转过来的，没有一个不是为了工厂工资比较营盘的高。

还有几位实在是受着经济的压力，一直逼进厂来的。例如寻甸的小刘，早岁父母弃养，住在姐姐家，后来被人引诱到个旧当砂丁，吃了两年的苦，才脱出身来，这才跟着姐姐的一个同村的人进工厂。宣威那个姓何的，在我们那间宿舍里，要算他的衣服最褴褛，终天现出一副愁苦像，原来他是一家罐头店里的工人，不久那个店子关了门，一时失了业，自己交际不广，好久找不出合式的事来，才流浪到省城来觅职业。还有昆明的老刘，父亲原是小学教员，前年忽然病故，留下来的是家徒四壁，母亲和妹妹的一部分生活费，还得靠着他，所以只好弃学改行做工人。要是真的配称受了经济压力进厂来的，就只有这一类的工人了。

我们是不是可以说受了经济压迫进工厂的，这一定靠得着，会成功好的工人，那就要看工厂现在可以给他们多少的机会和训练，并是否能安下他们的心，使他们觉得现时过得去，而将来又有前途，这才不会中途被别的职业挖出去。当然在原则上，我们可以说这种人在工厂里，可以比为了其他原因而来的工人容易找着满足，或者说他们得着满足的可能性比较大，趋势也较长。

（三）求社会地位——这一类的工人离开他们的原业是求改进他们的社会地位，论家庭环境和他们个人的教育程度满可以不必出来做工人，只是在家乡这辈青年既不安心现状，他们自己的能力和在外面的援引又不充足，最容易投奔的途径，除了军队之外，当然是工厂。在我们社会里一切都未经制度化的时候，权力才是个人最后的保障，要得权力首先即须与有权力的人发生好的关联，一方面可以得到他们私下的照拂，一方面也可以在家乡里增点声势。为社会地位误入工厂的人，当然是以为在国营工业做工，就相当于普通政府机关的公务员，可以有政治势力做声援。他们哪里明白政治与工业是两个不同的统系，即令在工厂里尽职，也不一定使他们在家乡有权力，工业对于国家的重要性，并不可以从他们社会地位上兑现。何况小工是落在工厂的最底层，升到技工的机会就很难，即或升到技工，也不易变成中上级职员和工程师，无论如何对于这辈人依然不会满足。所以从工厂求地位，这是会使他们感到没希望走通的一条路，难怪带着这个动机进厂来的不是急急谋别的出路，就是整天地作怨语，甚至有人把这里当了个候差的旅社。例如开化一小工，简易师范毕业，还做过他们县政府的书记，后来又到省里某机关当录事，依然觉得没出息，才告长假出来投考一个短期学校。我见他一下班，就抱着一本百科常识问答读，积极准备考学校倒是不成问题的。另外一位新来的贵州朋友，哥哥在昆明住师范学院，这一次是应哥哥之命来昆明考军官分校，赶来误了期，一时找不着合式的事，住旅馆又太不经济，才暂时考进工厂。

这类工人，的确是不大在工资上多计较，只觉得做工人的职务和他的身份和希望有点不适合，像一位嵩明的朋友，在土木课做监工，小工还呼他在作"先生"，可是实际上，他还同技工共宿膳，使他心中感到非常不舒服。他曾向我讲过心思话："我本来是出门考短期学校，只怪自己不行，没有考取，我才请一位工校教员介绍我进工厂。原来讲好了做监工，只说监工是职员，进来了以后，才知道还是和工人一样，多肉麻。要是当职员，自己家里带来钱用，也情愿呀！"

为了社会地位向外跑的，以读书的为最多，赋闲次之，公务员工匠各一人。这个工匠的家里还有房屋，工资的大小倒太不在乎，只是觉得在小型作坊做工，没有在中央办的工厂做事情好听，在这里挂出牌子来也神气，为了图这名义，所以才决计调换过来。这些为了社会地位，而临时扮演工人脚色的，既沾不到政治上的任何光，我们劳工的社会地位又并未提高，在工厂里面当然是难得找到满足。

（四）社会纠纷——有若干工人入厂是为了逃避兵役纠纷，他们或是欠债难偿，或是违反了法律和习俗，不容于故乡，不能不暂时出来避一避，下面是几个这一类的例子。

武定的老王，一次雇了两匹马贩糖上昆明，途中马伕上了前，抄小路潜逃了，他傍晚赶到预定的站口，才知道是怎么一回事。借来的本钱，回去又害怕人家逼债，索性逃了出来，打算秋收以后，家中把债务弄清楚了再回乡。宣威的老耿和这位武定人的遭遇极相似，在二十七年从贵州贩了一批烟土到昆明，却不幸中途失利，蒙受了大损失，自己不好意思回家，又不敢再冒风险，才转过念头到外面来暂时谋个安稳①的差事。所以这两位虽是受的经济损失，进厂的动机倒不在经济的本身。

武定那位姓杨的，家中原有两百多工田，父亲一去世，他们三兄弟承家不到两年的工夫，就把产业浪费了一半，老杨嫖娼包赌，把家财荡尽，还犯过一件人命案，亲族起了公愤，到他的舅父一做区长，就预备对这个忤逆的外甥施以惩罚，这个风声一出，老杨才仓皇逃出来。

那个自诩聪明，认为厂方待遇不公平的老赵，就是因为和叔父吵了嘴出来的。原来他辍学回家，帮忙他的叔父守店子，可是他的一举一动，总会惹起他的叔父的责难，他认为自己没有犯什么错误，完全是由于他叔父忌妒他这一房，才这样吹毛求疵。他出来做工人，要是老一辈分了家，他还可以回去。玉溪杨篾匠，我曾经问他为什么要来做工人，他就伸出手指来说"还不是手痒！"因为他家在昆明开竹店，他交了一群坏朋友，常常出去打牌输了钞，挨了父亲的打，才潜逃到昆明。

还有四川的老李原在家乡没事干，忽然听到他早年出门的哥哥在云南某海关上得了一项好差事，他以为时机已到，全家自此可以飞腾了，所以不远千里，兼程赶来，满以为可以投个依靠，不知道他的令兄在外省已经立了家室，不理会远来骨肉，一时回去不得，只好流落在外面做工友了。

看了上面工人入厂动机的分歧，很显然的可以看出，工厂错找了一批

---

① 1946 年商务印书馆版第 46 页此处只有"稳"字，根据语境补为"安稳"。——编者注

工人，他们并不是我们所希望的干部。他们真的对于做工已经有了信赖，下定决心学技术，以备永久在工业界讨生活的，实在为数不多。只不过把工厂当了个避难所在，工作如何会做的好？这也许在一个经济落后的国家，开始培植工业时无可避免的一个现象吧？乡村人的生活是受社会传统限制的，大家都粘在一块有限的土地上，宁愿忍很低的生活程度，不肯轻易的走出家园。试问对于这类人，新式工厂究竟有什么可以打动他们？经济的报酬吧？但工厂的工资并不比农村工资高，尤其是小工的工资就云南的情形说普通是在农工之下的。社会地位吧？劳力的人在我们社会里面是一向被人瞧不起的。若是说到生活享受，他们还未曾尝过城市生活的味道，工业都会并不比闲散的乡居更富吸力。没有大的长远的激动，乡下人怎么肯轻易放弃他们习以为安的生涯而作新的尝试？老实说，内地的农民在这个谷物飞腾，劳力奇贵的时期，对于当前的工厂实在没有什么积极的希求，因为他们有的是退路，他们所要借重工厂的是避兵，逃债，躲开一时的烦恼，或暂寓一所廉价的旅社以便他图，除了这些而外，他们对于工业并未抱若何奢望。

这种现象很可以使我们联想到英国早年工业革命和农业革命相伴而来的一段历史，在起初他们的工业是起于贫民较多的地带，迨后因为圈地运动，农民渐渐丧失了土地，穷困农民一天天的加多，频添一辈靠工资为生的人手，于是工厂可以贱价工资雇用劳力，劳力愈多，工业也就愈趋发达。我们过去沿海工业的兴起，多少是与英国当年的情景相仿佛的，当时我们农村破产，流离失所的农民都麕①集到都市里找职业，沿海一带的工业遂在人力上得到了这种便利。战时的内地情形却有点异样了，在征实征购之前，由于谷价大增，农人实际收入反比战前提高了，加之兵役的推行减少了农村人力，农工因为供不应求，工资也相对地提高得多。要是工厂连现在避役逃债种种便利也没有，是否能够得到现有的劳工供给真还是一个疑问。就在二十九年的秋季，昆厂曾在昆明公开登报招考四十名帮工，结果报名投考的仅有八个人，这已够证明在这个时期确是劳力供应不足了。劳力不足，在挑选的时候当然就受到限制，因之就是招进厂来的人也未必合于工厂的要求，所以在下一章我们将从工人的态度和效率来看他们在工作上的表现情形。

---

① 麕，同"群"，成群。"麕集"也作"麇集"。——编者注

第五章　态度与效率

内地工人的态度——外来工人的态度——工作效率

内地工人虽则技术落后，入厂的动机分歧，但并不足以断定内地工业已无法培植我们合式的人力基础。要是我们对他们有适当的训练，好的激发，纵然不是为做工来的人，也未尝不可以使他们成为有效率的劳工干部。何况昆厂以及一些类似的厂还有从外面招来的技工作底子，假使在有计划的训练之下，对于内地工人作合理的挑剔，加以确切的实习，再由技术工人作领导，逐渐给他们以升迁上进的机会，使他们各个人都有目标有憧憬，努力填补他们的欠缺，则新的人力也未始①不可以在预期中养成功。所以现在我们还得要从工人方面看他们对于工作实际上采取什么态度？是不是有人已安心做工？外来技工在工厂里又是否起了领导作用？以及工人们过去的生活背境如何渗透在他们当前的工作活动上面？

一　内地工人的态度

对内地工人的态度，我们将从小工说起。最使我们感到奇怪的，是这群工人对于工作本身好像无所谓，不论厂里管理人安排他去做什么，他们总是沉默的接受，可是做起工来也总是不很兴奋。在前面论工人入厂动机时，我曾提到姓王的小工原来是帮工，因为请假过期，再回来将为小工也甘愿，反正他并不是对于某一种工作有什么兴趣，工厂本身也不会对他发生任何吸力。那些派在场内的小工，也不过是抬货财，搬机器，作清洁打扫，没有开机器的机会。学技术和升为技工的希望横竖是没有，所以更落得苟且偷安。一些被派在事务课土木课的，做的是土木杂活，这又是他们

---

① 1946 年商务印书馆版第 49 页写作 "来始"，应有误。——编者注

看惯了的工作，所以他们更不觉有什么异样。有些小工对我讲，就认为这类工作可以边做边说话，个人有活动的余地，不像关闭在厂内，整天有管理员监视着，反而感到沉闷拘束。所以他们虽是工厂里最低的一层工人，虽是宿舍和食堂都比技工差，虽是受最低的一级待遇，但因他们对工作和生活所希冀的并不多，所以也最易感到满足。

至于帮工的态度却不同了，他们因为进厂之先，经过一次考试，厂方又允许过他们六个月后升成三等技工，考试对于他们就好像一个敲门砖，总以为费了这种手续来的，一定是有不小的希望。我们已曾提到一位艺徒的父母看到他们的儿子考取了工厂去受训，就以为可以做官发财了。这些帮工也多少有这类幻想，所以有人在失望之后，很埋怨的对我说："做这种无聊的工作，何必还要考我们的常识和算术？"

据那几个从消费税局来的帮工回忆，当他们在报纸上看见了昆厂招工的广告的时候，几位好朋友，即时打好商量，决心一试。招工的广告说得很清白，入厂六个月以后又可升为三等技工，在待遇上还可以按成绩往上加，何况抗战以来昆明一带技术工人的身体和神气，他们已经早有领略，所以这次招工对他们有莫大的引诱力。在报名的时候，他们更进一步，打听了昆厂里面的情况，据说厂里面造各种各色的机器，和用品，如马达，开关，灯泡，电线和电话机等等。这个消息越发使他们欢欣鼓舞，以为将来学得了这一套本领，许多新时代的设备，他们就可以自己动手制造了。考试的关隘居然也顺利的通过，他们这一群朋友，又原班搬进工厂来，大家都带着一股热望，静候厂方分派工作。那晓得在起初他们被分发到厂里抬机器运器材，他们已经有点不高兴了。后来这几个消费局的局丁，一个轧橡皮，一个在冷作间锯铁筒，还有一个管包线的机器，其余同来的如那位姓许的是抽风箱，老刘在打铁间掌大锤。还有分发在冲床和剪床上的，有分在镀锌间里，另外几个根本没有固定的工作，只是指定跟着几个老师傅，实则是供人呼唤，做做杂活，他们都大为失望了。

我去时，他们这批帮工已经做满六个月，名义上已升成一等技工，但讲起他们对于工作的兴趣，他们没有一个不摇头，认为和他们的初衷大相径庭。在冷作间的老何抱怨得最利害，他的工作不外锯铁筒或帮忙老师傅切铁板，有时抬材料到电力厂去做电焊工作，机器不是由他们开，种种做法，老师傅也不指点你，等到工作完毕以后，才有机会摸摸机器，他觉得这样下去一生也学不到什么。所以有几次我到冷作间去，他总停起锯子向我诉苦："工作对于我简直没有一点趣味，你看，一天到晚就是这样做。"再例如镀锌间橡皮间和冲床剪床上一些帮工，也都感到工作是索然寡味，因为在这方面做工，要不了什么技术，机器是工程师装备好了的，只须照着他们的吩咐做工，机器生了毛病，又有工程师或管理员来修理，自己根本可以不动手，这样下去还有什么可学的呢？甲厂里那位贵州帮工有一次特为来看我，讲明他的工作是用橡皮包贴补不完好的电线，手续太简单，所以希望我向上面说个人情，把他调到丙厂车床或钳床。

我当时觉得奇怪，这些人原不想长做工人，又何必多在技术上费斟酌呢？仔细探听之后，才知道他们的用意，是觉得既来了一场，学点手艺总比不学的好，而且有了手艺就可以抬高身价，不满意厂方的时候，可以马上退厂到别处找工作。他们的口号是"艺高人胆大"，他们要艺高，毋宁说是准备退路。所以他们有人对于轧橡皮抽铜线这类工作的本身，就感到无出息，并不是因为这种事业本身不重要，而是因为他们觉得这类制造事业在国内不多见，学好了这种本领，也不容易向别处去出售，自己更无能力从事私人制造，不能像做手工或工匠工作，如篾匠和旧式铁匠等，有了一套简单的工具，就可以独立开店子或做流动的匠人。他们一心要把自己造成个精通一全套技术的人，仅仅能够开动一种机器，还不足以满足他们的欲望，他们对于技术的传统观念是一套特出秘密，可以由各个人独具的技巧。这观念当然与现代分工合作的生产方式格格不入。

现代的机器工业分工精细，就是要工人各从事于一种单纯的动作，然后效率才可以增加。但我们新从农村出来的工人，却不能领会这一点，手工业的体制深深印在他们脑筋里面，满以为制造品愈精巧，人工就愈复杂，因而所需要的技巧愈大，能够制造这种精巧的器皿，就算是有了不起的本领了。可是事适得其反，在新工业里面精巧的是机器而非人工，且机器愈进步，人工可以为力的地方愈少，工作也愈单调，他们进厂时所抱的希望太高，所以后来免不了灰心失望，这可以说是由于他们原来缺少工业常识。

此外他们过去的职业，对于他们工作的态度也能发生相当影响。例如姚安的刘篾匠，就常常说他们那一行比在工厂做工趣味得多，冬天坐在家里做工，一边还可以烤火取暖，到了夏天，也可以找个树荫的地方编东西。工作随人转移，不像在厂中大寒大暑总是固定在一处做。种惯田的人也觉得在厂里做工太板滞，一年到头没有什么变化出入，不像在乡间，忙也忙个痛快，闲起来也轻松自如，岁时变换，固然是替他们拟定了大的工作程序，但是日常工作还可以由他们自己作主，不是用例行的工作来限制个人。

再其次过去的地位身份也使他反映在工作态度上。譬如说，那些为了投考军官学校不成，暂时退避到厂里来的工人，野心未死，不甘雌伏，任你派定做什么工，恐怕也难得餍足他们的志气。土木课里那个嵩明人，因为在家中是一个小地主，出来是为了造就社会地位，其所以做了监工，仍然不称心的，是因"工人"的名字未摆脱。还有开化姓徐的一个小工，既是简易师范的毕业生，又做一任县政府的书记，在乡下人的眼中看来，正是长衫阶级之流，居然和小工们混在一起做粗活。老徐就怕我把他们和别的小工一样看待，所以屡屡向我们诉苦楚，说他自己没有好的介绍人，所以只好进来做粗活。我看看他那一身整齐的制服，和梳得发亮的头发，在一群赤足露腿的小工当中混来混去，煞是有几分不太调和。在另外一方面，凡是出身比较低微的一些工人，如原来的职业是军警，农村工人，矿工杂工等等，较能安于现状，对于工作的本身，没有多少怨言。例如四川的帮工老王，就是在厂做粗活，我常见着他不是擦油腻的机器零件，就是抬马达上别厂去，态度显得很自若。他那位卖扫帚出身的同乡，总是埋下头来做粗工，从来没有听到对别人讲过一句对于工作不满意的话。我虽屡次询问他对于工作的感想，总只能够得到"还不错"的简单回答。当过一度巡警的老许，一向是在打铁间抽风箱，每次一见我就现出一副不在意的笑脸。那些在机器上做事的帮工，反而替他抱不平，说他太老实，做这样笨重无聊的工作，从来对上司一声也不响。

我从以上正反两种例子看出工人的背后依然有一种势力在暗中影响他们。一个在原来的社会机构中有地位有相当身份的人，在社会阶层上比上不足比下有余，一旦到了厂中，若果是被压在最低的一层，自然是有点不服气。还有我们的社会，肯不肯多用体力劳动，往往和社会地位相关联，所以原来社会地位比较高的工人，也就是社会中不大用劳力的人，在厂中不情愿做粗杂工作，自也是情理中事。所以我们可以说工人从社会上带来的观点和习气，仍然在工作态度上起相当的作用。

二　外来技工的态度[①]

真正的技工对于工作的看法就又是一套了，他们都算是过来人，对于

---

① 1946 年商务印书馆版中该标题与目次中不一致。——编者注

技术都还是有了点根底，而且工作性质已经稳定，不会再有游移，所以他们在工作上不重学习，而重表现，不大耽心①自己的技术是不是可以日求精进，而是要旁人承认他们的本领高超。

有一次两个漆匠打架，还惊动了厂里，结果双方受了一点处分。我后来才知道这次斗殴种因已经很早了，原来有一次他们两个同时在欣赏一支手枪，各人都表示很懂得枪里面的构造，可是有一位知道得并不清楚，被另一个揭破了假面具，露出马脚来。这一位在一群朋友前失了面子的，就因羞成怒，从那时起，已种下报复的心理了。原来技工在厂中的地位就是建筑在技术上面，要是说某一个技工的本领不成，等于否认他的社会人格，自然是他最伤心不过的一件事。所以我听到技工在背地的互相批评，总是先提到各人的技术好坏，其次才论到各人的学问如何，而很少有人讨论谁肯努力工作。由此可见他们心目中是怎样重视技术了。

不过大家对于技术虽然相当的重视，而个人技术又都是原来在当学徒期间打下了一点根基，现在既是身为技工，就难免有点矜持或自尊心理，不肯抱一种学习态度，虚心接受教益。而他们又是乍然之间从上海公私各厂汇集而来，所受的训练各有不同。尤其是有些人在私家工具店里过惯了小团体生活，技术是从师傅学的，传习之外还夹杂着生活和感情的成分，所以总觉得他们过去所学的都好，过去的上司也比较和蔼可亲，不像现在的管理员摆架子，看不起工人。例如一个姓李的工人常指责几个工务生的傲慢，只要走过工人的位子总是催他们"赶快！赶快！"，连口也懒得一动，只是用手挥一挥。

还有，小型工厂或私人店子里面人数少，工作时彼此互相接触，自我表现的机会也多，一旦来在这种新式工厂，就觉得处处被动，很少机会露头角，所以总觉得管理员太骄傲，经验并不丰，不肯接受工人的贡献和意见。当然他们所谓见解，就是他们过去所知道的陈套和经验，因为厂中的新方法不同，他们就要拿出来标奇立异，和管理员论长短了。

57号余杭的一位朋友，就常常讲起他们管理员经验不够，不过是学校出身，念了几本书，"我们向他们建议怎样改良做法，他们总觉得他们是职员，我们是工人，懂不得什么，所以我们有好的方法，也索性不说了，

---

① "耽心"，同"担心"。《二十年目睹之怪现状》第六五回："只是有一件事，我很代你耽心。"——编者注

反正糟蹋的材料是公家的，耽搁的时间也是公家的。——我是在私家厂做惯的，看到有的地方可以改良，总是和工程师打商量，他们不管我说得对不对，总想法子试试看，就是不用我的意见，我也开心呀！"

有一次三个技工因故退厂，55号的宝山老师傅，就在临时宿舍的门口对我大发感慨："这里厂最使人不开心，我们当工人的没有多少闲话讲。譬如上面有什么图样发到我们，我们看到某几处可以改良，他们不答应，只说你像这样做就是了。后来做得不对，只好修改，或是重新换一套材料。这不仅对于时间材料有损失，工人自己觉得面子也难看；因为一则显不出自己本领，一则亲手拆自己做的东西，别人不明白是谁的过错，自己难为情，所以一有机会就走了。"

在一个夜晚，我居然在厂门前一家馆子里遇着那三位退厂的技工，我们讲起了某某管理员，那位绍兴人就气冲牛斗，一面说那先生怎样不行，一面又抱恨他埋没了自己的功劳。据说有一次钉螺丝钉，按着那个管理的方法做，累试不成，这位绍兴朋友自己想了一个办法，把三个螺丝钉用东西夹住同时敲，居然一举成功。那位管理先生不唯不加赞赏，反而去向厂长说是他自己想出来的办法，于是惹起了这群工人的忿恨。这位工人的话我们固然不能完全相信，不过这一点总多少可以证明工人崇尚他们过去学得的一套手艺，和他们自表心理的坚强了。

他们重视自己的技术，又高兴自我表现，因之好胜求强的心理也厉害，他们最怕职员瞧不起，所以技工一定要别人称呼"师傅"，尤其不高兴一种命令式的派工。有位技术导师告诉我这般工人的心理，主要的是爱捧爱激，不爱强迫派工。例如有一批定货，预定几日之内要交齐，管理员接着了这个命令，着了急，赶忙把图样送给老师傅，用着大模大样的口气吩咐，限他们一定期内赶起，否则受罚。老师傅听了这种命令式的口吻，就满肚子不高兴了，但也不能拒绝，可是能否如期完成，却不是他们的事。就是做不起，他们可以有种种藉口，厂中也莫可如何。假使那位管理员肯用另外一种口气和态度，情形就可以不同了，例如说："某某师傅，现在有批货要定期交齐，我知道你的工作做得快，所以特为请你帮帮忙，赶一赶，万一赶不起，再想别的法子。"工人听了这种话就非常开心，觉得管理员很重视他们，于是就加倍努力了。

从这种表现看来，外来技工虽然是学的新式技术，但并未脱掉旧式手工业的传统，他们还保留着过去匠人的积习，倾心小型工厂和作坊式的工业，脑内除印着师傅徒弟和师兄弟的关系，对于大规模生产制度下讲标准化，重分工合作，埋没个性的工作，还不习惯。论昆厂规模和人数比起欧美大规模工厂当然不免相形见绌，不过它的组织和管理原则却是近代化的。例如丙分厂的组织，据说就是模仿德国西门子厂的组织，技工在里面感到埋没个性当然是事实。其实这问题也是值得现代工业制度多多考虑的，发挥各个人的创造力，使得每一份子对团体自动的负起责任，本是我们社会进步和努力的一个目标，当然对这一点我们不要多所讨论，我们所要说的，只是我们旧的传统和现在新的制度很有抵触，并且这个抵触也不仅仅是一个理论上的争执，而实际上会影响到我们工人的风气和效率，所以下一节，我们就接着讨论这个效率问题。

三 工作效率

要明白工人间的工作态度在实际工作上发生什么影响，从场内的工作记录入手，当然是一个较为具体的办法。我为了这件事虽经好几次去和几位管理员商谈，可是他们总是表示很少这类靠得着的材料可供我的参考。因为厂里面的机器和其他设备尚不完全，在一个制造过程中，机器和人工每转过几次手，每一个段落要花费多少时间，就很难划分开，而且因为工人，机器与原料未能充分配合，种种临时的间断和变动，常常使工作效率的测量发生困难。再加以非常时期，工作随时受警报①的阻挠，每次警报解除以后，每个工人工作的起迄时间，更没有分别加以记录，这也是使这种分析资料不能完整的另一原因。这类数字上的比较既是缺如，所以只有从管理人员和工人方面直接得来的材料可以利用。

一般的说，工人的效率大致都很低，这不独是我们的观察，也是厂中的职员和工人们自己承认的事体。我亲自见过一个工人写信告诉他在重庆某厂做工的朋友，说这里的工作要比上海厂里轻视三分之二。就是厂里我

---

① 抗战时期，云南是大后方最重要的战略基地，日寇经常对云南进行大规模轰炸，由于中国防空力量薄弱，"跑警报"成为居民的生活方式。警报分预行（敌机起飞）、空袭（敌机进入云南）、紧急（敌机往昆明飞来）、解除（敌机离开）四种。费孝通曾回忆警报解除后他回到住处的情景："哭声从隔壁传来，前院住着一家五口，抽大烟的父亲跑不动，三个孩子、一个太太伴着他，炸弹正落在他们头上，全死了。亲戚们来找他们，剩下一些零碎的尸体，在哭。更坏的一件一件传来，对面的丫头被反锁在门里，炸死了。没有人哭，是殉葬的奴隶。我鼓着胆子出门去看，几口棺材挡着去路，血迹满地。"详见林文俏《抗战时期的云南防空》，《南方都市报》2015 年 6 月 24 日。——编者注

一位同学亲自告诉我们，工作的效率的确低。就许多朋友一般的估计，每日九小时的工作，平均中间浪费掉的，不下两小时，每天加了两三小时的工，差可抵足一个有效率的工作日。例如工人每次进场做工，约要一刻钟，全体工人才可以进入工作程序。在下班之前一刻钟，又都松懈下来，关机器，顺工具，洗洗手，等着场外敲下班钟。至于一日中间谈多少话，上多少次厕所，或在机器上有什么支吾，就看他们个人自出心裁了。

内地工人和外来技工在效率上我们无从分开讨论，只是他们对于怠工所持的理由和动机是很有分别的。在工作态度上，我们已经指出一部分内地工人在起初本来是兴高采烈的进工厂，以为一经练习就可以学得全副技艺，样样精通了。那晓得一部分人分发去做粗活做杂活，心中当然要感到懊丧，其余的分发去管机器做助手，也发现无技术可学，自己也不知道将来会有什么前途，所以寖假也免不了心灰意冷了起来。有几位技工助手，就这样反过来说技工的坏话："要心窍的事他们自己做，拿这拿那就要我们。有时他们坐在那里不动，只是指挥我们做，还催着要赶快，做得好是他们的功劳，工程师那里认得我们！"宣威那位姓何的，为了不情愿在冷作间做工，心中非常着急，我每次一去，他总要停起工作来和我长谈，我怕万一管理员来了于我们都不好看，所以总是劝他动手做工，有话到宿舍里说。可是他却表示不在乎，"管理员来了我也是这样"。他还告诉我，某次管理员说他太懒，他就直言不逊的答复："我根本不想做这类工作，你硬逼着我做，叫我怎样赶快？"

不过对于初次进厂的工人，最难增进他们的效率的地方，就是他们缺乏时间观念，他们在乡间和其他机关中，过惯了散漫混沌的生活，不知严守时刻是新式的大规模生产中的一个要素。例如昆厂是工作九小时，平时上班要打卡，迟到早退要算请假或旷工。我们那个宿舍里的帮工，就常常骂厂方太认真，一刻钟的时间也不肯轻易放过，可是他们就没有想到工厂生产机构是靠许多工人的分工，缺了一个脚色，调度就不会灵活。而且在工厂里面是工人与机器的配合，一个人不到，直接的损失尚小，而间接使机器停息引起来的损失就很大了。有些农人却口口声声称道他们在乡间做活计很自由，忙两季闲两季，某一天不高兴就可以不下田，做起工来也可以抽几遍烟筒，没有人来过问，不像工厂里面工作这样死板，时时有人来督工，不到又要受处分。从这种种语气看来，足见在他们的脑海中，还没有树立起一个时间与效率的观念。

技工们的效率低，是由于他们不服厂方的调度，认为职员没有体恤到他们的生活。我常听到工人讲："一有警报，职员先生们都挟着太太跑，我们的家还丢在上海受苦，我们为什么要多做工？"有一次我们一群人在茶社里谈天，轧压间里有几位技工忽然说起他们当天和上司吵过架，28 号的汉阳人乘着一点酒兴不住的发牢骚："明情的话，我们在这里做得太不痛快，怕什么，明明一点钟可以做完的事，我们把两点钟做。如果铜线夹不进磉子眼，就说太紧了，工程师跑来松一下螺丝，我们又说太松了，他又来紧一下。"他一面说，一面用两个手指装出工程师捻螺丝的样子，自己也不禁发起笑来。他接着又说某次大轧机生了毛病，机器喳喳出怪声，管理员连忙赶过来看。他们明明知道毛病发生在一个螺丝上，都故意装糊涂，管理员一时没看出来，只是左看右摸，转来转去，他们站在旁边彼此使眼色。等到管理员一背面，他们又连忙把螺丝转好，机器恢复了常态，管理员回头问原故，一个人也不肯说出究竟。"我们就靠这一点混饭吃，都告诉他们了，岂不要更瞧不起我们。"此外别的工人也常说，有时机器坏了，工程师不敢问技工，只是抓着小工审问，小工那里知道，技工们却乐得在旁边多休息。这类行动当然不是出自偶然，那是由他们平时的态度发出的。

技工们不求效率，还会利用团体控制的方式不许别人多做工，一位自香港来的老华，曾亲自对我讲，工厂对工人不好，工人报复的法子就很多，最普通的手段是暗中怠工，他并且很具体的说，"要是有十个工人在这里，七个人做得慢，三个人做得快，七个人当中就会派一个人向那三位去运动，叫他们也慢点做，说厂方待我们没有什么好，我们何必这样出力呢？"少数工人纵然想不服从这暗中的劝告，但既怕受揶揄、耻笑，说他们讨好上司，又怕多数人看了劝告不从，继之以恐吓，所以也只好从众了。

工人不讲求效率，并会很快的相互传播模仿而形成一种普遍的趋势。老牌的技术工人不独没有把内地新来工人带动快，反而去教会这些新手怎样去躲懒偷闲或怠工。富民的老王会曾经讲过他很有趣味的经验："老师们总是说我们笨，不会做工，也不会偷懒，放下工具去玩，管理员来了躲不及，当然是要挨骂了。所以他们告诉我玩时锯子锤子仍然要拿在手里，装出做工的姿势，口里谈天，眼睛还要不住的望着外边，一有人进来，就连忙动手做，偷了懒，上司还不晓得。"有位技术导师在背后向我们诉苦，说大家都不努力做工："新来的工人头两天还好，过得两天，就都变成了一色货，你如果肯努力，别人就会跑过来说你这样拼命？做包活？这样一串通，那个人不会偷懒！"有一次为了罢工事件，有个工人被管理员拉去点缀了一下场面，他一出来就被别人借故痛打了一场。

不过我们说昆厂工人的效率低，只是从工人们的态度和一般的风气作的一个分析，并不是全厂没有一个有效率的工人，更不是说昆厂的效率特别低落。相反的，就我们所知道的后方几个国营工厂说，昆厂还是成绩最好的一个，不过因为战时内地所碰到的种种困难，使得一般效率赶不上战前上海一般的工厂也许是事实。我们所要特别解释的是，效率的高低，因子很复杂，影响它的力量也许来得很间接，不一定是可以在工作场上寻索得出来的。

第六章　工资

工资等级——工资的实际结算与分发
——表面工资与实际收入——工资与米贴

　　在前面几章里，我们已经追索了工人们的社会背境，分析了他们的工作态度和效率，这几章所给读者的印象，一定是在战时的内地发展新工业困难太多了。我想任何人也会承认这里面有不少的难题是战时的环境给予我们的，但是把问题综合起来看，又确实可以在这许许多多的繁难当中找出一个主要的线索，这是因为我们的社会经济变迁得太快太剧烈了，从工人们身上表现出来的，正是这个激流荡漾出来的波澜。

　　我们都感到中国一定要跟上世界的潮流，再踌躇不前就是让自己毁灭。这条路是被认清了，大家求进步的心也很急切，无奈我们的社会传统还都坚强，人民的旧习惯旦夕摆脱不了。我们从新工业的萌芽一直到现在好像已有了几十年，究其实那不过是零星的建树，沿江沿海的几个据点，虽有局部的繁荣，我们广大的乡村依然是在一个停滞的状态，千百万人民的意识还是被一种旧的文化勾留着。等到我们现在觉醒转来采取工业化的步骤，先进的工业国家已经超越我们太远了，但我们除了加紧追赶，再没有第二条生路，我们要把新的理想与现实和我们的社会从速配搭起来。当然这决不是一蹴可就的事，这个过程中以后的历史家回顾起来，也许是一个急速的转变，但是正处在这个变迁中的我们总不免还要嫌延缓迂回。事实告诉我们愈是操之过激，所引起的反应也愈是厉害，所以昆厂愈是厉行新式工厂管理，讲求标准化，愈是在工人方面产生反感。以后我们将要见到昆厂在管理上多求改进，如增加报酬，建立宿舍食堂，兴办储蓄保险等制度，而工人方面对这一种的设施总感不满。我们自然不能说厂里劳动管理的方针不对，这些设施本身确有其价值，其所以有一类舛离发生，并不是某一方面的过失，基本的原因是从新旧文化重新调适的过程中发生出来的。

因此随后几章我们将更近一步从工人在厂里生活情形来看这种演化。厂方对工人的生活供应有好几个项目，我们第一步更要出来分析的是工资。

一　工资等级

昆厂所采用的是计时工资制度，工人在进厂的时候，就规定了每小时的工资率，以工资率分别乘个人在一月以内实际做工的时数，就得出各人该月所应得的工资额。

昆厂工人在名义上固然是分小工，帮工和技工三大类，可是小工和帮工之间，工资上并无显著的区别，按规定帮工在初进工厂的六个月学习期内，除开加工的工资而外，每人只有二十元一月的工资，合成每小时的工资率，约为八分六厘。在同时期内，小工的工资已有人超过一角了。至于小工与小工，技工与技工之间，工资率相差最多的竟有一倍。例如二十九年七月间，小工最低工资为八分五厘，最高的是一角九分。技工最低的是二角三分，最高的在四角之上。同是一类的工人，工资距离这样大，加以昆厂在这方面并无固定的办法，实际上是临时由招工的或管理人员酌量办理，所以无论是在招工或升迁工人的时候，工人所可得到的工资，就大有伸缩的余地，因此对于某种技术工人的需要是否迫切，工人自己有没有交涉力量，俱足以使工人间的工资等级发生相当大的出入。

尤是在外埠招工，虽然是由本厂指定工人类别工资范围，可是还得由外埠办事人员就近相机处理。就地招工，多由考核股长或技术员司直接出面接洽。那末在不同时间空间或不同的情势之下，又无一定的客观标准，对个别工人定出来的工价，自然不免有参差了。譬如那几位从重庆招来的工友，自称在他们未动身以前讲定的工资，到了昆厂忽被削减，认为是厂里故意设的骗局。后来刚巧发生过一种相反的例子，使这批原来的待遇受到核减的工人又感到不平。即某次从别厂转来了十个技工，每小时工资四角，而原来自重庆招来的一批人的工资率最多还未过三角九分，他们认为后来者本领并不高，工资却居于他们之上，所以有几位就相率退厂。在人力缺乏的时候，工厂自然更难严格定出工资标准。

表八　技工及帮工小工每小时工资率

		二十八年		二十九年						
		六月	八月	一月	二月	三月	四月	五月	六月	七月
技工	最高额	.210	.276	.340	.360	.360	.390	.410	.410	.410
	最低额	.130	.140	.190	.220	.260	.260	.260	.200	.230
	平均	.190	.230	.280	.290	.300	.320	.320	.310	.320
帮工及小工	最高额	.090	.012	.130	.145	.160	.160	.190	.190	.190
	最低额	.065	.065	.065	.085	.085	.085	.085	.085	.085
	平均	.078	.110	.120	.120	.120	.110	.130	.120	.140

当然要在许多程度不齐与兴趣异致的工人当中，求出一标准，让大家认为绝对公平合理，本来不是件容易的事。昆厂经理某次发表的书面谈话，劝大家不要打听别人的薪资，免得自讨麻烦，也确实指出了这种困难。不过工厂方面本身在议定工资标准的时候，总得找出一种根据，如工作年限，效率，或尽责等等。否则各部自为决定，各人有各人的见地和理由，从我们的主观上看起来，还相当近情理，而工人很可能认为大不公平。纵然是量材作破例的升迁，也会如浙江某小工的升迁故事，被人家疑为某下江同乡的提拔。甚至有几位本地小工升得快一点，也有人说这是某人平时为某某先生抱孩子跑警报，某人星期天为某职员拖地板负烧柴的功劳。

在我们社会里面，本来有一个讨价还价的传统，许多买卖就是凭个人的能力和机会进行交涉。到了内地这情形就更为普遍。在定期举行的街子上很少有定好绝对价格的货物，成千成万的人群在露天的市场上往来寻索，行情只是靠试探和比较，卖价低人一分则喜形于色。还有，在云南到忙月，许多卖力的人都荷起锄头和扁担站在一个地点待售，由雇工的人从中挑选，身体魁伟锄头带得大的工人所索工价必高，而又多首先被雇。这一类的生活经验反映在工厂里面的当然是工资的交涉。每个人都想找机会多讲一点价，所谓团体交涉，工人举出代表为大家定好工资标准，在他们当然是闻所未闻。并且他们还看重工资所代表的社会意义，工资越大就表示社会地位越崇高，所以同一个级别的技工工资一分之差，就以气愤退厂。以前提到的浙江小工，就是不情愿和本地工人受同等工资的一个例子。

二　工资的结算与发放①

不论厂里凭什么标准去定工资等级，或所定出来的工资等级，可以公平到一个什么程度，可是在工资的绝对数量之外，工资的结算期限，支付手续，以及出纳工资时的情形，也大可以影响到工人的心情和工资本身的经济意义。

昆厂工资的结算与发放，是每月分作两期，原来上半个月的结算期是从一日到十五日，十八日发放，下半个月的结算期是从十六日到月尾，次月三日发放，从结算期到发放的那一天，一共只有三日的时间，却要结算出数百人的工资，当然是很仓忙。所以到了二十九年九月，厂里才改变办法，把结算期提前三日，发放期仍然照旧，这样就有六天的时间清查账目，然而这种改变，并得不到工人们的谅解。许多工人因为不明白会计课的办事系统与工作，总以为那里面的职员是成天没事干，只是到月半和月尾发放工资的时候才有几天工作。

因为许多工人并不明白新式会计的意义，只凭他们过去在私家小厂的观感，来批评目前的事实，例如有位朋友就夸赞他们的老厂，上百工人，就两个管账员，工资的发放也从来未误期，万一赶不及，他们就把账带回家里去算。所以他很想质问厂里，所谓赶算不及，到底是考核股，会计课，还是出纳课？因而他怪厂里只会要工人让步，而对职员姑息。

就是在每次工资发放之后，也总有工人因为不明白自己名下扣工罚工或其他预支代垫的细目，总觉得实发的工资，要比他们原来所希望的数目少，以为其间不是计算有误，就是有人故意克扣。老实一点的工人，只是背地说点气话，现出闷闷不乐的神情；刚强一点的，就悻悻的去质问考核股长或工场管理员。可是据他们的经验，不唯问不出什么眉目，反而讨得一场没趣。上面的答复不是说，"工资是用计算机计算出来的，怎么会有错误？"就是说，"这是会计课的事，我们不管！"负责人员固然是很干脆的打发开了询问的工人，可是工人们却于疑团之外，更加上几分怨恨的心理了。

还有那一次昆厂被敌机轰炸，会计课受了损毁，有两次发工资未用工资袋，在第二次发工资的晚上，我在临时技工宿舍里，就听到一群下江佬以这件小事为导线，七嘴八舌的批评厂方。他们认为没有工资袋，扣除了

---

① 1946 年商务印书馆版中该标题与目次中不一致。——编者注

些什么谁也不明白，还不是由经手的人上下其手。据说他们也有人去质问过厂里，厂方只是叫他们放宽心，公家的厂绝不会做出刻薄工人的事。可是他们绝不信任这类话，认为公家厂的职员，并不比私人厂里的清白。有几位工友当时听了许多富有刺激性的忿慨话，就越发咆哮起来，并且说他们要是有手枪，一定要把那些职员们统统打死。此外我们还看见一群少年艺徒在发放工资以后，大家在宿舍里个人拿着一个空的工资口袋相对而泣，他们对于扣去的工资表示疑心。

工人们为什么对于厂方发下来的工资数目不信任，实可以从两个方面解释。

第一是工人不懂新式工厂里面各部门分工的体系，他们在旧式产业或小型的私家工场里面，朝夕和计算工资发放工资的人相见，如有误会一经当面释疑，就可以涣然冰消了。至于昆厂总想树立起一种法治的精神，遇事要按着一定的系统和步骤，所以会计课以外的人员，认为工资计算上如果有差误，应归会计课去负责，工人们不必在厂内提出质问。但是工人是把工厂看作一体，无论发生什么事情，总是向直属上司去办交涉。至于会计课的职掌，完全是限于技术，本可以不过问厂中人事，所以该课的工作情形，和工资结算上的变动，也没有机会当着工人解释。

于是工人本来要向会计课提出询问的话，只能传达到工场①中的管理人员，而管理人员以为此事与己无关，可以不必做负责的答复。而会计课既未明白工人的误会何在，所以也没法出来作辩白，同时他们以为工人即或不满意于工资，总是属于人事方面的争执，在计算的技术上不会发生什么差池，即或有事，自有人事课负责排解。因此工人对于工资结算上的误会及忿恨，就从这个罅隙里发生出来。

第二是内地工人向来没有按一定期限在一定时间接受工资的习惯，尤其是按小时计算的工资，还有加工，罚工，奖工，折扣预垫种种项目，不像旧式匠人或农村工人与雇主计算工资时那样简便直接，且双方对面过手，有什么含混的地方，可以当场解释。所以这些人在新式工厂，会摸不着工资计算的头脑。外来技工虽然对于工厂发放工资已经有所领悟，不过因为他们的来历不一，对于克扣中饱的事，也许是司空见惯，所以对于昆厂依然是不存信心。

---

① 工场，原文如此，应为"工厂"。——编者注

三　表面工资与实际收入

在分析工资收入的时候，普通最引起大家注意的是表面工资和实际工资两种。一般来说，表面工资是指工人在名义上的收入总额，实际工资是指工人工资收入的购买力。若是零售物价上涨，工人生活费亦随之上涨，而表面工资仍然不变。实际工资即无形的向下落。要是以简单的方式来说明二者的相关，就可以工人生活费用指数除表面工资，来表示实际工资。

用工资数量来表示工人生活程度，我们固然要知道这两种工资，但实际上从工厂工资表中去统计工资的时候，就还有别的节目应加辨别。在这里我们可以提出四种不同的工资计算，即（一）推算的工资，（二）额定的工资，（三）所得的工资，和（四）过手的工资。

例如昆厂每个工人各有其每小时的工资率，每个月有其一定的工作天数，每天规定工作九个小时，以各人的工资率乘每个月内规定工作时数的结果，就是每个人应得的额定工资数。

在额定的工作时间之外，昆厂还有一种加工和奖工的办法，每隔一天加三小时的夜工，作为四个又半小时，每两周又加一个星期天的工，当作两天计算，全月不旷工，不请假，还要额外奖两天的工资。如以额定工资为基础，再加上加工奖工的工资，可说是每个工人所可能得到的工资最高限度，所以只能算是一种推算中的工资。

推算工资所以为每个工人所可能得到的工资最高限度，就是因为有的工人，不一定按照加工的办法去做工，还有人要请事假病假，不能得到工钱，而无故旷工还要倒罚应得的工资一倍。则扣工罚工足使实得工资低于额定工资，加工奖工又足以使实得工资高于额定工资。但从一般的情形看，扣工罚工和加工奖工常是同时存在，这样一减一加以后得出来的工资总数，就是工人们在实际上所得的工资了。

还有昆厂工人在未到厂之先就有人支过一笔家属旅费，在厂里也有人因故向厂里借钱，还有单身工人的膳费，有眷属工人的房租和灯费，外来工人预支家庭汇款，这一切预支项目，在发放工资的时候，须一次或分作数次扣除。这种扣除以后才发给工人的工资，当然又比所得工资为低，所以这只能算是经过工人[1]们手中的工资。

---

[1]　1946年商务印书馆版第71页原文为"人工"，疑有误。——编者注

综合上面的分析，我们可以看出从工厂工资表中去统计工资，可以有好几种不同的结果。按工资率与规定工作时间，算出来的是额定工资，额定工资之上再加上加工和奖工的工资是推算工资，经过扣工罚工和加工奖工之后得来的工资是所得工资，从所得工资扣除预支代垫预借各种项剩下来的工资是实际经过工人手中的工资。就工资立法说，我们所要知道的是额定工资的标准，为了比较工人生活，我们所要知道的是工人们所得工资的数额。

在平均工资项里，技工的所得工资与额定工资却非常近似，在帮工和小工的工资统计表里，这几种数字也有类似情形。这就是说加工和奖工所提高的工资又被请假旷工的扣工罚工拉了下去，这也就间接证明了我们前面对于工作效率所作的估计，加工之后，工人每天的工作平均等于九小时。这当然还是请假旷工说的，怠工的结果并未计入。

工厂额外加工最普遍的用意，当然是延长工作时间，以增加生产，可是据我看现在的加工这个目的反而居于次要。管理人员一方面感到工人的工余时间没法消遣，空下来会闹纠纷，所以宁愿变相的把他们固留在场里，在以后论工人娱乐时，就不难见到厂方有这种心情。另一方面因为国营工厂工资标准不能任意提高，但不提高又无以和别的私营工厂竞夺人力，故只有以加工的方式来变相的增加工资，所以我每与管理人员谈起工资水准，他们总不免要说加工所得的工资占其中很重要的部分。

要是厂方的加工用意，一部分是在变相的增加工资，则对于工人的工作的效率自然不会有怎样高的要求，在厂里面就有工人告诉我本来可以白天安排的事，就是因为有加班的关系，索性推延到夜晚去做。在重庆亦有工厂负责人声称宁愿使工人在厂里疲乏假寐，免得被人引诱挖走，[①] 加工的原因既别有所在，就不难想见加工的实际效果了。我们还可以说，加工的效率即或不大，但至少在加工的时间以内多少总会有工作成绩出来，不过我们也要同样注意到有了加工是否足以降低正规工作时间内的工作效率。假使加工足以分散工作效率，对于整个生产计划没有多大帮助，而工资水准却已无形中因之提高。在工人看来，这种提高并非厂方的优惠，是他们自己用额外的劳力换来，其结果是这种增加工资的办法对于工作既无多大裨益，在工人心理上也无好的影响。

---

① 黄汉瑞：《论战时技工管理问题》，《新经济》二卷一期。

四　工资与米贴

上面提出额外加工一半的理由是为了变相增加工资，不过这种增加总不足以应付生活费用的变动，因为战时的后方物价是连续上涨的，我们虽无完全的物价指数做根据，[①] 但在一年之间，战时内地的物价跳上几倍决不是奇迹。可是昆厂从二十八年六月到二十九年七月，技工的额定工资增加平均不到一倍，帮工和小工的工资增加也不过如此，所以仅靠工资的增加决赶不上物价的上涨，如无其他减轻工人担负的方法，一定不会使他们安稳。

同时我们的国营工业所有各单位的工资，在资源委员会的下面都有个共同标准，不容某一个企业单位属于例外。但这许多企业单位又是分散在大后方，区域不同，物价即可大相悬殊，若是在名义上要保持某种工资水准，在实际又稍能应付生活费用的波动，势必有一种辅助办法出来，昆厂的米贴和家属津贴就是在这个原则下出来的。起初是无论工人眷属是否在厂，都领取同样的米贴，后来又规定技工有眷属在厂的多领五元，帮工，小工和无眷属在厂的技工，米贴相同（实则内地工人并无眷属在厂）。米贴是随着市米的价格增加，其所能应付的自然只食米一项，其余生活费用的变动，仍得靠工资弥补，所以物价的变动还会引起工人的不安。

最使以感到不公平的，是职员米贴的规定不同，职员有家属的不论是否在厂都是按人口为比例，在我们调查期间，工人最高米贴为45元，职员米贴最多的近于百元。所以许多工人向我们诉冤屈："同是在国家工厂做事，同是要吃饭，为什么职员比工人拿的多？"他们认为这种差别待遇是上面看不起工人的结果。

此外，工资和津贴相加的结果（表十一），在二十九年七月，技工平均每月收入约113元，帮工小工约为70元，按那个期间前后，昆明附近乡间的农工工资在忙月每天伙食除外约为3元，在闲月约为1元或1.5元，而昆厂工人当时的伙食每月在40元上下。如从他们的所得扣除伙食，就是技工每月的收入也赶不上忙月的农工，帮工和小工的收入又赶不上闲月的

[①] 据国立清华大学国情普查所云南呈贡龙街零售指数，二十八年（1939年）十一月为464.70，二十七年（原文如此，疑为"二十九年"即1940年之误——编者注）七月为842.420。基期系据云南省经济委员会统计室二十六年批发物价。

农工。这一点也可以使我们明白内地工业为什么吸收人力不易，更可以证实进厂的农人确有不是为经济收入来的了。

表九　技工的工资分类统计表①

单位：元

类别		二十八年		二十九年							百分比
		六月	八月	一月	二月	三月	四月	五月	六月	七月	
最高工资	推算的	69.93	87.15	119.34	119.88	123.12	133.38	143.91	136.53	143.9	147
	额定的	47.25	58.07	82.62	81.00	84.24	91.26	92.63	92.25	99.63	100
	所得的	—	—	92.78	92.03	107.23	113.16	126.58	99.97	118.95	119
	过手的	—	—	77.99	97.19	107.91	87.02	127.47	102.14	130.47	116
最低工资	推算的	43.29	49.12	68.69	65.27	75.24	88.92	91.26	66.60	80.7	147
	额定的	29.25	34.02	46.15	42.75	51.48	60.84	63.18	45.00	55.89	100
	所得的	—	—	20.23	32.39	38.68	45.88	41.60	18.00	19.1	59
	过手的	—	—	31.96	12.17	15.82	18.56	13.83	4.72	14.48	27
平均工资	推算的	—	—	99.10	104.03	100.90	106.86	112.96	101.38	117.06	147
	额定的	—	—	67.50	63.25	70.20	74.88	77.76	69.75	77.76	100
	所得的	—	—	69.00	72.70	68.50	72.30	78.40	70.90	82.56	102
	过手的	—	—	48.30	48.00	56.60	71.80	70.20	56.50	76.20	83

表十　帮工和小工工资分类统计

类别		二十八年		二十九年							百分比
		六月	八月	一月	二月	三月	四月	五月	六月	七月	
最高工资	推算的	20.97	30.46	45.63	48.10	54.72	54.72	66.69	63.27	66.69	147
	额定的	20.25	29.16	31.59	52.50	37.44	37.44	46.17	42.73	46.17	100
	所得的	—	—	40.19	41.91	42.53	33.31	45.56	41.2	57.89	112
	过手的	—	—	38.56	31.23	20.30	27.77	30.27	53.9	62.41	100
最低工资	推算的	21.67	23.29	17.33	27.75	28.50	28.50	29.25	37.7	39.25	147
	额定的	14.62	15.79	16.28	18.75	19.50	19.50	20.25	18.75	20.25	100
	所得的	—	—	8.64	6.18	19.38	19.90	6.81	16.38	12.30	67
	过手的	—	—	9.31	0.96	9.36	10.56	8.84	8.41	14.82	46

---

① 1946 年商务印书馆版中该表标题与目次中不一致。——编者注

续表

类别		二十八年		二十九年							百分比
		六月	八月	一月	二月	三月	四月	五月	六月	七月	
平均工资	推算的	—	—	42.72	39.96	41.04	37.62	45.64	39.96	48.14	147
	额定的	—	—	29.16	27.00	28.08	25.74	31.59	27.00	36.02	100
	所得的	—	—	24.40	22.00	28.00	28.20	30.60	29.20	34.90	96
	过手的	—	—	21.30	20.30	24.50	29.10	33.30	28.00	36.30	94

表十一 工资与米贴

项别		二十八年		二十九年						
		六月	八月	一月	二月	三月	四月	五月	六月	七月
技工	额定工资平均	42.75	46.17	67.50	65.25	70.20	74.88	77.76	69.75	77.76
	米贴	—	—	15.00	15.00	35.00	35.00	40.00	30.00	35.00
	合计	42.75	46.17	82.50	80.25	105.22[1]	109.88	117.76	99.75	112.76
帮工和小工	额定工资平均	17.55	26.73	29.16	27.00	28.08	25.74	31.59	27.00	36.62
	米贴	—	—	15.00	15.00	35.00	35.00	40.00	30.00	35.00
	合计	17.55	26.73	44.16	42.00	63.00[2]	60.74	71.59	57.00	71.62

注：1. 此项合计应为105.20，1946年商务印书馆版中可能存在数字排版错误。——编者注
2. 此项合计应为63.08，1946年商务印书馆版中可能存在数字排版错误。——编者注

第七章　工人生计

技工有眷在厂的消费——技工无眷在厂的消费
——内地工人的消费

本章我们将讨论，工人当战时在什么情形之下盘算他们的开支？尤其是在物价上涨的期间他们对消费取一个什么态度？收支上的出入在他们的心理和行动上可能有什么影响？但我们的材料不够无法作一般的分析，我们只好就一些例子做代表来阐明这个问题。

我原来的计划还是要从分析工人日用零账入手，不意在我所接触过的许许多多的工人当中并没有一个人有现成的日用账目，我只好赶印了几十本简单的日用账簿，预备交给工人们自己记载，可是接洽的结果，肯记账的人太少，有的工人还很生疑心。后来空袭频繁，技工宿舍被毁，我分发出去的，寥寥几本账簿，有的竟遭了池鱼之殃，其余有家的工人也没有心思继续查下去。记账的方法既完全失败，所以这方面的材料完全要靠调查去得来了。

我对于工人的收支只收集了一个月的材料，所有的消费数量是根据工人们在二十九年九月间的实际消费的支出得来，好在工人们每月的生活享受与现钞支出，在食品，房租，燃料，杂用各项每月有每月的段落，即享受与支出差不多是合而为一。所以表中所列出的数字，虽然是从现支得来，也足以代表各家在此四项当中的消费数量。不过衣服一项的实际享受与开支比其他四项的情形却大有不同，因为衣服可以耐久，一个家庭不必每月制衣服，因此我只好调查他们一年来的开支然后求出平均一月的衣服消费。

从我所得来的材料当中一共选出了二十四起个案用来代表二十九年九月间各种工人的收支实情，这二十四起个案共列成三个表格，每个包括八起。第一个表是代表有家在厂的外来工人的消费，第二个表是代表无眷属在厂的外来工人的消费，第三个表包括四个帮工，三个小工和一个内地技术工人的消费。以下各节就是要依这三个表格的次序陆续论列。

一　技工有眷在厂的消费

在工人家庭消费里面，就我所划分的五个项目的平均百分数看来，食品费占百分之74.1，衣物费为百分之5.3，房租为百分之2.5，燃料为百分之7.1，杂项为百分之10.8。若是以过去上海和塘沽两处的工厂工人生活费用调查的结果①来作比较，则食品的消费过高，衣物的消费过低，房租和杂项亦偏低，我们虽不能就这少数的例子骤下结论，但仍有另外的理由，使我们相信这种结果。在表中所列食品费用的百分数已经很高，可是在食米项下仍占有一部分的便宜，按昆厂规定，有眷工人每家每月至少可领购公米五斗，按当时米的市价为每斗九元，公米定价六元，是在食品项下，每家实际支出已无形减少十五元，若把这个十五元增加进去，则食品一项的百分数，将要越发提高了。食品费用所以提高的缘故，当然是由于别项消费支出相对的低落，在衣物一项尤为显著。

衣服一项消费一时的减少也是事实，在我所访问过的几个家庭当中，除开两对新婚夫妇而外，就没有一家曾经在一年之内为成年人做过新的衣服，至多只为小孩买过一二套衣料。有几位妇人告诉我，他们孩子穿的衣服就是由他们的旧衣服改制而成的。原来这批从外地来的工友，认为物价上涨是一个暂时的现象，尤其是内地的一种特殊的情形，他们总希望有时会

①　上海市政府社会局所编《上海市工人生活程度》一书
第十三表，载有上海和国内各地农工生活程度分配的比较，兹录其百分数如下：

	食物	房租	衣着	燃料	杂项
上海工厂工人	53.2	8.3	7.5	6.4	24.6
塘沽制盐工人	55.7	7.1	9.5	8.1	19.6
上海纱厂工人	56.0	6.4	9.4	7.5	20.6
中国北部及东部六省农民	58.9	5.3	7.3	12.3	16.2
天津手艺工人	62.0	14.1	6.1	12.5	5.3
北平挂甲屯近郊农民	64.3	4.4	7.7	7.9	15.7
北平人力车夫	71.2	7.5	6.9	11.3	3.1

回复到他们原来的生活状态，可以购买便宜的衣物，好在衣物不是在很短的期间就可以消耗净尽的，所以只要一时可以混得过去，就得设法向下拖延。

房租消费的百分比较低，是因为昆厂为有眷工人备有工人住宅，里面有床位家具，每月房租不过二元，如工人住宅不够，可在外面街子上租住民房，房租可由厂方津贴一部。住在厂外的几家，虽然房租高一点，屋子也比较厂内狭小黑暗，但他们为了少受厂方的约束，住起来却很高兴。灯光因为是用电灯，由厂装灯收费，所以较省，而燃料因为用烧柴，费用稍昂，二者合起来也还稳定。杂项包括理发、洗衣、教育、医药、抽烟、送礼和娱乐。因为厂内有理发室、医药室、职工小学和一些娱乐设备，所以这一项也不算高。

在八个例子当中，食品一项的比例并未因各家收入不同而有变化，似乎是收入愈多，这一项的消费也愈大。因为在战时，工人食品的费用已经压得很低，别项消费或者有厂设备，或则可以尽量拖延，所以收入一有增加，第一件事就是改进食品了。

二　技工无眷在厂的消费

这一类工人消费情形相差很远，一帮青年未婚或与家庭隔绝的技工，除开个人用动而外，可以无任何经济牵累。但有的技工，他们的家庭虽在沦陷区，因为还要按期汇款，依然有很重的负担。

第一类负担较轻的工人，我可以举出两个例子，一个就是我说过的那位逃难出来的 40 号绍兴朋友，平常皮鞋和衣服穿得很整齐，一到星期天就常穿着一套青哔叽呢的学生装上昆明看电影会友人，这些衣服都是他一两年来在内地现制的。我因为和他来往很密切，所以知道他还想另制皮鞋和西装，等到我今年第二次去昆厂，他的计划居然已告完成。原来他自从离家以后就没有得到一封家书，他个人在厂内剩下来的钱也没有地方可寄，所以除了接济友人而外，就是自己制衣服，间或邀着几个同事喝点酒，每月还要进几次昆明城。另一位是上海那位 38 号的小杨，到昆明已经有一年，总共只寄了一百多元回家去，好在他家里人手很齐全，并不靠他的接济。小杨自己对我讲，他最爱吃零嘴，每天晚上总要到厂中消费合作社里耗费五六角，此外比较大的开支就是电影。

我另外知道几位工人本无不良嗜好，就因负担轻，与家庭隔绝生活不安，因而流连于赌。36 号技工在穿吃两方面比较节省，可是两年以来，已

表十二 技工家庭收支清单（二十九年九月份）

	技16号（39岁）妻（38岁）女（10岁）子（7岁）子（5岁）子（2岁）	技54号（32岁）妻（35岁）女（9岁）子（7岁）子（5岁）	技12号（32岁）妻（28岁）子（9岁）女（2岁）	技49号（24岁）妻（20岁）母（50岁）子（不满一岁）	技13号（32岁）妻（32岁）女（8岁）	技51号（24岁）妻（23岁）子（3岁）	技20号（22岁）妻（20岁）（新婚）	技48号（23岁）妻（18岁）（新婚）	五项消费百分数合计
收入	工资80 米贴40 妻工资27 米贴35	工资100 米贴40 店子200	工资60 米贴40 妻工资27 米贴35	工资99 米贴40 妻工资27 米贴35	工资80 米贴40 妻工资30 米贴35	工资60 米贴90 妻洗衣90	工资50 米贴40 妻工资27 米贴35	工资93 米贴40 妻工资30 米贴35	
收入共计	187[1]	340	162	201	185	190	152	198	
支出：食品（百分数）	129.8 (73.9)	215.7 (72.5)	122.0 (79.0)	144.0 (79.2)	134.0 (78.4)	117.4 (75.2)	97.6 (68.8)	84.0 (66.3)	(74.1)
衣服（百分数）	7.0 (3.9)	15.0 (5.0)	7.0 (4.5)	5.4 (2.9)	7.4 (4.3)	7.0 (4.8)	9.4 (6.6)	14.0 (11.1)	(5.3)
房租（百分数）	5.0 (2.8)	10.0 (3.3)	2.0 (1.3)	2.0 (1.0)	5.0 (2.9)	5.0 (3.4)	5.0 (3.5)	2.0 (1.5)	(2.5)
灯光燃料（百分数）	11.0 (9.1)	22.0 (7.3)	12.0 (7.7)	15.0 (8.2)	12.0 (7.0)	11.0 (7.6)	11.0 (7.7)	3.0 (2.3)	(7.1)
杂项（百分数）	17.9 (10.1)	35.2 (11.8)	11.3 (7.3)	15.7 (8.5)	12.5 (7.3)	13.0 (9.0)	18.7 (13.13)	23.6 (18.7)	(10.8)
支出总计	175.7[2]	297.9	154.3	182.1	170.9	144.0[4]	141.7	126.6	
收支相平	+6.2[3]	+42.1	+7.7	+19	+14.1	+46	+20.3[5]	+71.4	

注：1. 疑计算有误，此处应为182。——编者注
2. 疑计算有误，此处应为170.7。——编者注
3. 疑计算有误，此处应为+11.3。——编者注
4. 疑计算有误，此处应为153.4。——编者注
5. 疑计算有误，此处应为+10.3。——编者注

经学会了马将牌，一到晚上只要有人来邀约，他总是乐于去凑热闹。有时输赢会大过他一月的收入。据他自己讲，他手中约末积存了几百元，寄存在一家同乡人开的店子里，有人劝他把这项款子拿来结婚立家室，无奈他尚有未婚妻在沦陷区内。不过不立家室，剩下来的钱又恐怕贬值，于是慢慢促成他走上赌博之路。

32 号的老技工就是一个最具体的例子，他原来是一个多年的鳏夫，事变的前一年方在上海找着一个女人成立一个临时家庭，当他离开上海时，也照样留下一笔安家费，到了昆厂起初也是按期汇款回家，可是后来一直不见回信来，他从朋友那里得到了消息，说是从他到内地不久，他的老妇人已经踪迹不明，他才停止汇兑。从此他就染上了烟瘾。据他的朋友报告，当时一两烟土要卖四十元，以他的成绩来说，在平时每日至少要过一次瘾，同时还得一包烟灰伴着吸，两样合起来至少得四元，若是到了星期天，整日守在烟馆里，三次烟，两遍酒，一包香烟，又至少得费八元。这样一来当然每月工资不够费用，同乡同事①的起初还借他几文，后来大家知道他的脾气，都关了方便之门，只好在烟馆里赊欠了。

至于要定期汇款回家去的工友，就不能像上面说的那两位年青的朋友爱穿爱吃，也不能学 36 号的嗜赌，更不能学 32 号那样不顾一切的吸大烟了。当昆厂技工宿舍被炸之后，我曾经去检阅了好几十封工人的信札，发现他们的家信里面，十之六七是父母或妻子报告上海物价高涨，嘱咐他们的儿子或丈夫按月汇款回家的，有的还恳切的要求每次多汇一点款。所以上海生活费用一有变动，这些有家室之累的工人，每个都有消息，因此，自己家中有多大的用动，生活过得怎么样，他们各人心中也有个轮廓。是愿意牺牲自己一部份的享受，每月多汇一点款呢？还是只图一时之快，让不在身边的儿女多受一点煎熬呢？那一半要听他们自己的撰择，一半也要看他们过去的习惯和当时自制力的强弱了。

在这里我可以先举出几个肯按期汇款回家的工人例子。28 号到厂不上九个月，除了留在家中的二百元外，一共寄了六百三十元，可是他还怕家中不够用，打算在预支扣完之后，每月多寄一点回家。27 号平常也是按月汇回五十元，自从他接到九月的家信，知道上海米价已经涨到九十元一公石，他为全家打过预算每月三公斗五升米，就得三十多元，两个孩子学费

---

① 1946 年商务印书馆版此处疑似缺一字，猜测应为"同乡同事"。——编者注

表十三 外来无眷技工收支 清单 (二十九年九月)①

	技40号(25岁)家在绍兴不能汇款	技38号(22岁)家在上海不必汇款	技36号(19岁)家在下江不能汇	技82号(49岁)无家室	技50号(28岁)家在宁波有田地间月汇款	技28号(37岁)有妻子在上海必汇款	技27号(32岁)有妻子在上海照常汇款	技29号(37岁)有妻及子在上海必汇款	五项消费百分数
收入	工资60.0 米贴35.0	工资74.0 米贴85.0	工资60.0 米贴35.0	工资108 米贴35	工资94 米贴35	工资80 米贴35	工资76 米贴35	工资76 米贴35	
收入合计	95.0	159.0	95.0	143	129	115	111	111.0	
支出:食品	46.0	57.0	42.0	42.0	48.0	42.0	42.0	42.0	
(百分数)	(54.1)	(64.6)	(53.8)	(24.9)	(56.2)	(84.5)	(90.1)	(34.0)	(57.7)
衣服	10.0	4.0	5.0	—	4.0	—	—	—	
(百分数)	(11.8)	(4.5)	(6.4)	—	(4.7)	—	—	—	(3.4)
房租	—	—	—	—	—	—	—	—	(0)
燃料	—	—	—	—	—	—	—	—	0
杂项	28.1	27.2	21.0	126.5	38.4	7.7	4.6	81.5	—
(百分数)	(33.4)	(30.9)	(39.6)	(75.0)	(39.1)	(15.5)	(9.9)	(65.0)	(38.5)
支出合计	84.1	88.2	78.0	168.5	86.4	49.7	46.6	23.5	
汇款	—	—	—	—	25.0	50.0	50.0	30.0	
收支相平	+10.0	+21.0	+170.0	-25.5	+18.6	+18.0	+14	-43.4	

① 1946年商务印书馆版中该表中各数量关系的计算结果,有些可能存在错误,但在整理过程中,出于保持文献原貌的考虑,并未做出修改。——编者注

六元，房租五元，合共四十多元，再加上油盐小菜同燃料，每月五十元，差不多是不够开支了。所以他几次要请我作中人，想把他从上海带来的皮鞋靴子一并拍卖出去，希望在十月间可以一次汇足一百元，据他说过去在上海还间或打打小牌，吃点零酒，现在因为要极力节省，下工以后就忙着自己洗衣服，连茶馆也不轻易去坐。在这几位当中，58 号每月汇款比较少，据他自己告诉我他的计划是每两个月汇回五十元，因为他的家中还有几亩田地，收获的粮食已可支持大半年的家用，不必专靠汇款，所以他个人的消费可以稍事膨胀。

有家庭负担，而事挥霍的人，乃是困于旧有的不良嗜好。29 号的烟瘾就不在 32 号之下，每天也得两三元的开销，可是他家中尚有结发妻室和亲生子女，按月需要开支，决不能置之不理。无奈烟瘾是日日发作，家庭汇款每月只此一次，眼前的刺激得随时应付，家信中的责难，只要心肠稍硬可以暂置不理。所以有几个月他的鸦费开支过了头，只好临时把汇款按下来，家中又三番五次来信催促，他在厂里借贷无门，结果是恳求一位同乡就上海的家庭给予他的家庭一点方便。

还有几位未列入清算单中的工友，也有同 29 号相类似的工人。例如 27 号的湖北工友，家中还有老父亲和两个孩子，也会讲定每月汇款六十元。可是这位朋友原来在上海就是一位赌痞，到了内地来不久就旧性复发，每逢推牌九摇单双总少不了有他在场。幸亏他懂得一点诀窍，总是赢的多输的少。但长此下去，总有一天他会不能实践他汇款回家的诺言。

总结上面的一些例子，我们可以看出来单独在厂的工人担负，轻重的界限是划分在要不要汇款回家，但负担轻的，也很少肯储蓄，他们一方面怕货币贬值，一方面因为家庭远离，精神上不大安定，又因无人从旁牵制监视，很容易乘一时之兴而误入歧途。另据我普遍的观察，单独在厂的工人的烟赌问题远较有眷在厂的工人严重。在历次厂中惩戒赌犯的工人名单上，又可以看出他们尽是没有眷属在厂的工人。所以对于这批人，尤其要从提倡娱乐，提高教育并激发他们的工作兴趣，使他们善于利用闲暇享受生活。这是下一章就要讨论的。

现在我更要把有眷在厂，和家在沦陷区而需汇款接济的作一比较。就工人们自己的经验，大约是二十九年以前家庭留在上海还合算，第一因为个人在厂，可以享受很多的方便，居室和灯火茶水可以不要开销，又可在食堂包饭。第二是内地工资比上海一带高，同时那边的物价低，所以纯粹从经济着眼，把内地赚的工资寄到上海一带用，当然是占便宜。至于与家人分离所引起的烦闷不安，以至精神颓丧效率降低，当然算是互有得失。不过逾此以往，沦陷区的物价尤其是米价也加倍上涨，上海的公共租界被占，安南封锁，内地和上海汇兑困难，汇率亦形成劣势，于是有家属在沦陷区的工人渐难得接济维持，这一点当然很足影响他们的士气。

三 内地工人的消费

为要比较内地工人的消费情况须得先明白他们出来做工之后，和他们的家庭在经济上仍然发生什么关联。在以前我已经提到过许多内地工人不独不必寄款子回家去，反有人从家中领取津贴。内地工人都没有眷属住在家中，所以在膳费，房租，燃料，及灯光上无从比较，只可以从衣物和杂项上看他们消费的差别。

内地工人在衣物上的消费上有个特点，他们的衣裳鞋袜多半可以从家中带来，本来用不着另需开支，不过这批工人在衣物上的消费倒不是为了不够穿着，而是另有其社会价值。因为这批内地工人新自乡间出来，带了一股土俗气味，而表现得最为具体的莫如衣服，要冒充技工就得先模仿他们的装束。帮工18号进厂已经一年，好容易才逐渐把旧型的衣衫换成衬衣和工装。贵州那位帮工，一进厂就另换新的被单，工衣和皮鞋，所以有好几次向他的哥哥请求协款，在小工当中，入厂稍久一点的也有类似的情形。

还有对于一批从乡间下来城市的农村子弟，电影好像对于他们最富于吸力，尤其是国产片子，或是雇有专人在旁边任说明的影院，最受他们的欢迎。有个星期日的大清早，我从昆明步行回昆厂，沿途竟碰到三五成群的帮工和小工，都是进昆明赶早场电影去的。

在我的八个例子当中，需要家中接济的，是帮工18和38号，小工20号，和技工60号四人，内中只有帮工19号，还按月带款回去养家，这在厂中许多内地工人当中真算是不可多得的，不过他的个人消费确实已经省到了无可再省的程度。其余四个工人虽然从这一月的收支看来各有盈亏，但并不带款回家亦不需家庭直接作金钱上的接济。

在厂中内地工人里面，我所知道吸鸦片烟的共有五个，而且都是为了社会纠纷出门来的，可见这批工人的行为原来颇欠检点，才会引起家族纠纷。表中所举技工60号就是其中一个例子。他的衣服虽然肮脏破烂，床铺

表十四　内地工人收支清单（二十九年九月）①

	第18号（22岁）家庭有补助费	第28号（16岁）贵州人有兄津贴	帮12号（21岁）	技19号（18岁）须带款回家	小工11号（20岁）	小工19号（19岁）	小工20号（18岁）家中补助费带有补助费	技60号（内地）（35岁）家中补助	五项消费百分数
收入	工资 35.0 米贴 35.0	工资 20.0 米贴 35.0	工资 20.0 米贴 35.0	工资 32 米贴 35	工资 31.0 米贴 35.0	工资 27.0 米贴 35.0	工资 29.0 米贴 35.0	工资 50.0 米贴 35.0	
收入合计	70.0	55.0	55.0	67.6	66.0	62.0	66.0	85.0	
支出：食品 （百分数）	5.4 (63.7)	51.0 (63.1)	42.0 (83.3)	47.0 (92.7)	47 (71.4)	59 (75.8)	42 (62.0)	42 (36.6)	68.8
衣服 （百分数）	12.0 (14.1)	7.7 (9.4)	2.5 (4.5)	0	3.0 (4.5)	8.2 (12.2)	— (0)	— (0)	5.6
房租	—	—	—	—	—	—	—	—	(0)
燃料	—	—	—	—	—	—	—	—	0
杂项 （百分数）	18.7 (22.0)	22.8 (27.9)	5.6 (11.1)	2.4 (7.0)	15.8 (24.0)	7.6 (11.3)	35.2 (37.3)	74.8 (63.7)	(25.6)
支出合计	84.7	81.5	50.1	4.5	65.8	66.8	94.2	116.8	
收支相平	14.7	-30.5	+4.9	+21.5	+0.2	-4.8	-28.2	-31.8	

① 1946年商务印书馆版中该表中各数量关系的计算结果，有些可能存在错误，但在整理过程中，出于保持文献原貌的考虑，并未做出修改。——编者注

上也只一床破棉絮和一张粗草席，可是每天总要耗一两元在鸦片烟里，一月所费总要超过百元。他当时自己对我讲正在吃一种戒烟的丸药，预备逐渐减少吸烟的分量，可是他一面有家庭接济，一面有同乡通融，未到水尽山穷时节，恐怕是很难戒除的了。

从以上内地工人的消费情形看来，就可以明白他们的享受并不一定和收入成比例，背后的决定因素还是出不了家庭。外来工人情形最好的是不必接济家庭，内地工人最好的还可以有家庭接济，这就可以证明内地工人当中出来的目的不是在创事业谋生活，所以他们虽然进了新式工厂，还没有积极地影响到他们家庭的传统经济。另外一方面我们看了初入厂的工人有的对于消费兴趣有了新的转变，但是原来有了不良嗜好的，在新式工厂里面仍然未经戒除，很可以使我们明白要是求工人生活健康合理，不能单靠调整待遇，还得于生活的指导上多多的下功夫。

第八章　工人的保养

公共食堂——工人宿舍——医务——健康保险和储蓄
——工人教育——休闲与娱乐

在上章我们已经见到厂方对工人有种种优惠的设施，减轻了他们的担负，无形中使生活程度提高了一些。在本章我们将要分别讨论这些设施的情形和工人方面的各种反响。

一　公共食堂

厂中公共的工人食堂有二，一为技工食堂，共有技工和帮工三十桌上下；一为小工食堂，常在二十至二十五桌之间。两个食堂各有事务课派定的一个食堂管理，负监督食堂安排席次，掌理起伙停伙及采买算账的职责。工人入厂退厂时起伙停伙是先由人事课通知事务课，食堂管理员即照着事务课的指示执行。工人膳费每月由会计课根据事务课的通知在工人工资项下扣除，当时技工伙食分甲乙两种，甲种每月七元，乙种四元，小工则一律四元，所有不足的食费，则由工人米贴中扣清。本来在原则上米贴如有多余则同工资一并发给工人，不足则由工资扣除。不过在事实上总是超过的时候多，超过的数目又是由厂方补贴，并不在工资项下扣除。

按规定言，技工食堂乙种伙食应该和小工食堂的伙食完全一样，事实上前者远较后者为优，技工每餐不离肉食，小工则经常不见荤菜。一般的解释是小工的食米量大于技工，故菜蔬的质量较劣，不过小工们对于这个解释却大不满意。听说有一次因为菜中有一样臭豆豉，大家难于下口，因而激起了小工的公忿，有人会把碗菜抬到场内报告工程师，工程师说这不是他可以过问的事，所以后来有一些小工出来自炊自食。

其实伙食差别的主要原因，乃是由于两个食堂组织的不同。技工食堂有一个膳食委员会，由每一分厂选出四人，一共有十二个委员轮流当监督，每天另有工人伴着管理员作采买，账目由监督与管理员共同审核。技工们明白伙食超过了米贴，自会有厂方负担，不致于扣他们的工资，所以每天陪着管理员上市场去作采买的，总是尽可能的挑选好菜，有一个时期，技工食堂的菜一天比一天精彩，甚至每餐要吃到鸡鱼，火腿。有一次菜买得差一点，就有一群技工起来骂得那个轮流作采买的垂头丧气，说他是有意向食堂管理员讨好。小工食堂既完全没有这个组织，伙食赶不上技工食堂也是当然的结果。可见技工食堂的伙食所以好，并不是由于厂方的偏心，而是因为技工有组织有机会发表意见，并且把管理员逼到一个被动的地位，小工仅从结果上比较伙食优劣，自然会觉得太不公平。

技工的伙食在小工们看起来虽然已经是可望而不可及，可是技工们却仍然时常发怨言，使我们很怀疑，莫非是他们营养太不够？为要得点确实的根据，我们特为收集了当月的全份菜单去请清华大学生物系沈同教授作化验。沈教授分析之后，给了我们一个相当详细的回答，下面一段就是由我们按原文翻译出来的结论：

我们分析昆厂二百多名技工在三十九年八月份逐日食品消耗的结果，认为热量和蛋白质两样，如按二十七年中国医学会所所定的最低营养标准说，还算充足。若是把豆腐和腌菜计算在内，钙质也足够。维他命一项尚无从断言，不过看了他们长期所吃的蔬菜之多，并经常有肉类，鸡蛋，和豆腐等类，作者相信，除开少数的例外，维他命当不至于太感缺乏。

从这一点看，技工们不满意于伙食至少是没有科学的根据，一切怨言都不过是根据各人生活习惯说话，也很可能为了别的事情不如意，因而借题发挥。

我在技工食堂用膳的第二天上午，就听到有人大拍桌子把碗具打得叮当作响，说厂里职员们不下力吃得却比工人好，工人为什么该吃那样的伙食。接下去此呼彼应全堂哗然，管理员势难分辩，只好劝大家容忍，待来日改良。过了两天食堂里又为了一个菜中放了辣子，惹起了一些下江工人的不满，有人以为这一次一定是本地工人当采买时作的主张，于是好几个气势汹汹的站起来追询采买是谁，追打听出来是一位浙江某工友买的菜，原来他的女友是一位湖南小姐，也在技工食堂吃伙食，所以才这样献殷勤。管理员借了这件趣事，才算把一个严重的局面缓和下来。事后这位管理员对我讲，他真不晓得食堂的秩序怎样维持是好，任凭你如何努力，总不能让所有工人满意，平时喜欢大声嚷嚷的工人还可以勉强对付，最难防范的是一些暗地里摔碗具的工人。

因此我特为去询问几位工人，他们究竟要吃什么样的伙食才算满意，可是当他们平心静气和我谈话的时候，语气却大不相同了，有的说厂中的菜饭质料并不算坏，只是一个大团体办的伙食，有时和个人的胃口不大适合，有的人却很干脆的说厂方待他们不好，所以总得做点样子出来，让上面的人看看他们的颜色。至于本地帮工对于技工食堂的伙食多半表示满意，有位从军队里面退伍出来的工人，居然认为厂里的伙食和他们军中所吃的相比，简直是天上人间，还有人指责这种伙食不好，真是不凭良心。可是话虽如此，技工食堂总常常有人闹事，而且每次闹总有很多人起来随声附和。不满意伙食的原因不一定真的在于伙食，整个生活不安可以在伙食上找发泄。据说欧美的工人也有因为某种事情不如意，而请求加工资，可是工资增加之后，问题依然未告解决。我们这种情形，难道不是与之如出一辙？

二　工人宿舍

在厂里面当时有两个技工宿舍，第一个差不多是完全住的外来技工，第二个多半是住的三等技工和帮工。第一宿舍包括三个大寝室，每室共有十八张双铺床，可容三十六个工人，每间寝室前后各有两个大窗户，前面有两门通走廊。后窗底下有木柜一排，每人可以认定一个搁衣服，宿舍两端还有两小间收藏室。第二宿舍因为临时赶造，式样虽相差不多，可是没有衣柜和玻窗。

小工宿舍是集中在一处，所占面积相当宽，竹篱茅顶，全屋没有间隔，里面有四座联合大铺，每座上下各有八个铺位，每一位子可容两人，即每座大铺尽其量可以容纳三十二人。要是把技工宿舍和小工宿舍拿来作一具体的比喻，则前者有如学生宿舍，后者则恰似一所零乱的营房。

技工宿舍和小工宿舍在内部的布置上也相差很远。我在第一技工宿舍所见到的工人床铺是花线毡，白被单，西式睡枕，陈列的有籐箱、皮箱、磁盆、面镜，处处显得相当精致。到了第二技工宿舍，陈设已较错杂得多，到了小工宿舍，却令人感简陋不堪，许多床铺上除了破被絮和粗草席而外，就别无一物，有个小衣包当枕头已经是寥寥无几的。据说宿舍中常常发生小窃案，即有好的行李，也不敢放在宿舍里。到了夜晚睡觉，有的工人为了取暖之故，宁愿两三人挤卧一铺，好像流通空气的窗户，反而成了他们一种累赘物。

宿舍管理规则各宿舍是一样，但很少有人遵守。按规定，每室有正副室长各一人，负维持清洁和秩序的责任。工人起息和灯火开关也有一定的时间，不过在我睡觉的那间房子里，时常听到为了门窗的开关问题而起口角。有时到了熄灯的时候，还有人抽烟下象棋或高声谈笑，闹得全室不安，有人起而干涉，反引起更大的骚扰。还有工人半夜起来开了灯忘记关闭，以致天犹未明，已有人受了灯光刺激而早醒，彼此交谈，结果亦影响全室。还有那个18号的帮工，每两周有一周夜班，日间也睡在同一寝室内，其他工人进进出出，自然使他不能入眠。若是遇到有特别的事故，他也靠着一股亢进的精神，和做日班的工人一同行乐。他还告诉我他很爱做夜班，就是因为夜来做工心思很集中，白天没事又可很痛快的玩耍，可是他并未想睡眠不足，会妨碍心身的健康。

工人不仅是缺乏保养上的常识，也实在不惯于这类团体生活，他们的习惯大多数在工厂外边已经养成了。在以家族为中心的社会，朝朝接触的是家人父子或族戚，习惯和行为都在这个共同生活里慢慢培养起来，相习为安。传统的亲族结构又规定了里面各个份子的地位，份子与份子间的关系是与生俱来的，不容挑选篡据，每个人都得承认亲长的权威。工人一旦跳出了这个圈子和一些陌生人居住在一起，生活不同，习惯异趣，谁也没有控制别人的权威，所以骤然间找不出生活的条理，以前的行为规则是从生活里培养的，现在每一种约制都是凭空从外面加进来，当然使这辈从亲族制度里长大的人感到惶惑。可是话也得说回来，这种情形在开始总是无可避免的，不过我们绝不相信一个习惯已成，就永远不可能接受新的生活经验，所怕的是工厂管理方面既不能具有类似旧传统里面的亲长权威，又不能在宿舍里树起严格的自治体统，弄到工人各行其是，正当休息的时候不能休息，很可能使他们心神不安，性子急躁，因而影响到工作的效率。

假使一个宿舍住的都是同一来源的工人，在生活习惯上远比较容易调适，例如小工宿舍的工人，差不多聚一乡人于一处，所以彼此之间甚少摩擦。要是上海工人和一个从内地乡下来的工人住在一起，就有点不好迁就了，在我住室的旁面，就发生过这样一件事情，就是34号的上海技工，骂他的临铺 60 号的云南技工过于龌龊，常把滓子①臭虫弄过了铺界。所以要一种团体生活过得和谐，首先要一个可以调协的基础。

昆厂是在乡间，宿舍都分散在山脚下，工厂去市区辽远，工人都得在厂里寄宿，厂方自不能为这些单身工人筑许多小房间，大家只好集体住在广大的宿舍里。挤满了双层床铺的房子，人声杂乱，大家没有私生活，要静下来写信读书或休息都不可能。于是性情阴柔的工人感到心神恍惚，无所托身；性情燥的索性恣意放荡，与众随和，驯至鲁莽灭裂，莫可驾驭。有位工人说的好："在上海做工，下班后，各人都有家可去，工人心安，厂中也减少了麻烦，在这里变十个人睡在一起，每谈起天来，总少不得要提到厂里的缺点，又多欢喜夸大耸人听闻，增加工人对厂方的怨恨，怨恨结久了就会生乱子。"像这类从宿舍方面表现出来的种种情形，也可以为工人的流动不安作一个注解了。

三 医务

昆厂里面有一个医务室，系昆厂与另外两个邻近的工厂合办，内有医师看护各一人。据这位医师的谈话，内中医务工作分作三项，第一是卫生检验与疾病预防，如体格检查与防疫注射，食水加碘。第二种是救急训练，会由各分厂派出十人受训，场内置有救急医药箱，以备工人临时发生疾病或伤害时之紧急治疗。第三是治疗，接生和送诊，治疗分门诊出诊，必要时送入厂外医院治疗。

厂中规定，在工人进厂时有一次身体检查，可是昆厂招工的机构并不统一，同时需人孔亟②，而工人又来来往往，所以各部负责人并不愿在手续上多此一举。可是凡属花柳一类传染病的工人在诊断时发现了是要开除的。那末在这种情形之下，有这类病的工人自可同样进厂，进了厂如果怕开除，就不会到医务室去看病。然而厂里的医师却很得意的对我讲，在他前任医师的病状记录上确有这类传染病，自他接手之后，就严格起来，规定一发现就开除。所以从他就职以来就没有发现过恶这种病症的工人了。他却未想到有了这种病的工人，为什么不可以跑到厂外面去找庸医？

初从农村出来的工人，根本缺乏医药卫生的常识，他们不懂防预注射

---

① "滓"字后面的字看不清，猜测为"子"。——编者注

② 孔亟，指很紧急、很急迫。——编者注

的功用，更不明白疾病如何传染。做夜工的人也不知道在白天应该静养。酗酒打牌抽鸦片烟的，在白天也同样勉强应付工作。还有内地工人不相信西医，例如富民县的老王抽铜线受了伤，先在厂内医务室挂号请假，又自费到厂外小街上敷草药，结果反而使伤势恶化了，据厂医告诉我们这样的事并不止一起。这等琐事看来似乎很简单，其实就是象征着两种文化的摩擦。

不宁唯是，工人从农村从家族的环境来到工厂，精神生活已经是感到孤寂隔绝了，那有一家人相聚那种安慰和体贴？这种孤寂一到身体不适的时候，就更容易体会出来。昆厂医务室没有病房，所以患疟疾或其他比较轻微病症的，只好留居宿舍。有一次我特别去一个宿舍看两位病人，他们在感谢之余，俱向我诉述他们病中的痛苦。一个说病中找医师太不方便，一个说在发热之后，很想喝开水，可是喊人不应，只好自己爬下床来到厨房去烧开水喝。

工人如果因作工受了伤害，当然更希望安慰，我初进昆厂就看见25号的帮工断了一根手指，据说是刚从城中某医院养伤回来，其医药费全由厂方负担，这当然算是相当优待工人，可是后来因为他指上的创口未收，而管理人员因其养伤的时间已久，催促他赶早上工，他因而忿忿不平的不告而别。事后他的同乡老何讲到他负伤的经过，还愤慨万分，说25号的朋友手指刚被剪床切断的时候，一声大叫，脸色顿变苍白，有位职员却在旁边说"没有关系，手指断了用不着那样怕"。老何因此说厂里人没良心。反过来看，某厂长某次亲自带领一个负伤工人到医院，许多工人都传为美谈。

何况在战时，生活紧张，家室远离，人和人的关系已经不似寻常，尤其工人入厂做工本非心愿，心理上的病态已经潜伏得够深了。老何就时常在宿舍里对着镜子叹气，并有时来对我讲筋骨疼痛，腰部发酸，怕是患肺病。但他对医务又不信任，所以只是终日焦急。有些工人告诉我有病时并不情愿上医务室去，主要的原因是认为医师对职员与工友的面孔不同。工人到了他睬都不睬，职员到了他却站起来堆着笑脸打招呼，所以工人在那里精神不感痛快。

四 健康保险和储蓄[①]

昆厂二十八年即有保健金章程的规定，每次发给工资时即按个人所得

---

① 1946年商务印书馆版中该标题与目次中不一致。——编者注

工资百分之五作为保健金，另由厂方每年拨款一千元作为辅助费。工人经过医生说明请准病假，就可以得到原定工资百分之七十的保健金。工人知道请事假没工资，旷工还要加倍扣工资，所以企图请事假，或存心旷工的人偏要上医务室去冒病，请准了病假，不上工还可拿百分之七十的工资。医生看不出症候，工人一定要告假，所以常常起冲突。那位浦东工友因为一定要请病假，医生又看不出病象，两人相持不下，还闹到总经理那里去。

昆厂保健金的施行也就是一种疾病保险，平时由个人名下扣百分之五的工资作保险费，工人患病医药费在三角以下的免收，请准病假还可以得百分之七十的工资，这里面当然是有厂方的资助。这种由团体分担个人损失的保险制度，虽是与现代工业相伴而生，其实我们旧的社会里面也有这种根基，如善堂的施舍，行会和帮会对于会友的援助，在生老病死的关节亲友的情礼，这一切办法，在现代社会里制度化了起来，改换了面目出现，就为我们的工人所不了解。难怪当工人药费超过了三角，医生索款的时候，就有工人反抗，他们的理由是，既然每次在三角以下的不收费，当他们不来诊病的时候就该每天有三角存余，其他未病的工人每天也可剩出三角来，何必还向他们要药费呢？

再如储金的用意是在鼓励工人节约。厂方并有陪存，实具有劳动保险的意义，可是有些工人反而对于储金发生反感。昆厂规定职工于进厂时按照其实得薪资在百分之三至百分之五范围以内认定储蓄金数，每月底由本厂从其所得薪资内扣下，代向国家银行储存。同时规定厂中陪存办法，凡所得在百元以下的陪存为百分之百，在二百元以下陪存为百分之九十，唯储蓄期限定为五年，除中途离厂别又规定外，期满时所有自储及陪存之本利悉由本人领取。五年的期限既长，再加以货币贬值，工人不高兴储蓄自是意料中事。但我们想不到的却有工人说这是厂方的骗局。28 号的技工有一次特为托我为他缮写一道呈文，请求厂方取消这种储金办法，如果不能全部取消，他个人也要退出。这可以充分证明，有的工人对于社会立法还很欠了解。

五 工人教育

昆厂为提高工人技术，增强他们的教育程度，常就厂内开办各种补习班次。但在实施时总是碰到困难，因为工人的程度不齐，兴趣互异，厂中决不能同时开出许多班次来迎合他们的要求。例如厂里有一次开了个电工专修班，张贴布告欢迎工人踊跃参加，结果有勇气上班去的就只一个工人，后来还因为所用的电工原理和物理学教科书都是原文，只好自动退出。过了不久，还有一位从工人升起来的技术指导来请我补习，希望我把一本原文的电磁学逐字逐句为他讲解。他说他们技工苦的是只知道做，而不明白原理，尤其工程师们口中的英文名词听不来，进电工专修班程度又不够。

来源不同，出身不同的工人，兴趣很分歧，对于前途各有各人的打算，有的固然要学技术，有的却打算学史地国文预备进普通学校，开化的老徐就是例子。又有些工友对于技术的进修不发生兴趣，却喜欢谈论时局，留心政治和青年思想问题。例如那位华侨技工每次进厂总要买一两本生活书店出版的讲政治经济的小册子，那位从某科学仪器馆出来的小朱，一见面总要问国内党派问题，他的一位师兄并极力主张组织一个报纸宣读会，使不识字的工人可以知道国事。这种种不同的求知欲望，试问几个补习班如何满足得了？

还有，工人上补习班的一个通病，就是难于持久，昆厂中所开的英文班，书信班，在报名时总是济济一堂，到了第二次，人数就减了一大批，以后陆续递减，最后只剩下几个人。如果教者看到人数太少，精神一松懈，就更不会有好的结局了。据说工人所以始勤终怠，有的是程度太差跟不上班，有的是为了个人的私事或偶然缺了几课，就索性不去了。也有本地工人因为听不懂外省教员的言语而感到灰心的。

工厂里的补习教育在理论上说，自应和工人在厂生活上的需要相配合，但是有时这一个基本原则却并未得到应有的注意。补习的课目不但和工厂生活无关，而且很可能引起出于意料的结果。有位纺纱厂的经理曾告诉我说："我们厂里曾开过补习班，那些女工要求补习珠算和记账。她们十分热心，可是等到她们学会了就请长假找新的职业去了。我不知道我们是否应该开这种补习班，工厂究竟不是个学校，是不是？"我也不知道应该怎样回答。我们固然不该反对工厂负起社会教育的责任，可是因为负起这责任反而增加工人流动率，在工厂立场说，似乎不是一个合理的事！

我们并不想在原则上批评工厂补习教育。我们深信那些早年没有充分获得教育机会的工人应当有补习的机会，在内地这需要更为显然。一个健全的工人必须同时是一个健全的公民，工厂似有供给教育机会的责任。但是以昆厂的经验来说，我们迄今尚没有规划出怎样的教育能适合工人和工厂的需要，这一点我们希望研究教育的人能加以注意。

六 休闲与娱乐

说到休闲与娱乐，就要使我们想到厂中负责人正愁着工人空余的时间没有好的法子利用，所以加夜班星期班附带的用意就在支配工人的闲暇。有位人事课的先生就对我讲，隔日加一夜班，工人的休闲只算是解决了一半，另外还得在其他方面为工人找消遣和娱乐。有位厂长深以为工人们的空闲多了就会闹乱子，"这么多成年的工人住在一起，又没家庭，闲下来怎会不生事？"

据我所知道的情形来说，工人们在休闲的时候很容易趋于烟赌，关于吸鸦片烟的例子，在生计章我已经有所说明了，至于赌博的事也同样的时有所闻的，在我进厂的前几天总经理还亲自带着警卫捉过一场大赌，而打马将牌或小规模的聚赌，我亲自也见过好多回。本来聚这许多年富力强的工人于一处，空下来的时候没有好的娱乐或其他正当消遣，使他们的精神有所寄托，就是不流于烟赌，也会有人向外面去寻衅闯祸。我到厂不久，曾经和几位技工到外面去喝茶，只见街子上都坐满了昆厂及其他附近诸厂的工人，我们刚在一家坐下不久，就有一个昆厂工人与当地的人撕打，一时两边都有一群人来帮凶，只见拳足交加，凳飞棒舞，一个工人被打得昏迷过去，消息传到厂里，复有大队的工人源源而来，闹得满街风雨，迨厂中警卫出动，才把这场风波平息下来。在这个事件前后，还有因男女之间的纠纷和赌博场上的冤仇而殴斗的事。

我们提倡劳动福利莫不主张缩短工时，以便工人得到多的休息，多享受家庭的乐事，并有机会从事社交，补充知识。但当工人家庭不在工厂附近，又无充分的娱乐设备以供工人们消闲的时候，多余的时间反而成了工人们败德违纪的厉阶，为工厂人事管理上的大负累。

厂中负责人既了解支配工人闲暇的重要，工人在工余所表现的又是浮躁嚣张，所以厂方特为在厂内设合作社茶社，茶具比外面的精致，定价反比较低廉，而且在茶社里面还有报纸，棋盘，收音机等等设备，在职工进益会里还有杂志书籍。此外厂中还有音乐会，篮球队种种组织，可是下班后，有些工人总爱向外跑，弄得厂负责人大感不解。有一次特别从昆明请来一位四川人到厂内来说书，题目定为"七剑十三侠"，我满以为可以吸得许多长期的听众了。在第一天晚上虽然到了不少的工人，第二晚下江工人却大为减少，而内地工人加多，第三晚就有技工提出抗议，说是听说书还不如听收音机中的音乐和新闻报告，因此说书的事只好中断。事后有几位外来青年朋友对我批评这件事，认为是厂方提倡低级娱乐，而本地工人因为对于说书大感兴趣，所以很忿忿不平，说厂中这种措施纯粹是在为外来工人着想。

这又可见不独个人有其不同的嗜好，且因其过去所受的训练所处的环境不同，接受娱乐的能力体会消闲的风趣亦有所差别。例如有一次厂内开音乐大会，许多外来工人参加表演，而内地工人却没有人去听。有时内地工人常三三两两的聚起来唱花灯，我问了许多外来朋友却没有一个人能够欣赏。所以能否接受厂方娱乐设备，还有各人的习惯和社会出身在背后发纵指使。尤其是在乡间，工作既不机械，工作时间的规定也不怎样严格，工作与娱乐就有时不好分割。我们劳动阶层的人就很少有端端正正坐在清静的茶社里听广播的习惯，他们宁愿到街上茶店里架起脚来谈天，反而觉得轻松自在。所以厂方与工人在娱乐上的偏重，也就是新旧两种生活方式的偏差。

第九章　厂风

工厂秩序——工人与职员——
工人眼中的国营工厂——工人舆论

从上面几章看来，工厂为改进工人生活在各方面已经尽过很大努力，可是工人的反应往往适得其反。我们曾屡次提到这种冲突是新的设施和社会传统未达到调整的时候一个不可避免的现象。不过个人的积习，和先入为主①的观念也未必可以覆盖一切，习惯和观念既然是逐渐获得的，也应该可以逐渐脱旧换新。譬如说不相信西医的人就未必永远不可以被说服，或用事实转变他们的成见。我们固然不该希望一个初入工厂的农人很快就了然新式工厂的究竟，但反复的教导，长期的学习也该可以破除他们的成见和惰性了。然则工人的行为实际上何以这样难得就范？战事之影响我们已再三提到，生活紧促，心情难安，确实要负一份责任，但从另一方面看，抗战也正可以激发工人的热情，增加效率，何况他们是在国营工厂做工，他们的工作又和军需发生关联，常以爱国自负的工人又何以会发生怠工玩职一类的行为？所以这一定不是习惯或观念所可以完全解释得了的，其间或许还有别的道理存在，因此本章我们将就更为广泛的方面来分析工厂的风气。

一　工厂秩序

当我在昆厂的两个月当中，曾经见过工人们有两次集体行动，很影响厂内的秩序和纪律。我预备在这里先略述其原委。

有一晚我独自踱入合作茶社，里面寥寥几个人，和平日的情形似乎有

---

① 原文为"去"，疑有误。——编者注

点异样，忽然从外面进来了几个醉醺醺的朋友。不意他们一走进来，就有几个厨夫，向他们申诉一件意外的事，原来在晚饭以后，一个汽车夫的妇人跑到技工食堂的茶灶上打开水，和烧水的人起了冲突，汽车夫又跑过来张势，把那个人痛打了一场。这群工友一听到这个消息，马上就呼吼咆哮起来，骂司机横蛮无礼，有的人指出技工茶炉已经总经理条论不许有眷工人舀水，有的却节外生枝骂司机卖汽油发横财。

茶社里一片嘈杂声，来凑闹热的人愈来愈众，大家以这群带几分酒意的工友为中心争着说一些话刺激感情。二十八号忽然拍桌顿足，说这是"打狗欺主"博到了不少的彩声。随即有人摇铃开会，有的人主张不必找司机来质问，最好是打上司机们的住宅。正在这个当儿，忽然一个司机在茶社门口出现，好像是要进来对大家有所辩白，可是他犹未开口，就有一群工人一拥而上，拳打足踢几下子就把那个人打得满脸血糊，等到另外几个司机和他们的家属赶来，才把这个被打的人架了出去，警卫队又赶来弹压，只听到司机一伙男女沿途呼号要警卫长严惩凶犯。

当着外面警卫禁止工人自由出入宿舍的时候，茶社里工人也商议好了对策，反而向厂里提出要求。他们声称司机携带手枪入茶社，一定要厂方严惩，并给工人性命以保障，不然的话，就送他们回上海。他们的要求既极其空洞，厂方也没有什么肯定的答复。最后工人们就聚集了一部分人倡议罢工，于上述要求之外，更加了改良伙食增加米贴一条，一直闹到半夜厂方还没有负责人来招集工人训话，工人们的罢工案经过一部分工人的倡和，也算是不通过而通过了。

次日清晨上班铃仍旧打，工人们多徘徊在厂中交通路口，固然有工人并不知道罢工的用意，但是谁也不敢去上工。我见过一位老师傅告诉一个学徒怎样随着大家的动向，不然就会受人指责，约九时许，厂中高级职员才出来招集工人训话，当时还有两位工人站起来发言，可是声援的工人并不多，所以大家还是听了厂方的劝告，随即进去做工。罢工的事本来到这里算是告了一个结束，只是手枪案未了，厂方另外到省会请了警察官来侦察案情，可是在招集工人训话时，因为该官员话欠客气，惹起工人不满，有人事先退席，警士又出而镇压，几乎弄得不欢而终，会后就有人告诉我，以后还会有事件发生。

这件事发生不到三周，有一天厂中果然又发生个工人群殴一个职员的案件，原来一个技工想做一块板子钉在自己的床头，已经邀得了管理员的准许。不图另外一个助理工程师，不明白这个经过，认为这是做私货犯厂规，那个技工听了就甚为不服气，索性把已经做好的一块板子交给那个助理工程师，并说了几句气话，助理工程师当时教训那个工人不得如此无礼，那个工人遂自动要求开除。两人既相持不下，组长只好出来接受工人的要求让他自行退厂，可是他的几位师兄弟都要出来抱不平，在路上碰着了那位助理工程师，就追踪到职员宿舍把他打伤，结果一群人都押送到省会警察局。这件事发生之后，就有职员发浩叹，认为工人们的行为太不成体统，非严加惩处无以挽回颓风，认为对付工人只有采取蛮横手段。

上面我们叙述的两次风波，第二次算是第一次的余波。但这两次俱足以表现内地新工业中工人的行为和态度，更充分可以见出即或是个人间的事件也可以牵涉到工厂管理。工人要他们上面的人瞧得起，管理方面的人一定要维持他们自己的尊严，不屑与工人多接近，冲突就由此爆发。要是厂方和工人有密切的接触，管理上肯做公开的讨论，这两次的事件或可以消弭于无形。从这两次冲突的本身看，真是毫无目的毫无组织的一种行动，比起欧美大规模工人运动，自然是小巫见大巫。然而这种波折既然是叠见层出，尽管不是以正规的劳资纠纷出现，其结果也总会妨碍生产，我们怎能漠然视之呢？

二　工人与职员

上面我们说昆厂中所发生的几件事态，绝不是完全出于偶然，实有其蓄成激动的趋势。这种趋势的主要源流就在厂中工人与管理方面有一种对立的形势，这形势也不是凭空而来的，原来在我们的传统社会组织里一向就有这种社会分化，昆厂里面所表现出来的对立，正是从这种分化里发生出来的。

在以前我们已经指出，在外来技工和内地帮工小工的差异上所表现的是什么社会意义了，由于那个差池，我们的内地工人就很不易爬上技术的等级，我们将讨论另一种社会分化，这分化也很足以影响到我们的劳工问题。无论是在欧美或是在我们过去沿海工业都会常听到劳资对立的口号，好像资本家和劳工形成了两个针锋相对的壁垒，可是我们内地国营工厂里虽没有这个形势，却有另外一种分野，工人与职员。"职员"这个名词，也许是过于笼统。可是在工人眼底工人与职员的界限却相当的分明，他们不问工作性质，除开工人工役及厂中警卫而外，就统统归属于职员之列。

因此上从总经理，厂长，主任，工程师，科长，股长一直到司书，录事，练习生，统统归于这一类。凡是不靠做工赚工钱，却是领薪水，办理笔墨事务，或是支配别人做工的人，统统属于这一阶层，也就是工人所攻击的对象。

昆厂总经理在公开的集会上，曾经提出全厂的人员是一家，所以职员和工人不过是职务上的分野，在工作以外彼此一律平等，工人们认为总经理有这种热忱，可惜中下级职员没有听从总经理的倡导。没有事实作说明，仅仅在口头上说职工一体，反而更引起工人们的自觉。我听了工人们的种种批评，还疑心是一部分初来厂的工人，不明白厂中底细，方有这种不着边际的看法，后来几位到厂最久的朋友，也居然异口同辞说这个厂里职工之间有一条鸿沟，而且越分越大，在另外一个个厂的通讯上，我也看到这类呼声，希望职员和工人不要划分界线，应该赶快彼此携起手来。

究其实，职员和工人在厂内的分化也不仅仅是一个看法，一半也有事实做根据。例如所有职员的米贴是按家属人口做比例，工人有家属在厂的都只能多得五元，当然使工人觉得这是轻视他们了。再如职员宿舍一间间分隔，比较工人宿舍好，甚至职员和工人所佩戴的徽章不同，也曾惹起过工人的注意。

又有工人对我举出购买车票的故事，明明是职员后到，他们也要先伸出手去，抢得购票的优先权。再如医生的态度，以及职员对工人的直呼姓名，都会引起工人们的忿恨，认为这都是职员瞧不起工人的表征。因为这种种事实，以致职员平时对于工人的举动也引起了他们的疑心，一种过分自卑之感。譬如有个朋友说，在职员和工人单独交往的时候，职员还肯虚与周旋，一遇到另外一个职员到来，他就马上转过去和职员攀谈，舍工人而不顾。这个无形的界线已经划分开了，所以纵然外来技工本身还是内地工人羡慕的对象，而且工人的最高工资也比最低职员的薪水大，但工人和职员间的隔膜并不因此而有所掩蔽。

现在我们要问工厂的职员和工人之间能不能建树一种好的人事关系？我们知道从个别的人来看，工人们对某几个职员还有好感，例如总经理因为把他自己住的房子让给职工进益会，和某厂长对工人扶病问伤，俱曾得到工人的爱戴。为什么把职员当做一个团体的时候，就受到工人们一致的攻击？据我们看这是由于工人与职员之间已经先存了一种成见，多数的职员觉得工人知识程度差，行为粗暴，工人又觉得职员高傲，目无工人，加之彼此之间平时接近的机会少，有误解也无从解释。成见和误会加起来，就形成一种普遍的隔膜。

不论是从农村，从私人工厂，或从小型制造厂出来的工人，都还不习于这种新工业里面的人事管理，他们平时邻里往还，或师傅和徒弟相处，称兄道弟，在共事业的时候还夹杂着一种私人间的情谊，到了厂里，大家乃是在一种纯粹职务关系上活动，若是以过去所期望于家属所期望于师徒者期望于职员，自然要大失所望了。我们曾经提到有的职员督促工人，好像不高兴开口，只是用手一挥。还有厂长，组长，工程师等往往直接干预工人的事，发命令指挥他们，好像都是要发展他们个人的权威。诸如此类的例子，我们实不容否认在职员当中无形间要发挥自尊之感者实大有其人，厂中有两位先生就对我讲，对付工人不能讲礼貌和劝告，只有以强力约束，如或有越轨行动，即以武力从事惩处。我有位同学刚到昆厂作事一年，他就认为我们所谓提高劳工的社会地位没有多大理由，他引"唯女子与小人为难养也"做根据，说工人就是"小人"，把他们看得太像人，他们反而会不安分不讲礼。

原因也很简单。工厂的职员大多受过中等以上学校的教育，尤其是在工作场内和工人发生接触的人，他们有的在大学毕业之后还留学欧美，多少见过别国的工业情形，他们回到自己国内的工厂，未尝不想把国外的一套制度全盘的搬回来，他们对于工程技术，可能学得很精通，对于人事管理却可能是外行，所以有意无意之间忽略了我们自己的环境，以及我们工人的出身和心理。他们也许觉得和工人不应该有私人关系，这样可以避免徇私的嫌疑，偏偏我们的工人都是出身旧的社会，只惯于在一套私人关系上讨生活。在昆厂的管理员当中刚巧就有相反的例子可以证明这个抵触。一个工人出身的管理员，工人认为他的经验宏富，待人和蔼可亲，常和工人往来，懂得下级干部的心理，所有很得工人的欢心。另一个从学校出身的管理员，反而不受工人欢迎，好多工人说他经验不够，只是一点从书本上学来的知识，又大模大样，仿佛不屑于和工人多来往。可是厂里面的负责人觉得这个人正直不阿，是实行工业标准化的好干部，前一个管理员带点江湖习气，有挟工人以自重的嫌疑。由这一点我们就不难看出工人的希望和厂中的计划是在什么地方相左了。

工厂负责人对于这两个管理员所持的态度正是值得我们注意的一个焦点，因为从工人起身的管理员与工厂里中上级的技术干部并不是从一个社会系统里出来的，上面已经提到这个技术干部都是大中学生留学生，非正统出身的人不能见好于这种团体，正是工人和职员两不相容的又一例证。最基本的原因是我们社会里已经有一个劳心和劳力的分野，"劳心者治人，劳力者治于人"。职员是所谓长衫阶级，代表劳心的一面，工人没受过教育，是靠体力谋生的粗人，代表了劳力的一面。所以前面提到过的那个监工因为工人的名义不好听，就情愿自己家里贴钱来升他做职员，升了职员就算晋了一个社会等级，比较有光荣，有光荣才有出路。我们的社会阶梯是由仕途入宦途，升官和发财是一套连环。所以从身份、等级和出路去看，职员总要比工人高出一等，在这个社会环境里职员看不起工人，工人对于职员由羡生忌，也正是情理之常。唯其如此，才有职员说工人是小人不可以理喻，才有厂医对职员另眼相看，才有管理员看见工人手指被切断还说不关重要，两种不同等级的人聚在一起，在上的一层忽略了在下一层的幸福和痛苦，好恶和荣辱，正是社会上常有的事。

在这种风气之下，也难怪工人里面自己划分阶级，技工和帮工小工也不过是一种技术之差，可是技工在任何方面都要表示高出别的工人一等，所以在厂内也很少有技工和帮工小工们的往来的。他们甚至说小工们一生也不会有出息，有时还命令他们为自己做杂事。从心理上看，一个人对于在他上面的过分的自卑，对于在他下层的一定会有过分的优越之感。技工之歧视帮工小工正与职员之歧视工人同。

在这种风气之下，厂中负技术管理的人员自然不愿意和工人发生关系，以免降低了自己的身价，降低了身价，就没法执行管理权威。在极端重视身份的一个社会，职员们要持这种态度，也是无可厚非的事。所不幸的，是这种态度带进了工厂，可以成为从农业过渡到工业的一个大障碍，除非我们工厂里面负管理责任的中上级干部抱定主张，拿出眼光来，一扫这种成见，以生产为前提，把工人看作一体，对他们求了解具同情，才可以开拓一种新的风气。否则在我们工业建设当中，在劳工的因素上，这个问题将比人力供给更为严重。

三　工人眼中的国营工厂

工人和厂员的对立，也是工人误解了整个工厂的一个表现，工人总觉他们自己和工厂休戚无关，只有主持工厂、管理工厂的职员才是工厂的主体，工厂里面的法规不过是为他们并由他们定的。所以国营工厂在许多工人眼中看来，不过是许多政府机关中的一个，有的工人就从人事关系上指责它。

正当中秋季节我和厂中一群工友闲逛新街子，沿街看到许多人争购应节的物品，节令惊心，不禁引起了那个浦东工友的感慨。他说想起当年在上海某家私人厂做工，每逢节期，老板总是备酒席糕点大赏工人，经理和工程师也过来和工友们握握手拍拍肩膊，说一番客气话，工人听了满开心，在公家厂做事，就莫希望有这种口福。当我提出这是私人厂家一套假的面具故意用来牢笼工人之后，28 号的工友就连忙插嘴解释，说他们也何尝不知道那是一种假的，不过假的客气也比不理会工人好得多。他又凭他过去的经验，把工人的脾气比作小孩，只要在一些小地方使他们得到安慰，就可以买着他们的心，不致于时常闹脾气。

同样，我在许多老师傅的谈话里面，发现他们爱提到"我的先生"和"我的老上司"的，多半是私人工厂出身的工人。他们有的是原厂关了门由他们的老上司介绍到昆厂，有的是离开了原厂和原来厂里的先生还有信札往来，没有断绝联络。昆厂从上海招来的工友当中就有许多人的汇款，是托由他们的老上司转交家庭的，不管这些转手之间，会不会有什么条件，至少可见工人与原来的职员先生还有密切的关联。

30 号的浙江朋友，曾在汉口某私人工厂继续做过八年工，当日的生活，他至今还念念不舍。那里工人人数少，先生和工人共食堂，大家吃一样的伙食，老板来了客人另外加点菜，工人们也同样享到口福。从上海某铁厂转来一群工友盛赞他们的老工程师不拘形迹，因为他是工头出身，所以知道工人们的甘苦，有时游玩到工人们的家里来，也和他们同饮一场，好像家人父子一样的。公家厂的职员都是学校出身，就绝不会和工人这样亲密。有位朋友说的更出奇，同是接受一样东西，在私人厂里你会感到更痛快更舒服。

由于他们把国营工厂和私人工厂在人事关系上做了一个对照，所以大家就归纳出来国营工厂的职员多少有点官僚味，他们认为对工人客气有礼，没有什么职员工人之分，是私人厂的特色，公家厂只会讲形式，打官腔，摆架子。因此就说某股长对工人板起面孔，说话时总是带着命令式的口气，处处拿着上司的威风，动口就指责违犯厂规，某工人对职员无礼，如此等类的事，完全是一套官僚气派。

说来所谓官僚气，所指的也很广泛，自从某位学者到昆厂来演讲，指出国营工厂最忌官僚气习以后，这个名词就越发成了工人们的口头禅了。于是举凡职员们正言厉色，援引法规来说话，召集大会，来一套冠冕堂皇不切工人心理的演辞，张贴布告训诫工人，遇事要用文件签呈转辗呈阅批示，甚至甲乙两组借用机器，也要凭字据打条，以及麻烦的办事手续，森严的门卫，举凡为工人们所不习闻所不了解的，他们都算是官僚化的习气与办法。工人且①认为在官僚化的机构和人事之下，工作松懈，效率低落，耗损材料，重形式而轻实际，又是公家工厂具有的特色。

工人于是更进而把工厂办事手续迂回，效率低，大家不爱惜公物作为国营工厂富有官僚气的一些证据。他们常举出厂方为工人做工衣借款子的迁延时日的事。某个工作间的一些朋友，说是为厂里交涉工衣，不知费了多少气力。起初是要求管理员转告工程师，然后由工程师呈厂长，厂长再呈总经理，总经理批准之后又交由事务课，事务课再派人到城里去找成衣店，来厂量衣服尺码。他们当时说气话，要是在上海，恐怕新衣服已经穿到半旧呢。说到借款子他们也认为他们原来的私人厂家最迅速，要是一答应借给工人款项，工程师和厂长便可从身上搜钱交给工人，不像公家厂又要从管理员，工程师，厂长上到总经理，再由总经理下到会计课出纳课，再通知工人去领款。在工场里面，公家厂里的管理人员不看生活，只要你很正经的坐在位子上，厂方就认为你是好工人，公家厂的职员，做出来的事情少，对于材料也不爱惜，反正是公家的，东西做错了就马上换掉，毫无吝惜的心思。

工人们的批评我们当然不能说完全是偏见。就是昆厂总经理有一次就在集会上指责一些职员不尽责，下班的钟声一响，就有人已经把脚跨出了办公厅，我曾经和我厂中一个老同学提起工厂中的效率问题，他也老实对我说在公家厂里做事的人总不免有不尽责不爱惜公物的份子。还有那次昆厂被敌机轰炸，有一部份工人和职员奋勇的奔回来救火，总经理也在场指挥，事后就有工人谈起这件大事，认为昆厂里上下两级干部都还能尽责，只有中级干部比起来未免有点逊色。他们内中有人还说到某位职员在当时因私忘公的事实。那一次罢工案发生了，适逢高级职员不在厂，是经有人去告诉一个课长说，事情闹的很僵，希望他出来调停一下，那位课长就一口拒绝了，说他听到"技工"就头痛，那是人事课的事，他绝对不预闻。

① "且"，原文如此，疑为"但"字之误。——编者注

几位朋友就说这位先生真是荒唐，要是他们把公家事情看成自己的事，再也不会有这种作风。还有一些老工友说出昆厂以外的事，认为国营工厂寿命不长久，尤其是从几个兵工厂出来的朋友，没有那一个不说他们的原厂爱闹派别，各引私人勾心斗角。

持这种见解的工人，有的过去是在私人的小型工厂做过工，过惯了小的团体生活。甚至他们没曾脱离旧式手工业的组织，东家和师傅徒弟混在一个小范围，厂主的下面就是工人，没有昆厂这许多级层和部门。一类纵横交错的组织，自然是工人们所不了解也是他们所看不惯的一点。另外一些工人，在上海无锡武汉一带国营企业做过工，亲自见过那些工厂的官僚习气和窳败情形，因而认为现在国营工厂也脱不了这个窠臼。这也难怪，这帮辗转大江上下的技工半世生涯，岂非我们初期民族工业兴衰起伏的缩影？

而另外一些朋友，尤其是内地工人，却切切实实的把国营工厂当作了一个公共衙门，并不把它作为一种企业看待。认为这种工厂并不是为营利而设的。即或赚了钱，也不过是饱官家的私囊。工厂是由政府支持，所以在这里做事，可以张声势，增地位，避兵役，这里面的职员就是吏胥。有个逃兵出来的小工，本来为了工资太少想跳厂，已经接洽了两处，工资都比他在昆厂所得多，所令他犹豫的，两处都属私人企业。考虑的结果，还是留在昆厂为上策。第一是私人工厂保障力量赶不上国营厂，他是逃兵，万一生了意外，私人工厂抵挡不住。第二是私人工厂太计较利润，若是厂里亏了本就会马上裁减工人，国营工厂反正不在乎赢利，所以不致轻易裁人。第三是国营工厂督工不及私人工厂严厉，私人工厂老板先生和工人在一起周旋，个人不好意思偷闲，也不能偷闲。国营厂的管理对工人管理是出于被动，只要让他们对上面敷衍得过去，他们就乐得对工人市人情。

国营工厂在工人眼中着上了这种色彩，当然一部份是由于他们教育程度低，加之为他们过去的一些见闻所蒙蔽，不懂国营企业的原则。另外也得怪我们过去工业建设未曾为今日的企业树起来好榜样，所以令工人们提起国营企业就灰心。再还有我们当前的国营企业还缺乏一个好的表现，例如上面所述工人的种种批评，自不致完全是向壁虚造。我们已经提到昆厂还是在国营工厂里面享有很高令名的一个，昆厂职员尚且难免有这类行为可以訾议，其他不及昆厂的国营工厂将怎样可以正工人视听，使工人热情奋发，黾勉从公呢？工人们的士气隳颓，效率低落，真是有很深远的原因在，而工人的来源，战事的影响。至多也只能负一部份的责任。

四　工人舆论

看了工人与职员的对立，和工人对于国营工厂的种种评论，我们马上想到要是工人们的看法和意见形成功了一种舆论，也很可以供厂里负责人的采择和反省，对于劳工人事上的处置，厂务的改革，职工隔膜的消除未始不大有裨益，为什么他们这种表示就不会发生舆论上的效力？我们又看了工人为私人气愤，为茶水木屑的细事闹纠纷，工人没有任何自动的组织，更没有人提到团体交涉的事，更令人怀疑，从现在工人的态度和他们在共同生活的表现上看，又是否有办法表现他们的舆论？我们再看，厂里面已经有了各种福利设施，都不必工人自己要求倡导，厂中会自动的创设，甚至一些改进工作，因为做得太快，已经超出了工人所能领受的程度，以致在实施上碰到不少的难题。这使我们十分信任厂方确有改进的决心，有这种决心就会提倡舆论接受批评。事实上我们也亲自听到昆厂总经理向工人征求意见，并常找机会在公开的场合要工人表示观感，可是在工人方面所引起的反应就很少。因而使我们觉得这种片面的倡导，未得到大家的自动而诚恳的合作，尤其没有一个有效的表现方式，是不是会徒劳？

为了要留心这类情节，我们特别注意到厂内工人传连意见的方式，和工人自己对于舆论所持的见解。首先引起我的警觉的还是那个挂在人行道旁的一个油漆斑斓的意见箱，当我们第一次进厂参观，它就引起了我们的兴趣，可是经过当事人指点之后，就知道肯利用意见箱的工人并不多。到后来我看到厂中时起风波，喜欢闹事的工人吹求厂中弊病，莫不现得理直气壮，振振有词，仿佛是受尽了冤屈，大有更仆难数之概，比较沉潜一点的朋友，当其指陈利弊，披露得失的时候，也大有痛恨正言确①论不见容于厂当局的神气。厂方既有容纳工人意见的设施，工人们也有发表意见的冲动，为什么这些工人不肯把自己的意见写出来投入箱里以供厂方的探纳呢？我心中既是发生这样的疑惑，所以每当工人在我的面前发牢骚的时候，就要问他们为什么不肯利用意见箱去发表意见呢？

---

①　此处字迹不清，猜测为"确"字。——编者注

有人说意见箱不过是一种点缀品，投了意见进去，也不会发生什么效力，又何必多此一举。有的说意见投得不好，厂方会说工人没知识，投入的意见毫无价值，投得对，难免是指责厂方的缺点，就少不了要招上司的忌妒，纵然当时不把你怎么样，日后一有了事情发生，厂方就会借题发挥，还是该你自食其果。另外有一些朋友说投意见去告诉的人，也就是我们不满意的一帮人，岂不是自讨没趣。诸如此类的答复，更是使我们对于厂中意见箱的功用发生一种莫名其妙的感触了。

在昆厂历来投意见箱的人当中，最驰名的要算一个署名"为公"的小职员，他曾经为职工一体，米贴平等，饭后休息，这三件事做过建议，可是这位先生性子耿介，平时不太和上司处得来，有一次竟因为和一位工程师闹气出厂，遂有人疑心到"意见箱"，有人还把这件事当做一警戒，认为职员尚且如此，工人更何苦呢。

有位朋友亲自告诉我，他自己就上过"意见箱"的当，就是他对于厂方的某一项设施曾经有点指责，过了几天一位管理员就很关心的告诉他，最好下次不要多说。因为工人所投的意见多是关于工人的切身问题，所以意见箱尽管是高级职员开，但为了对付工人所提出的意见，少不了要送给工人们的直接上司处理，而受指责的就是这些人，上司如或心情稍欠旷达，而认为投意见类似工人告密，自不免要生不快之感了。所以那位40号绍兴朋友，凭他一年多的观察，指出肯投意见的不外三种人。第一种是初来的工人，不明此中究竟，带着一股热心所以才肯投；第二种是要出厂的工人，平日满腹牢骚未便发泄，所以于临走之际，求个一吐为快；第三种是厂中亲信的人，他们地位较好，敢于说话，这种当然是以职员为多。那么工人舆情不能上达，实不难由此窥其梗概了。

然而，陈述工人舆情，意见箱不过是许多方式当中的一种，还有个别去口头陈述，公共集会中的公开讨论，也有工人发表意见的机会。可是正如同他们不肯多投意见的心理，在非正式场合之下有起事来，许多人会满口牢骚滔滔不绝，一临严正的局面，要他们出来发言的时候，就又畏缩不前了。据说以前有某处派人来厂视察，曾经开过一次谈话会，职工一齐出席，结果还是以训话式终。在一次临时集会上，我也亲自见总经理报告之后，问工人有不有人上去发言，竟无一人出来应声。事后朋友对我说，当场讲话，比较意见箱尤为困难，最怕的是同事会指责你出风头，或认为你也是一个工人，会有什么高明之见。其次是怕职员先生们瞧不起，再其次也怕招致怨尤，因为一般的职员总会觉好说话的人，一定肯闹事，闹事就不是安分守己的工人。

所以我们看出厂中负责人确有接受批评的决心，工人也有意见要发表，只是在工人方面没有任何一个团体组织，只靠同乡和过去同事或师兄弟的关系挟私泄愤，没有养成尊重个人意见的习惯。例如以两三工人的意见就决定罢工，这怎样可以形成一种集体自治的功能？其次从乡间来的帮工和小工根本就没有当着众人发表各人意见公开维护一个团体利益的习惯，受了别人不公平的待遇，不是驯羊似的低下头来，一声不响的忍受；就是辗转贿托私人暗地里讲面子说人情。何况他们教育程度低，自己不能把意见很扼要而具体的传达出来，他们在工厂里面总感到无一是处，也许是在工作上受了委屈，不知不觉间跑到饭堂里去发泄。再其次，工人既把职员看做了另外一个阶层的人，认为他们是代表着厂方的利益，并具有很厚的官僚气味，那末处在他们下层的人，怎好向他们公开作批评。工人很明白，应受指责的就是有权力处置他们的上司，由工人看来厂里管理他们的人并不是公家的雇员，而是他们的上司，他们的主人，站在仆役地位的人怎好公开当他们下评语？从乡间来厂的工人当然更领略过我们旧社会里的权力作用，试问有什么老百姓对于他们的乡镇长、县长，敢作不平的申诉？现在他们虽则进了工厂做新工人，又怎么知道新工业和旧社会是另一套体统呢？

第十章　劳工的安定性

到班与缺勤——劳工流动率——退厂与移业

就上面各章看来，有的工人走进工厂是出于偶然，或者是受了某种逼迫，出于被动。因是大多数在厂的人，出自不同的背境，带着不同的希望，与工厂的安排和生活上的设备并没有作适当的配合。战时社会的不安，生活上的烦闷，以及工作的实际情形和他们原来所想望的并不是一回事。满腹不平之气，又没有适当的场合申诉发泄，这一切已经很足以构成他们不安的因素了。再加之劳工缺乏，引诱重重，更会叫他们见异思迁。这种种浮动的趋势，在以上各章里早已现出了形迹，本章就是要对于工人的安定性作一个具体的归纳。

不过劳工安定性应该不限于劳工的往来流动，旷工请假是不安于工作，五日京兆，出此厂入彼厂，是不安于一定的工厂，若是出厂之后，不再进别的工厂，中途转变行业的，则是不安心于工业。所以本章将按照这三个层次，依次叙述。

一　到班与缺勤

工人是不是安心做工，一个最具体的表现，就是看厂里关于工人的缺勤记录。昆厂工人上班下班是用打卡片的办法，每个工人都有一张到工的卡片，上面印有各人的姓名和工号，每次进场都要在门口打卡片的机器上打上到班的时刻。除开到时下班的工人而外，早退的人也须打卡出场，考核股即用这种卡片和工人所请事假和病假的记录，算出各个工人在一月之内请假旷工及实际工作时间，以为会计课计算工资的根据。所以这些项目，在会计课的工资单上，可以一目了然，下面表中所列在厂工人数与实际做工人数的百分比，就是从丙分厂的工资单上计算出来的。

在利用工资单上的记录，来计算某一月内实际做工人数对在厂工人数百分比时，首先要看多少工人做满全月，另外看月中入厂及退厂的工人，实际在厂里做过多少天的工，折合成做满全月的人数，再与前一项的人数相加，就得全月在厂的工人数。

再其次是把旷工，病假及事假的时数分别加起来，用每个人在全月之内额定工作时数来除这个数目，就得出实在减去的工作实力。从在厂工人数扣除这个减低的实力，就得出全月做工的人数了。以全月在厂人数除全月做工的人数，得出来的百分比，就可以表示出全厂工人工作安定性的高低。譬如说表中在厂技工数与做工的技工数之百分比总数为93，就是表示100个技工，在全月以内只有93人到班。

像这样算出来的百分数，我们没有其他材料来作比较，所以还不能评定其高低。本来任何一个工厂的工人因事因病请假或无故旷工的事多少是难于避免的。不过可因厂风的不同，缺勤的方式和次数可以发生参差出入，若果不问各厂考勤方式，考核人员的宽严，单以这种百分数来评定优劣，就未免要失之武断。

假设两个不同的工厂于此，一个厂规则紧严，考核认真；另一个松懈怠忽，工人出入任便，到班与否无人察觉，则前一个工厂工人缺勤数字很可比后一个工厂的高，我们这个时候当然不能以数字来论优劣。从某省立兵工厂出来的帮工老魏，在昆厂里面还是旧习未改，三天就有两天不到工，请假旷工过多，工资扣了不算，还要受上司警告，求厂方宽容。原来他过去在那个兵工厂里，不高兴进厂可以请同伴代挂工牌，进了厂也很逍遥自在，可以自己做点私活，到月底还是照样领全月的工资。因此在他的眼光看来，昆厂未免过于严格。那末我们若果用现成的记录来比较这两厂的工人缺勤情形，那岂非太冤屈了昆厂工人？

就是在同一个厂里，工人在缺勤上面也可以因其在厂中的地位及个人的人缘不同，来决定他们有不有偷闲取巧的机会。昆厂有个技工本来在一个月内有二十多天没有缺过一次勤，一到月终就可以拿两天双薪。不幸月底他生了一场病，若果是把病假一请，不唯双薪领不到，而工资改作保健金，比工资要少百分之三十，里外相加十多元的收支就决于这一天的工夫上面。幸赖同组的朋友为他想办法，他上半天抱病入场，大家让他在旁边静坐；下半天不去，由人代打到班的卡片。

还有因病请假须经厂中医师证明，否则为事假，不能得着保健金，则当工人的病症极其轻微，在可准与不可准之间的时候，如技工交涉能力较帮工小工为强，其请准病假的机会亦必较帮工小工为大了。我们若果拿全月在厂的技工人数和帮工小工的人数与他每月因病因事减去的实力数作个对比，似乎可以看得出技工的病假比例较高，而事假比例较低的趋势。

再就请假与旷工作一比较，就会发现旷工的人数极微，我想主要的原因，还是由于事假易请。按我住的那间工人宿舍里面的事实来说，就见过有人头一夜打了牌，第二天只把告假的事拜托旁人，自己就蒙起头来睡觉的。也有工人星期天进城之后，数日不归，事后托人代行请假的事。有一次某位帮工看了他的仇人常托人补假，就私向一位管理人员建议取消这种办法。事后就惹起了许多人的公忿。因为这样一来，许多事假就要变成旷工，得受扣除工资的处分了。

旷工和请假所以要受不同的处分，主要的理由当然是事先请假，可以使管理人员对于工作安排先有把握，不致因临时工人出缺，使一部机器陷于停顿，而影响全部的生产程序。无奈初自乡间来的工人虽日居工厂之中，不懂得人力与机器配合的道理，故一闻有人建议取消补假即认为是过于苛刻，这与以前我们说的工人怨恨厂方严计时刻是出于同一心理。何况从乡间出来的人，根本缺乏时间概念，起居作息都是随工作的需要为转移，许多活动只是受习惯的支配。有规律的配合，当然会使他们认为太刻划太拘束了。

表十五　工人缺勤统计①

月份	(1) 工资单上的人数		(2) 折合成做满全月人数		(3) 因病假减低的做工人数		(4) 因事假减低的做工人数		(5) 因旷工减低的做工人数		(6) 实际做工人数		百分数 (6)／(2)	
	技工	非技工	技工	非技工	技工	非技工	技工	非技工	技工	非技工	技工	非技工	技工	非技工
一月	37	18	29.8	12.3	0.8	——	1.3	1.2	——	——	27.7	11.1	92.9	50.2
二月	41	32	38.4	17.6	0.4	——	0.9	3.0	——	——	37.1	14.6	96.6	82.9
三月	56	30	46.2	25.7	0.6	0.1	1.9	0.8	——	——	43.7	24.9	94.5	96.8

---

① 1946 年商务印书馆版在总计百分数"技工"一栏写的是 953.5，但计算后应为 653.5。其他一些数据也存在计算不准确的情况。在整理过程中出于保持文献原貌的考虑，并未修改。——编者注

月份	(1) 工资单上的人数		(2) 折合成做满全月人数		(3) 因病假减低的做工人数		(4) 因事假减低的做工人数		(5) 因旷工减低的做工人数		(6) 实际做工人数		百分数 (6)／(2)	
	技工	非技工	技工	非技工	技工	非技工	技工	非技工	技工	非技工	技工	非技工	技工	非技工
四月	60	36	54.2	31.4	1.5	0.2	1.0	1.0	0.1	——	51.6	30.2	95.2	95.8
五月	72	49	64.7	41.0	1.7	1.1	1.4	2.6	——	——	61.6	37.3	95.1	90.3
六月	76	54	67.5	59.9	2.9	1.0	4.8	0.3	——	——	59.8	57.6	88.5	96.2
七月	86	56	78.8	49.8	1.7	0.0	5.4	3.5	0.2	——	71.5	46.1	90.7	92.5
总计	428	275	379.6	237.9	9.6	2.4	16.7	13.4	0.3	——	353.0	221.7	953.5	645.8
平均	61	39.3	54.2	33.9	1.4	0.34	2.4	1.92	0.3/7	——	50.4	31.6	93.3	92.2

二 劳工流动率

上节所说的到班与缺勤的情形，其实也就是劳工流动的初步表现。第一，工人或者并无退厂之心，但因健康欠佳或惰性太大，因而常常发生旷工请假的事，为厂里规则所不容，以致引起停雇和开革的处分。第二是工人因为某种社会原因，或对厂方发生不满，心萌去厂之念，在这个犹豫期间，无论是为接洽别处的职务或为工作兴趣锐减，都会使缺勤的次数加多。是以工人缺勤记录不独为劳工流动的内在因子之一，亦是工人流动的一种征象了。

关于工人的流动统计，我们是以工资表上的记录做根据，我所得来的材料是自二十九年一月开始的。下表中工人流动率的计算，在方法上大致是以 Yoder 氏所著 *Labor Economic and Labor Problem* 一书第五章中的例子做根据。不过因为工人退厂的方式，在所有的记录当中都相当含混，故在离厂率一项里，未能把辞职、停雇和开革的原因详细分开。不过就我在厂时所知道的情形来说，有因两年劳动契约未满，想自动辞职，唯恐厂方不允，而故意闹乱子让厂方开除的；也有本无契约规定，不得厂方同意强行退厂，而应开除之名的；另外还听说有几个工人退厂是得了厂方职员暗示，先行辞职的；至于一群不经正式手续迳行卷着行李潜逃的工人，在昆厂是归于那一类的退厂方式，我更不明白。所以我觉得与其细分而不一定确切，反以不必细分之为愈。

按劳工流动的意义，是在测量某个时期以内，一个工厂要雇用多少工人，才可以维持一定数量的工作人力，换言之，就是在计算在某个时期内，要使某种工作继续不断，平均需要雇用多少次工人。所以当一个工厂所需要的劳力递减时，退厂工人必比就职工人多，有一部份退厂工人是受了裁员的影响，用不着再雇人来填补，只有需要填补的人数，才可以归入劳工流动之列。在这个情形下，应以工人就职率为劳工流动率。反之，在工厂所需要的劳力递增时，退厂工人必比就职的工人为少，新来的工人，一部是应厂中扩充的需要，一部是填补了退厂工人的空额，所以在这里，应以工人退厂率为工人流动率。昆厂既是在扩张期间，工人退厂率比较就职率为低，故其工人退厂率，即为工人流动率。

表十六　工人流动率①

月份	(1) 全月应有工作实力平均		(2) 全月以内就职工人总数		(3) 全月以内离厂工人总数		(4) 工人就职率 (2)÷(1) 100		(5) 工人离厂率 (3)÷(1) 100		工人流动率	
	技工	非技工	技工	非技工	技工	非技工	技工	非技工	技工	非技工	技工	非技工
一月	29.8	12.3	10	12	4	6	33.6	97.5	13.4	48.7	13.4	48.7
二月	38.4	17.6	8	15	5	6	20.8	85.2	13.0	34.0	13.0	34.0
三月	46.2	25.7	21	8	5	2	45.4	31.1	10.8	7.8	10.8	7.8
四月	54.2	31.4	8	7	4	3	14.8	22.2	7.8	9.5	7.3	9.5
五月	64.7	41.0	16	19	7	3	24.7	46.3	10.8	7.3	10.8	7.8
六月	67.5	50.4	7	9	5	3	10.4	17.8	7.4	5.9	7.4	5.9
七月	78.8	49.8	17	5	8	6	21.6	10.0	10.1	12.1	10.1	12.1
总计	379.6	227.7	87	75	38	29	171.3	310.1	72.8	125.3	72.8	125.8
平均	54.2	32.6	12.4	10.7	5.4	4.1	24.5	44.3	10.4	17.9	10.4	17.9

这样得来的结果，技工每月流动率约为百分之十，帮工和小工约为百分之十七，那就是说技术工人平均一百个当中每月要调换十个，帮工和小工平均一百个工人每月要调换十七人。我充分承认我所搜集的材料还不够，这里的计算是只限于丙厂的工资单上的工人。人数太少，则一个工人

---

① 1946 年商务印书馆版该表中一些数据存在计算不准确的情况。在整理过程中，出于保持文献原貌的考虑，并未修改。——编者注

的去就在全部的百分比上所估的成分就很有可观了，故前两个月的小工流动率达到百分之三十以上，未始不是由于这个原因。

不过在这一部份的统计数字而外，凭我在厂中一般的观察和昆厂管理人员的意见，帮工和小工的流动，的确是比较技工为高，在技工方面固然也有出出进进的事，但总不及帮工和小工们大批的去来。据一位考核股长和两个宿舍管理员的估计，及许多工人们自己的见解，是帮工的流动大于技工，小工的流动大于帮工。我在打算离开昆厂的时候，还和那位小工宿舍的管理员谈起这件事，他就报告我在九月底小工宿舍约有小工一百四十个，到十月初跑的只剩下九十多人，流动率几及百分之五十。故无论从计算或估计，分厂或全厂，帮工和小工的流动要比技工高，就是在退厂工人继续工作期限表中，也可以给我们一个同样的例证。我们看退厂工人的在厂期限，未曾作满六个月即行退出工厂的技工，约为所有退厂技工的半数，而所有退厂的帮工和小工，竟无一人做满半年。这种比较当然不是证明全厂所有的帮工和小工没有一个是做过半年以上的，不过两类工人流动的快慢程度，至少也可以从这张表里得一个更清楚的辨别。

帮工和小工的流动率为什么会比技工大？要寻索这里面的主要原因，恐怕还要回溯到本书一开始所讨论的工人来源技工内移和劳力脱化的情形。在分析促成内地工人入厂的原因的时候，我于指出四个大的因素之后，就曾经说过内地工人很少是原来就打算长久在新式工厂里面讨生活的。在劳力蜕化过程当中，他们正处于选择与淘汰的边界上，心思还很游移，假如他们原来的社会压力一去，他们会很快的走出工厂。所以他们比那些技术已经进入熟练阶段的工人，更多一层动摇的倾向。另在论"做工"那一章里，我也指出内地工人大多是做的粗杂活计，一小部份是看管不大多费技巧的机器，所以工作兴趣不能提高。有的人还抱着一种旧式手工业的观念，想学一点可以独立自主的手艺，以便自己去单独制造，或做有流动性的匠人，所以认为昆厂的练习本不合乎他们原来的愿望。加之技术工作有外来的技工高高在上，技工训练又有青年学徒，所以他们会觉得没有前途而灰心，也是他们不安于工厂的一个原因。

还有从上面几个人的口头报告，和我九十月间在厂中的实际观察，这时期内地工人退厂的情形似乎远比前几个月来得严重。可能是由于农忙期间，一部份要暂时回家种田地，一部份是因农村人力的需要一时扩大，有些人要贪图一点便利暂时去作了厂外的散工。我希望以后再有机会去搜集更充分的材料,以便将来在劳工流动的季节变化上,可作一个更肯定的说明。

内地帮工和小工虽比外来厂工流动为大,当然并不足以证明外来工人的安定,在表里我们可以看出他们七个月的平均流动率也超过了百分之十。技工退厂的原因和内地工人不同的地方,是他们对于做工的本身并没有什么厌恶,只是个人在后方工作,心情急躁,生活不安,平时已经是无可奈何,而对厂内负责人又没有什么情感上的维系,所以在厂内一感到不痛快,他们就赌气退工。好在技工缺乏,当时他们是绝对不致忧虑失业的。

表十七　退厂工人在厂持久期限

	技工			非技工		
	人数	累积人数	年内累积百分数	人数	累积人数	年内累积百分数
周:						
一星期	1	1		2	2	
二星期	2	3		2	4	
三星期	2	5		1	5	
四星期	2	7		6	11	
月:						
一个月	7	7		11	11	
二个月	6	13		4	15	
三个月	2	15	44%	27	22	75%
四个月	4	19		4	26	
五个月	2	21		2	28	
六个月	——	21	61%	1	29	100%
七个月	3	24		——	29	
八个月	——	24		——	29	
九个月	2	26	76%	——	29	
十个月	6	32		——	29	
十一个月	——	32		——	29	
十二个月	2	34	100%	——	29	
年:						
不满一年	34	34			29	
一年以上 (不满两年)	4	38		——	——	
总人数		38		29	29	

我每每询问厂里负责人员对于工人流动的意见，他们总是说这群人是唯利是图，除了想多得一点工资而外，就没有第二个目的。但在工人方面大多抱着相反的见解，认为工资的多少还属次要，最要紧的是得一种精神上的痛快，他们还指出某些朋友退厂的原因作证明。他们所谓的精神痛快，包括的事项却相当复难，工人彼此之间工资上的出入，职员和工人米贴的参差，固然可以引起工人们不快之感。就是在工作上没有机会让工人发表意见，或不能做自己所要做的工，甚至对于饮食，起居和娱乐感到不满，或从职员的语言态度上发生出来的枝节，都足以激起工人们退厂的决心。工人们承认，他们里面有些人好凭意气用事，就是事情没有着落，也往往斗气出厂。28号的技工为330号的同事升成领班工人，已经有点不服气，后来和上司翻了脸，就一气而去四川。我们为他把川资及所牺牲的工资和奖金计算在一起，至少要吃五百元的眼前亏，他自己也明白此中利害，但终因一股傲气，不肯接受朋友们的忠言。

管理人员既认为增加工资是工人们唯一的愿望，所以他们会以为工人的任何动摇现象，都是由于工资问题而起。举凡工人在工资之外所作的种种表示，都无非是一种设辞。如是物质报酬在这些职员的心目当中，差不多成了维系工人的唯一无二的工具。他们若是觉得厂中的工资标准已经相当的高，就满以为工人必然会安于本分，不须乎用什么感情来维系工人。反之，若是认为某些工人的工资已达相当限度，无法再望提高，即或这些人要求退厂，也没有任何办法可以挽留了。所以不论这些先生抱那一种看法，都足以使他们忽视工人们的心理或精神因素。

在我们建设新工业的过程当中，正得要用一套新的人事关系，承继过去旧的传统，若是把工人只看作一个简单而纯粹的经济人，实在是一个很大的错误。我们都知道工人也是和我们一样有是非观念，有感情，有血性的人。他们在社会里面，决不为了经济的动机而抹煞一切，他们也要获得别人的尊敬和赏识，工资引诱绝不是劳工流动的唯一解释。何况在我们这个社会变迁之交，工人当中份子复杂，来深分歧[①]，各个人心目中的社会价值更没有一个共同的标准，在这个时期，每个人都找不到他自己的适当地位。所以我们负责工业建设的领袖，在这个大混乱当中，物质的凭藉既不雄厚，更不能单靠工资来吸引工人，也不必把工人当作唯利是图的小人

---

① "来深分歧"，原文如此。——编者注

看待。应该从各方面来激发工人的热情，安定他们的生活，不使他们觉得在这个大转变中终日岌岌，若失若丧。如能做到这一步，则于稳定劳工，比之仅从经济着眼是一定要见效得多的。

三　退厂与移业

我们若果以一个工厂为范围，来看工人流动，当然是绝对的有害无益，在一节我已经略微提到了。若是从整个内地人力着眼，则工人在工厂之间转来转去，工厂所蒙受的损失还只在一进一出之间，一厂失了熟练工人，他厂得着锻炼干部。劳工的竞夺，只要是限于移来转去，则在内地人力的总量上还算是没有亏损，只是在流动过程当中和生产效率上造成了莫可弥补的损失而已。现在我们如果再缩小一点范围，就内地工业建设来立论，倘发生流动的工人，不只是在流转而是在调换行业，则对于整个工业人力基础的培植，就不免是一种阻碍。所以在本节里，我将接着工人流动之后，来看工人退厂与移业的关系。

那些离开了昆厂的工人，以后从事于何种工作，我们的材料还很有限，未能把所有的工人去向逐一打听出来，在下一表①中所列举出来的例子，就是我在厂里从直接间接两方面访问出来的。我一共找出了四十个退厂的个案，其中有十三个是改了行，脱离了新工业的。其余二十七个虽则离开了昆厂，但是还留在新工业中。从这个数目上看去，似乎脱离新工业的人数在比例上还不算特别高。若是我把技工和帮工小工分别看待，情形就有点不同了。在二十六个技工当中就有五个改了行，按在这七个月中，全个丙分厂前前后后共有技工一一四个，退厂的人数共为三十八人。按照这个比例推算，三十八个退厂技工应有十一人转变行业，在一一四个人中约占百分之九，即在半年之内，有百分之九的技工改了行。我们应该记得技工是在新工业中已是历有年所②，大多是从外地原有工业中训练出来的干部，他们行业的转变，自然是新工业人力基础上的绝对损失。

丙分厂的帮工和小工七个月前后共八十一个，这时期以内退厂的共为二十九人。既是十四个退厂工人就有七个改行，依同样计算，在此期内改行的人数共为百分之十八，其比例不可谓不高。若是我知道这些退厂工人

---

① 原文如此，但本章下文已无表。——编者注
② "历有年所"，原文如此。——编者注

原来的职业状况，就更可以比较他们一进一出之间，究有多少原不是新工业中的份子，一下子又脱离了新工业。同时我们不要忘记，这些退出昆厂而尚未转业的工人，仍未达到职业的安定性，一定要追踪这些工人作个长期的记载，才可以明白培植新工业干部的全部过程当中，终究归于淘汰中人数比例有多高。

此外我们还要比较技工与帮工小工改变行业，不独在比例上有高下，在转换的性质上也大有出入。例如，五个移业的技工，除了一个做押运员，和一个做司机外，依然是开店子做包活，不过改变了他们个人的身份和地位。以前是做雇工为人作嫁，现在他们自己做了主人，我时常在昆明碰到这一类的朋友，每和他们谈起当前的事业，他们总是很高兴的畅谈他们自己的营业情形，有时还邀我去参观他们的工具店，很兴奋的为我解说。

在内地，原来一辈从上海一带退出来的技工，开始加入了新式工厂，到后来干得不高兴又退出来自己开店的人，究竟占多大的成分，我们还无从知道。不过看了工人平时对于大规模工业的批评和他们不安于那种生活而发出来的种种怨言，再证以现在他们移业的趋向，很可以知道小型工厂，私人店子或制造厂，在一辈工人心目中还很富吸力。我们无法比较私人开店子以后的利得，至少他们已经从工人变成了店主，不必再受别人的支配，不必再在大生产机构里埋没个性了。从这一点可以使我们回想，技工所以在厂感到无所归属，忌妒职员，对于工作好表示自信，还痛恨管理员不肯接收他们的意见等等，现在我们可以找出他们一部分正面的理由了。

至于那八个帮工和小工，则不但是改行，而且是转了职业。例如由一个工厂跳出当茶房，贩小菜，摆布摊赶街子，或者重返家乡，这一个转折之间，前后两种生涯真是如同隔世。为什么帮工和小工比较技工移业的人数多，我们又可以回溯到劳力入厂的动机，和内地工人初次入厂时所抱的工作态度。他们原来既未下决心当工人，进了厂里还抱着一种旧式手工业的观念，所以原来推动他们的社会势力一经消失，而新工业的兴趣尚未养成的话，自然很容易回复到他们原来的岗位。所以那个姓吴的帮工，本来是逃兵役来厂，因父亲一时活动到了保长，对征兵有了保障，就毅然决然的回故乡重理旧业去了。

还有，凡初次入厂的成年工人，多半有了旧的职业，在传统经济机构中有过地位，即或有意到新工业中来作尝试，也往往因习惯未改而眷念旧业。是以凡是农人出身的工友，莫不称赞田上的生活忙闲有个调剂。做手工业出身的，也认为卖散工做包活，可以自己作主张。在昆厂前面的新街子上，就有做布生意的四川叔侄，原来也是昆厂工人，只是当初乍来云南，还不知道有什么生意可做，才借做工的机会打下了这个码头，出厂不到一年，居然已经积累了一千多元的资本。

这本书一开始，我们就提到一点，就是内地工人不唯出来的动机不是为做工，而且他们有人在过去已经进过其他职业，年事已大，习惯已成，加之对于新工业并无所钦慕。所以这批人是否可以长期充作劳工干部，还要看他们旧的职业习惯如何，这一点在此处算是又找到了一个证明。

第十一章　劳工的扩充与继替

战后外来技工的居留——新经济建设中的
工人与农人——艺徒训练

看了劳工的不安，很使我们觉得内地工业未来的人力基①础太欠安稳。我们的新工业刚在萌芽，劳工干部的培植不独尚无把握，并且还缺乏一个合式的打算。我们在这个青黄不接之际，一方面得为目前招架，一方面还要为未来盘算。我们建设工业虽已有了决心，种种未来的社会经济条件的变化，有一半我们虽无从预测，但在人力方面我们至少要争个主动。因此在这个时期至少应该就目下情形，对已有劳力的维持和未来劳力的发掘来作一个展望。

一　战后外来技工的居留

一提到内地工业建设的前途，就不免有人要对战后下级劳动干部的维持问题发生忧虑，因为现在我们工厂里面的熟练工人，差不多是完全来自下江一带，需要相当时间训练的技术工作，大多是把握在他们的手中。这并不是说内地工人一定不配作新工业中的主要干部，无奈我们现在是急于增加生产，没有多的机会让一批新手去试习。所以从目前加紧生产来说，外来技工是填补了内地人力的缺空，但从内地人材的锻炼来说，他们反而阻滞一部当地工人上进的机会。我们所怕的是将来战事一停息，外埠秩序恢复之后，这些外来工人会重返家乡，内地人力一时训练不及，岂不是将来在一个时期之内，仍然会发生熟练工人大感不足的恐慌？

战后这些外来技工是否会离开内地呢？对于这件事情大约不外两种推

---

① 1946 年商务印书馆版原文疑似脱漏了"基"字。——编者注

测。一种推测是认为这些工人原是受了战事的影响，才肯来内地，战事结束之后，他们自然希望重返他们的家乡或原来的产业。杨端六先生曾于论企业家与熟练工人居留问题的时候提出四个难点：（一）是外来人如果不把财产与家庭移到内地来，一有机会是会走的。（二）是内地气候水土和下江不同，下江人很难忍受。（三）是地方治安发生问题，下江人常觉有生命，财产的危险。（四）是内地技术低劣，下江人会受排挤，不愿为内地人争不可必得的利益。[①] 杨先生这番话虽非专为技工而发，自然也适于作为技工居留问题的检讨。另外一种推测觉得技工居留可以不成问题，如果内地人事环境能够改善，工业逐渐发达，所有外来技工居留上的困难自然可以迎刃而解。

上面两种意见，看起来像是完全处于相反的地位，究其实则在某一种假设之下各有其成立的理由。问题的焦点，只是在我们内地的各种环境，是否可以用人为的力量加以改观，及战后内地工业是不是可以与下江的工业争一日的长短？若果战后内地社会依然没有多大长进，无论是物质条件或精神生活，都使人发生不快之感，自然会激起许多人怀归的念头。反转来，若果能因工业建设促成内地社会的进步，医药，卫生，交通，治安，娱乐等等亦大见改良，则有些工人觉得与在下江一带的享受相差无几，若没有特殊的情形，自然也不一定坚持要重返原地。若是另有较高的工资来作吸力，情形自然更加不同了。

不过这里所指出的各种环境，将来会改善到一个什么程度？以较高工资来吸引外来人是不是合乎经济原则？我们不能在这里多加研讨。我很愿意指出的，是工人个人[②]的家世背景，志趣好尚大有不同，不可以假设出某一种情形来断定大多数工人的行止去留。且战后居留的时间亦有久暂，所谓内地还有其不同的地域范围，亦不可不加以辨别。

在讨论外来技工家室负累的时候，我曾经指出许多技工有很重的负担，他们到内地，家庭还留沦陷区。大凡家庭人口太多，尤其有老老小小而身为家长的工人，不适于作长途的迁徙，所以直接从上海招来的，都未携带眷属，战事停息之后，他们回外埠的可能性非常大。就是家庭人口不多，只要是身为家长，而又有一点田园在家乡的工人，回家的可能性亦很

---

① 《今日评论》二卷六期《内战后内地工业建设问题》。

② 1946 年商务印书馆版原文疑似脱漏"人"字。——编者注

大。那几位镇海，无锡和长沙的朋友，都曾以这件事情为理由，说将来仍愿在家乡附近去做工，以便就近处理事务。

至于从大家庭出来的青年工友，家庭的担子还未落到自己的肩头，他们的行止，可以个人的兴趣做中心，只要内地的情形好，战后他们续有续作居留的可能，不过居留的时间也不会怎样长久。昆厂有几位负责人还希望由婚姻关系留住一部份工人在内地，假使可能的话，当然是这一批未婚的青年工人了。不过就昆厂几对新婚夫妇来说，三对当中，就有两对是外来男女工人的结合，只有一对是外来技工配本地女工，将来男的是否随女的居下，现在还无从断言。唯听说昆厂附近几个村子，由某某建筑公司的工人入赘的，已有十余起之多，但这些新姑爷仍然在外面忙生意，竟有一家的女郎席卷细软随着赘婿潜逃。所以内地姑娘是否能使她们外来夫婿乐而忘返不一定可以令人乐观。

还有一辈半生流浪的工人，好像湖北那一批技工，家无恒产，南北漂流，其中既然有人肯在上海海居十多年，自然也未尝不可常住在内地。只是从他们的谈吐中，仍然非常记念上海市上的生活，主要的理由是那里物品便利，谋生的途径亦多，而各种可供下级社会的消遣设备，尤为他们称道不置。所以如何能使工人乐于居留内地，一部份还得靠都市化的吸力。因此从地域性来论吸引工人的力量，则华中诸省不及下江一带，西南数省不及华中。即以一省言之，则在平时，郊外不如市内，而偏僻县份又还不及市郊。

所以就招工及维持工人来说，厂址愈偏僻，则吸收工人愈困难，其必然结果是用较高的工资来雇用较劣的工人。是以如何在交通及生活的设备上给工人以方便，乃是提倡工业疏散时，所应该加以注意之点。

从这个分析来看，我们对于外来技工的居留问题，不能下一个全盘的断语。大致上说，主要的关键系于内地的社会环境的转移，和将来我们民族工业区位分布及政府维持内地生产的情形。在这几个先决条件之下，工人再就各人身家境遇而定去留。

以上还是就技工居留的本身立论，若是把眼光放远大一点，就内地百年建设大计来说，如果不能及时树立起当地的人力基础，即全部外来技工能长期居留在内地，亦解决不了将来的技术人材的恐慌。在论劳力蜕化的时候，我已说到这个道理了。

总而言之，不管是为目前或为将来的下级干部着想，并不在如何维持外来工人，或如何想点临时的补救办法，来补这些行将发生动摇的外来人力。而是在如何源源不绝的吸收并训练好的劳动干部，在新陈代谢的功能而外，还要陆续不断的适应工业发展的要求。换句话说，我们现在的经济建设，正是我们的国家向工业化的大道勇往迈行的先河，我们的人力也得与工业化的步骤和目前相配搭。零星的东挖西补，散漫的招架还击，纵然应付得眼前一时之急，绝不是百年建设大计里的主要纲目。

二 新经济建设中的工人与农人

这样来说，不论外来技工的居留是不是尚成问题，反正内地劳工干部，确非加速从事培植不可了。有了这个前题，我们就得重新考虑从什么地方去发掘我们劳工的合理来源。

很显然的，我们都市的发展，相当幼稚，人口尚未集中，百分之八十的农民，还分散在广大的乡村里面，所以工业劳动的候补队伍，一定要在农村里面去招集。我们的国家应该由农业走向工业，我们全国的人口也得大量的从农村走进工厂。这也是减低人口压力，提高人民生活程度，增进国家富强的一条必由之路。这个道理我们已经再三提过了。

很不幸的，是内地工业在抗战军兴以还，才大批发动起来，前方需要成千成万的壮丁，既得去农村去征发，后方纷纷树立的工业也得向农村伸手去要年富力强的劳工。在这两大需要之下，内地人力，农村人口连续的减少下来，自然是意料中的事体。所以已经有留心农业生产问题的人，为了这种现象发愁，认为现在的内地农村已经有农工缺乏的朕兆，如果长此以往，原来积累的人力逐渐薄弱，需要的人力数量却有增无已，一直下来，农工必愈感缺乏，驯致①要大大的妨害到我们的农业生产了。

我们既认为役政与招工是使内地农村人力发生不足的两个主要原因，因为挽救这种危急的情势，自然也少不了要追本溯源的在征兵，招工和维持农业生产这三个政策之间，找出一条调协的地步，使之并行而不悖，以达到前方杀敌，后方生产建设的丰功大业。不过在这三者之间，役政的本身甚少弹性，在山河破碎，敌焰猖狂之际，决没有一个人主张，裁减兵员抽回战士，以从事工业和农作。兵役和人力的关系，纵然可以讨论的话，

① 又作"驯至"，逐渐达到，逐渐招致的意思。《易·坤》："履霜坚冰，阴始凝也；驯致其道，至坚冰也。"——编者注

并不在役政本身的存废，而是在执行役政的时候有不有弊端发生足以间接的造成农村人口外流的现象。那末在役政之外可以提出来并行讨论的，是如何可使工厂与农村在人力方面不致立于互相妨碍的地位，所以任扶善先生在战时农工问题一文里，就提出解决农工缺乏的途径，其中主张之一，就是限制工厂雇用农业工人。① 另一方面我们看见工厂登报招工，应招的不大踊跃，录取了的工人不来，来了的不能做长久。所以又有人疑心我们的农人依然是安土重迁。费孝通先生在论《农民的离地》的一文中，就曾经说过，战前农民的离地是一个悲剧，值得诅咒，可是抗战以来就有了转变，各种事业在在需要劳力，于是有很多人在为农民不肯离地而发愁了。② 我们且不论这种主张的得失所在，这两个尖锐的对照，至少可以使我们联想到一个问题，就是我们内地的工业和农业好像正在揭开了一个竞夺人力的序幕。

现在我们要更进一步去看看问题的真象。农村劳力的减少，和工厂工人之不足，都是有目共睹的事实，但是农村外流的生产劳力，究竟有多少跑进了新式工厂，工厂里面从内地招进来的新手工人，有多少是放下锄头跑进厂里来的，还有细加讨论的余地。因为农民从农村里面流出去，不一定都加入了新式工厂，而工厂中招进去管机器的，尽管是来自乡间，但不一定是货真价实的农民。要把这方面的事实弄清楚了之后，才可以明白当前的工业和农业竞争劳力的真正内幕，看二者是否已经发生了正面而且很严重的抵触。

要看流出去的农业人口的各种去向，当然不能单独在工厂里而去寻求，这得就农业以外的所有的新旧公私事业历来所引用人员的来源，作一个普遍的周详的清查，才可以按图索骥的追溯他们的来路，然后就知道新式工业接过手的农人在离村的农业人口当中，所占的百分比例。现在我们还没有这种实际的材料提供我们的参考。不过这是就农人离村以后散布的终点来下手的办法，若是从他发源的地方看去，也未始不可以找出他们出去以后的从业现况出来。在这方面，我们可以借重于一个农村社区人口流动的实际调查，来作我们分析的根据。

在二十九年下季，张子毅先生曾在云南省玉溪县一个农业社区作过实

① 《新经济》五卷六期。
② 《今日评论》五卷十期。

地研究。据他的报告，近两年来单身出门的七十五个人口，除开十三人职业状况不明而外，当军人的最多，手艺工人次之，杂役又次之，矿工商贩都占少数，进到新式工厂里的竟没一人。同时他并点明在二十个军人当中，只有九人是被征出去的，余下来的是在后方军警机关服务或军事学校读书。这当然只是一个例子，内中还有十三人的下落不明，我们不能因此就说农村出来的人都不愿进工厂。不过这种事实，至少总可以证明从农村出来的人进工厂的并不算得十分踊跃。这批人出去的原因和结果，张先生在他那本正在写作中的《土地与金融》一书里已有详细的分析，我可以不必多引。现在让我们转向另一个角度，来看农村人口流入新式工厂里面的，占一个什么地位。

就昆厂内地工人的原业分布来看，四十个帮工当中，配得上称农人的只有九个，远不及由中小学出身的人多，其余的亦为流动的工匠，或历经军事机关学校，以及小本贩卖或商店学徒出身的人。在四十一个小工厂里，农人出身的十九个，剩下的也是从学校或其他公共机关跳出来的。合计起来看，真的够资格称农人的约为百分之三十四。以前我们还说过，仅从数字上来比较这些工人的原来职业，无疑的是以农人为高，但就农业人口在内地所有职业人口当中所占的比例讲，则可以证明农人进入新式工厂的比例并赶不上其他的职业。何况这些所谓农人多为雇工自营的小地主呢。这样说来，至少有百分之六十以上的内地工人，原来并未直接参加农业生产，所以工厂得了他们，并不算直接减低了农业中的劳动。

后来我仔细盘问过这些内地朋友，问他们乡间出来的农人为什么不肯到这样工厂里面来做工。听了他们种种解释之后，才更明白真正在家中掌得起犁耙能挑能抬的农人，定是家庭生产中的主力，全家大小生活的支柱，不是兵役迫上了眉睫决不肯轻易跑出来。而且既然是肯这样下力的农人，不是日子过得很难的人，必是肯拼全力来创造财富的份子，所以纵然出了门，也一定向工资高的地方找出路去了。新式工厂绝不是他们的理想所在，至多也只把这里当作一个临时驻足的地点。

因为新式工厂里面所重的还是技术，只有技工才可以得到高的报酬，农工离开了土地，原来一套耕耘的技术，在工厂里面可以说是无用武之地。要是从头学起的话，且不说很少有机会轮到他们，至少在学习期间，要忍受低等的待遇，期望是在将来。那末只打算临时离地，成赚钱心切的人，自不愿再在技术上多费工夫了。他们都能明白，自己所长的不是技术而是劳力，要想善价而沽的话，只有垦植挑运，或土木杂工各方面去找出路去。对于新式工厂有一点倾慕的心思，抱定一种试尝的态度进来的，还是多少受过新教育洗礼，与农作还未结上缘法，年事尚青，家庭负担不重，并且在都市中混过①些时的人物。在论劳力蜕化时，我已经提到这一层了。现在不妨更进一层，看已经进了工厂的农人发挥的功效如何。

昆厂的帮工，在名义上是技术工人的助手，有机会开机器学技术，六个月后可以升为三等技工。但是实际上还是安插在场里作笨重工作。例如在翻砂间里的，只是拿起铁锹掀掀砂，抬铁水，并未参加修制模型的工作。在打铁间里的，抽风箱，在冷作间里的抬铁板，锯铁筒，其余的也只依②老师傅们的呼唤，拿器材做零活。只有少数年纪较青教育程度好一点的，才有机会上冲床，剪床或是轧橡皮。真的学钳床，车床，油漆等工作的，仅几个聪秀点的上乘人材。至于小工原来就是招进厂来做杂活的，其中有机会进场的，也只是抬器材，顺机器，打扫清除，或是在轧压间拖铜线。不能进场的，都归事务课，土木课，运输课直辖，根本连看见机器的机会也没有。所以我们尽可以说农人进了工厂的，并不一定进入工作场，入场的，也未升上技术的堂奥。

农田中的技术人材，进了新式工厂，赶不上一些不事稼穑的子弟，身价反而减低。因为工厂不独不需要他们原来的一套技术，反而因为他们过久了农田上的生活，手足变得笨拙，动作趋于迟钝，时间观念缺乏，还没有养成新工业的意识。工厂负责人为了培植劳动干部，当然不会舍近求远，在易求难了。所以从这一点看，现在这批农人流动出来，固然是农业生产的小打击，却亦非工厂中的大幸事。

话也得说回来，从农村出来的农人，固然未完全入工厂，入了厂的，对于技术上的工作，也没有什么直接的助益。要知道若是没有他们出来，则各门事业的人力，将愈感缺乏，而工厂中的劳力也会大受影响了。再就工厂的内部看，技工和帮工小工也是不可偏废的，要不是有农人来充任一部份的帮工和小工，则粗工必更感不足。如是一些可以学技术的将更无时间从容学习，技工也得兼理粗重的活计，难道说不是一种损失？则农人在工业中的贡献又怎样可以抹煞呢？

---

① 1946 年商务印书馆版原文为"这"，疑有误。——编者注
② 1946 年商务印书馆版原文为"伊"，疑有误。——编者注

不过我们在这里所讨论的倒不是离村的农人对于工厂有不有贡献的问题，而是在如何设法使他们的劳力能发挥最大的功效。我们如果认清了这一层，就会明白不论农村人口如何向外流，一批尚未加入农作，早先经过了一道转变的能力，必首先得到机器工业的挑选，其次才轮到正牌的农夫。因此国家当正常状态之下，在工业发展的过程当中，要是人力充沛的话，我们怕的是工厂一时容纳不了这些挤向都市的人力，问题绝不在限制农人入工厂。反过来，如在流动中的劳力不足以应需求的时候，工厂为了本身的发展着眼，希望获得的工人自然是多多益善，只要有人来加入，自然是欢迎之不暇。至于说农工被吸引入厂，会引起农业上的损失，那就不是他本身所要过问的事体了。

然而这只是在工厂而言工厂的话，要是站在农业经济的立场上讲，也不在限制农村人口离村，而是在追究他们外流的原因何在。在战事未起的前些年，因为天灾人祸闹到农村破产，农民颠沛流离，那时节我们的任务一方面是在使农村可以安居乐业，一方面是在安插他们到农业以外的生产机构里。当前的情形就不然了，不论是自耕佃耕，或农村雇工，并不愁在乡间没有工作的机会，而且利得并不比他们在外面可以得来的机会差①。这并不是说外面的事情都不及农田上的收入，只是农工连技工的阶梯尚难爬入，像开汽车，做生意市利倍蓰的事，自然更无幸致之可能，何况我们的民情风尚，一向是安土重迁呢？所以现在农村人口的外流，倒不是有什么经济上的理由，主要的还是受了推行役政的影响。在论内地人力入厂的动机时，已经可以窥出其一部份的真相了。

所以我们在这里可以下个结论，在农村人口受到大的压力时，生活情形不好的时候，新兴的工厂正可以作离村人口外流的尾闾，亦即工业的兴起可以减轻农村人口上的负担。反之在农村有了特殊的原因人口不得不大量外流时，即工厂中不加吸收，他们也不会因此遄回家乡，至多不过为其他事业机关腾出了一批人力的候补队伍而已。所以要解决这种问题，一方面要设法保护农工，一方面也要在大后方的人力上下一番充实，节约和调整的工夫。

但这种现象，是在战时才发生的，也许在战后可以自行解除。不过为了内地工业建设前途打算，我们办厂的人应该明白工厂中的农人，将来外

---

① 1946 年商务印书馆版原文为"好"，不合前后文的意思，故更正过来。——编者注

在的压力一去，是仍有重返农村之可能的。所以一个工厂所应该吸收的人力，不是已经成熟的农人，而是尚无定业的人口，和这一代农人的子弟。让他们在新工业的气氛里受长时期的熏陶默化，铸成新工业中的劳动干部，附带的也减轻了农村人口的压力。从农村那一方面看，在这个大前提之下，我们的责任，也不是在望农民"死从无出乡里"，"使末技游食之民，归而着于本"，而是在设法使各级年龄的农村人口，在未流动之先具有受训练觅职业的基本能力，流出农村之后，又有合式的机构使他们有机会把自己的能力发挥到适当的场所。

至于说这些人口流出来了以后，农村劳力的空子如何填补，那又牵涉到农业工业化或如何利用机器以节省人力的问题了。总之，在自力更生的经济建设当中，我们更能看得明白工人与农人相依为命的关键所在，因而我们更得要设法把两者间依辅递替的关系纳入常轨。

三　艺徒训练

我们在上节曾经肯定的指出，我们工厂将来所要吸收的人力最好是这一代农人的子弟。让他们在新工业的气氛里受长时期的熏陶默化，铸成新工业的劳动干部。所以艺徒训练就是在这个趋势之下，一个应有的节目。在这一节里，我们将从一部份实际情形对我们未来的劳工，作个粗略的展望。

在我进昆厂时，那里面已共有两班艺徒，一班是就地招的，一班是从湖南招来。昆厂设在昆明附近，其所以不惜破费，舍近以求远，主要的原因依然要牵涉到工人的地域和身份的关系上面。

原来在昆明招收的一班艺徒，学习技术的速率很慢，而且又不时请假，刚学好几个基本动作，回家过了几天，再来又得重头学起。有一次厂中开除了几个艺徒，一位课长就当着我发感慨："人不穷到没饭吃，大约是不愿意做工的，家中有钱，不在乎厂里的工资，所以会马马虎虎。"就是许多老师傅也有这种观感，认为这批学徒多未专心致志学技术。厂方既然是对本地艺徒不满意，当然得设法另向外省去招集，所以第二班学徒，就都是湖南青年了。

昆厂前两班艺徒训练的方式，是先作短期的学科训练，然后分发到各场内学习技术，指定技工分途教导，另由几个技术导师总揽其成。初期是注重基本动作，以后就寓训练于做工之中。在我刚进昆厂，正值第二班的湖南艺徒学科训练期满，分发去各场，从总经理对他们的训话里，知道厂里对他们抱了绝大的希望。过了好久，我和一位技术导师谈起了两班学徒训练的情形，他说果然是湖南的艺徒学习的速度比本地艺徒快，就是湖南艺徒们自己也对我讲过他们有后来居上的把握。可是等到次年我复去昆厂，一位课长对他们的批评就有点不同了。说这批很有希望的艺徒，也渐渐变了卦。可是他们并不是像本地艺徒学技困难，而是因为技术有点成就，骄矜之气也因之而起。

对以上两种现象我们可以分别解释：内地艺徒若果是像那位课长的说法，那就正如内地工人的情节，要归咎于他们的家世好，不必要做工也会有饭吃，所以才会松懈怠玩。我虽没有仔细调查过这种情况，不过就我所知道的，有几位年纪稍大一点的艺徒，也是为避免兵役出门的。还有一点就是艺徒的家庭，对于新工业也没有什么了解，虽然一时高兴答应了他们的子弟去投考艺徒训练班，还不明白当艺徒是怎么一回事。我就见过两家有儿子在某兵工厂做艺徒的父母说起他们的儿子在兵工厂学造枪炮，还上讲堂行军事操，他们就喜出望外，以为将来他们的儿子准可以升做军官。像艺徒有了这样的家长，怎会沉得着气，专心致志的花两三年的工夫学点小技术？

至若外来艺徒所以不符工厂原来的期望，就得想到我们正处在一个新旧工业嬗变的时期当中，在技术上的训练还得靠一辈老的技术工人。可是这辈人的早期训练，还未脱离旧式手工业的气味。尽管他们也是某某工厂出身的学徒，仍然保持旧式师徒一线相承的统系，技术秘传的观念尚未完全扫除，没有同乡故旧或做到旧式师徒的关系，就不肯真心指教。看了外来技工凡是同出某某师傅名下，就要共患难同去留，师兄弟的关系那么紧密，就不难想见他们怎样维系着旧日师徒的体统了。昆厂对于这辈人的传统观念本来不满，但是在训练艺徒时，仍然要借重他们的技术。我们怎能希望少年艺徒只取其技术之长，而去其观念上的短处？即或艺徒知所取舍，则技工对一些和自己气味不相投的人，必不肯传授技术。我们现在的学徒和老一辈的工人正是处在两个不同的时代，不幸在这个新陈嬗变当中，这未来的技术干部，和他们前一代的人物碰了头。所以厂内对他们的希望和他们日常的实际接触不免发生矛盾，就是从技工看学徒也觉得情势日非。昆厂就有技术导师的读书识字程度为艺徒瞧不起的事。其次有位技术导师对艺徒施体罚，被厂中记了一次过。导师对徒弟还不能动手打，实在使这辈技工不能了解，所以那位技术导师因此灰了心。

在工人当中士气不振，效率低落，和全厂不安的情形下，艺徒训练不会得到理想的结果，这绝不能单纯归咎到训练的失策。因为艺徒也是我们的一份子，他们虽然年纪较轻，但终不能超出于社会，所以整个社会环境未改，我们不能希望他们和别的工人另成一种类型的人。就是厂内后来施行独立训练，希望在学习期间使学徒与工人完全隔绝。其实在艺徒分发到厂之后，又如何能担保他们不同流合污？何况既生在一个社会当中，又怎么与其余的份子完全隔绝得了？

并且昆厂对于艺徒所采的训练方针和负责训练的人员，就未必合于新工业的要求。我们起初看见的厂中一位艺徒管理，是一个从某干部训练班出身的军人，许多艺徒对他表示不满，说他常以对小兵的态度对艺徒，有时滥施惩罚，毫不了解这群少年人的心理。所以过了不久，又调换了一位管理员。但管理员尽管调换，前前后后仍然是执行的一套并不彻底的军事管理，要艺徒每天站队进食堂，见了上司要立正敬礼，总是在形式上去讲求。结果是军事上的要求并未达到，仅使艺徒对管理人员怀了一种畏而远之的心。即令这一辈艺徒一时符合了他们的要求，做到了形式上的整齐划一，对于管理人员有礼貌，小心翼翼地拘守着厂里的规则，我们依然不能确切保证他们就是好工人，更不能保证这种临时的压力一去，他们还守着这种自外面强行加到他们的约制。最使我们疑心的，是这种并未得到他们同情的一些拘束，不由分说的加到他们身上，并不能使这套训练与他们的生活和工作溶成一体，将来是否会物极必反，以致激成他们的暴烈心理？这更是在我们培树工业人材时很值得考虑的一个问题。

第十二章　工人的管教

工人管理的新环境——人事管理与技术——
管理的连带性——管教合一——管教人材

　　从上面看来，在内地创建工业，首先碰到的一个难题是技术工人缺乏。临时从沿海一带招致进来的人力，在厂内显得很不安稳，对于国营工业并没有相当的了解，他们学的是新技术，但仍未摆脱旧式手工业的传统，还不习惯于大规模的生产调度。至于内地工人，因为出身农村，脑子里根本没有丝毫新式工业的印象，手足笨拙，动作欠灵活，时间观念未树立，尤其过惯了田园生活，受不了团体行动和刻板操作的拘束。总之所有的工人对于新工业的环境不能适应，对于新工业的意义更欠认识，所以新工业中的劳动因素，一方面是量的不够，一方面是质的欠缺。在量的方面我们要注意的是如何对在厂的工人加以安定；对于厂外的劳力加以物色发掘；对于未来的工人加以补充训练，这方面在上章已经有了个交代。在质的方面，我们就要发挥管教的功能，用人力来改进我们的工人素质。工人与新工业不相拍合，这正是表示我们的文化阻隔，新的机器和新的组织虽则可以从外国移植过来，而我们的生活和观念，乍然见还不能与之适应，我们正应该用人工来将这个脱掉节的赶快拉拢。所以在这最后一章，我们将由管教的观点来看工人问题，并作为这本书的一个收束。

一　工人管理的新环境

　　还记得为了那次罢工的案情来了，一位负责的先生有一个晚上特为约我去问个底细，谈到后来，这位先生就发了不少的感慨。大意是说他过去在外国留学的时候，在人家的工厂里面做实习，看见成千成万的工人按时进退，秩序井然。迨后回国，在上海也办过多年厂，工人完全住在厂外，下班的汽笛一响，工人退去，大门一关，当天的事情就算完结。不像现在内地办厂，工人们的饮食起居，以及一些与工作不直接发生关系的琐事，都得一一去照料。加之这个时期的工人，物稀称贵，气焰高张，心神浮动，虽然是一些难于约束的人物，仍然要倍加珍惜。就是工人在外面引起了什么纠纷，厂方也少不了要出面调停，为他们任劳任怨。诸如此类的麻烦，真是过去在上海一带所意识不到的。

经这位先生的一番提醒，倒是使我更注意到这类的差别。事后，我又经过了一个时期的考虑和观察，更感到在战时的内地创立工厂，在人事上的确频添了许多麻烦，除了上述的事例之外，只要回溯一下本书以前的描写，更可以指出许多类的情形。例如许多技工内移没有携带眷属，厂方须为他们安家，汇款，在厂里又得为他们预备公共的宿舍食堂，附带的要顾及到营养，娱乐进修上的种种设备。还有这一大批工人的迁徙，无论是在个人观念，工作训练或生活习惯上，都得经过一个相当期间才可望调整融洽。而招致外来工人既是付过一笔很大的代价，当他们闹起事来的时候，总不免要存一种投鼠忌器的心理，不忍心作断然的处置。

还有工厂虽然创立在内地，但一时不能就地招集一批下级人材，临时训练本来是缓不济急，而被挤到厂里来的人力，又偏偏是以逃避兵役的占多数，自然不能希望这批醉翁之意不在酒的工人，去安心做工了。加以他们在农业社区过惯了悠游的岁月，散漫迟钝的习惯已经养成，要他们守时刻争取效率，更不是一件容易的事。这种种问题，当然会使负责人感到繁难。

可是在这一些困难问题之外，在劳工管理方面是不是也有其便利之点？值得我们去适应呢？我因而又注意到了有利于管理的一些事实。

不待言，我们大后方的社会秩序，已经置于战时法令统制之下，工罢[1]怠工的行为，业由政府明令禁止[2]。至少工厂在法律上已有控制工人团体行为的根据。何况在内地又很少工会帮会这一类的组织，尤其因政治活动掀起来的工潮，抗战以来，是很少听见了。而且外来工人离开了他们原来的社区，失去了他们的地步依据，所以引帮会以为声援，或工人因遭开除，而招引市井流氓以为声援，向厂方寻衅逞凶的事，更是不会发生了。

---

[1] "工罢"应该为"罢工"，疑为排印错误。——编者注

[2] 非常时期农矿工商管理条例，二十七年十月六日府令修正公布。

也许有人要反问，昆厂这面不就发生过罢工和打职员的案件吗？我们若果思索一下那两件事的内幕，及其发展经过，就可以明白工人闹事的性质已经不同了。现在的工人所关心的问题已经不是保留位子，而是要让他们自由退厂，可以择肥而噬，也不在争什么政治立场，而只望能抬高个人的社会身价。所以未经决议可以罢工，提出的条件不得答复，也可以复工。前者正是以表示工人对于职业问题不表关切，后者可以看出团体行动异常散漫，这都是个人出路加多，大家对于集体活动不感兴趣的必然结果。尤其是我们的国防工业已经决定由国家经营的原则，对于工人福利问题更是很积极的谋实施，工人工作的激励更应该比私人企业好得多。

说到内地工人，在工作表现上成绩确未见佳，不过也有他们的优点。从农村出来的人，性行比较纯朴，还没有学会都市中那一套狡猾刁顽、伺机取巧的手腕，对于工业的积习说他们还好比是一张白纸，对于物质享受，也易于感到满足。所以当外来技工在食堂中作不平之鸣的时候，这些内地人却认为是无理取闹。自然他们谈不到结帮立党和厂方为难，更不会偷窃器材或故意破坏工具，公然扰乱厂中秩序。这些又是管理上的便宜之点了。

再转过来就那位负责人员所亲身感到的困难来说，的确，过去在通都大邑办工厂，工人散居在市内，工人到时进厂，下工回家，平常厂方和工人的关系，大部份是建筑在工作和工资的上面。现在内地新工业中的工人情形却有点两样了。刚才举出的未携眷属的工人，固然得住在厂房里，又因为防空的关系，新工厂又多半创立在乡郊，而内地工人则来自农间，来源既不集中，家庭又未能携带，因此有眷技工及内地工人也都得住在厂里，一切食宿问题皆须由厂方代为设法。这类闲杂事，的确在以前是可以避免的。不过反过来看在这种情势之下，工人的全部生活悉入了厂方的管辖范围。他们的行为和思想，在消极方面易于察觉了解，因而可以想法子加以开导，或预谋应付；在积极方面，更可以设法纳入正轨，勿使过都市堕落生活，因而戕害身心，致妨害工作效率。

这样说来，是我们新工业的环境转移了，所以在工人的管理上也生出这种种的变化，有许多意外的困难也有种种不可多得的便宜。困难，是管理上的事物加重了，以前不必过问的事，现在也得管；便宜，是工人管理的性质变单纯了，只要厂方能使工人安心于工厂，不必怕厂外的工人团体来横加干涉，也不会有什么工潮自工厂以外袭来。当然我们很难在这两方面作个比较，看所得是否能偿所失，不过从上述的情形看来，这种困难和便宜同是内地新工业环境下的产物。没有那种困难，也显不出这种便宜，唯如何因易济难，由变求通，那就得看负责管理之责者如何去设法适应。

二　人事管理与技术管理的联系性

在目前工业环境之下，诚然在困难之外，还有不少的便利。可是这也要我们会不会运用环境，如用之得当，自然是可以得到多少便宜，如果稍欠灵活周到，则新的环境不唯不能发生任何好处，反而成为一种负累，我们会不见其易只见其难了。

因为当工人散居在都会之内的时候，一下班就回复到他们的市民生活，衣，食，住上的问题，可以让他们自行处理，私人所引起的纠纷，厂方固无法过问，也不必去过问，所以不管结果怎么样，他们总不会迁怒到厂方。在当前环境之下，他们的日常生活和正式工作，却不容许我们分别看待了。他们在食宿上有了不快之感，固然可以使他们抱恨厂方，因而直接影响到工作效率，反之在工场以内发生的事端也会反映在他们日常的行动上面去。我们若果把有关于工作的分配，监督，训练等问题，归之于技术管理，把工作以外的待遇，饮食，起居，修养以及其他个人各种活动归之于人事管理，那末人事管理和技术管理在这里就必得携起手来。

记得当我在昆厂的工作告一段落的时候，我到人事课长那里去告辞，课长问我有何种重要的观感，我当时就很直率的提出几个意见，其中有一个就是说厂中各部分的管理，都相当的能尽力，只是厂内的技术管理和场外的人事管理缺少沟通，未能取得联络呼应之效，那位课长也颔首称是。

因为那几次我在技工食堂里看到工人打碗摔筷子的事，表面上他们是为了菜饭不好发脾气，迨仔细听他们的牢骚和旁人的按语，才知道他们是在场中受了气，在工作或待遇上，意愿未逞，才跑到场外来发泄。反过来，也有人为了菜饭的问题，去惊动场中工程师，甚至一壶开水的事，也会引起打架开会和闹罢工的。至于因为不明白工人身世个性，做工的真正勤惰及他们个人的心情变动，而在管理上引起的纷争，在前面更是累见不鲜了。总之，在这种情况之下，人事管理和技术管理已经发生了很密切的关联，若是这两方面仍不相互为谋，则此一部份的冲突，很可能引起彼一部份的误会。

其实这两种管理上的联系，并不是我们现在新工业里面特有的要求，不过因为时代环境的关系，在目前更值得而且可以这样做罢了，原来工人们的上班和下班工作和休息，看起来仿佛是两回事，实际从个人生活方面讲，不过是活动方式的转变，工作和休闲间的调适，实有其不可强行划分的理由存在。例如工人在场中是一个工作成员，退了班是家庭的一份子，也许是厂中职员进益会的某会员，对厂外又有其公民的权利和义务。所以由于他们出身的差异，在工作，娱乐，嗜好，社交生活各方面所表现出来的各种活动，都是交互错综，彼此互相关联的。过去我们不多过问他们工作以外的事情，不是由于形隔势禁，恐怕难得做通，并不是说这种作风不应该采取。

再从工业管理的演变上看，所谓人事管理和技术管理的划分。正是工厂制度兴起，大规模的生产机构出现，厂主和工人失去接触以后，一个不得已的办法。在手工业时代，只有师傅和徒弟的关系，师傅和徒弟不仅督导工作，且负一切保养和教育上的责任，徒弟出师以后，还要为之代谋出路，如同家人父子，既无所谓人事和技术的划分，自不虑这两种管理的脱节失调了。老实说我们不满意于手工业的，是他们的生产组织，技术和设备等等，并不是说他们师徒之间所维持的亲密关系也是统统的要不得。问题是在新式工厂的生产规模不容许我们做到这一步，不得不把人事部门和生产部门划分开。所以从事权上讲，这二者不得不由合而分，但从功能上着眼，仍得从分中去见合。我们的新工业刚萌芽，去旧式手工业还不远，从农村从都市的大小企业出来的人，脑筋里还有这一套人事关系，更有一种强烈要求，我们正应该把好的社会遗产，渗入新的机构里面。

进一步就整个工厂的设施来看，人事和技术的管理，也有呼应配合之必要，在前面所举的事例当中也有不少可以引来作说明。例如招募工人原是由人事课来通盘筹划，但是各分厂感到由人事课选出来的工人未必合式，又怕在时间上缓不济急，所以仍由各分厂去分别物色。那一次为了殴打职员有九个技工一同退厂，据说当时在厂中就有两种不同的观点，有的觉得工厂的风纪要维持，故主张严格的惩办，有的觉得风纪固然重要，但走了一批技工，有些机器一时停顿下来，显然妨碍了生产。再如人事课很想工人多上补习班，并时常举行小组会议，好让各级职员出来指导工人们的生活。但技术人员方面对这感兴趣的人并不多，他们的唯一希望，是多加夜班增多生产。其实这两方面都是为了工厂的利益着想，不过一个是从间接方面入手，来安定工人，好使他们做工的精神振作。一个是直接的重视生产，故不免要在人事方面发生疏忽，这两种见解既未能完全合拍，在管理上自不易收联络呼应的效果。

若是要在管理上求联合一致，须先树立起一个管理的机构和原则，同时要训练出一批沟通人士和技术的人材，去执行这个全盘的方案。我现昆厂住了几个月，就很少见到一个宿舍管理人员去关心工人们在场内的工作情形，及场内随时发生的事件。也未见到技术人员曾经跑到宿舍和食堂里面来瞧一眼，或和工人们谈谈工余的生活。仿佛工场的大门成了人事和技术管理的鸿沟，立疆分界，不相逾越。职权是分清楚了，可是有时就免不了生出脱节失调的病象。

三 管教合一

人事管理和技术管理，应该发生联络呼应，勿使有脱节失调的现象发生，固然是我们负工人管理之责者的希望，但如何方能达到这个合理的原则，却是很值得我们考虑的一个问题了。就我在昆厂观察所得，深以为仅仅就管理而言管理，则在人事和技术的安排上总会发生偏祜割离的弊病，不容易取得很自然的联络。

因为若果我们把目光完全注射在管理范围之内，处处以工人相安无事为满足，在工人未曾闹出事来之先，我们对于他们的行为，取一种漠不关心的态度，不闻不问。即纠纷的因子已经散布，乱子正在酝酿之中，管理人员仍然会以为厂里太平无事，迨蓄之愈久，积之愈深，一旦爆发而出，始仓惶加以扑灭，当然会演到焦头烂额莫可收拾的境地了。所以为了充分发挥管理的功能，必得对于工人的心理和私人生活有充分的了解，如何方能做到这一步？只有教育来补充管理之所不及。

就是撇开管教相并行的意义来说，在今日内地新工业当中做工的劳工，无论是外来技工，或是刚从内地招集起来的帮工和小工，对于作新式工人应有的知识，品行和群居的修养，大都还嫌缺乏，若是没有很好的工人教育来做底子，仅仅在管理一方面下工夫，则不徒费力多而成效少，即工人对于管理者或厂中规章一时表示顺从，亦必出于勉强而不是心悦诚服。

我们试一一寻索前面所有关于工人的态度和各种活动的情形，就不难得到许多印证，使我们越发相信广义的工人教育，实为当前工人管理的先驱。例如初入伍的工人之缺乏时间观念，又没有新工业的意识，故以计时间讲效率及厉行分工制为刻薄多事，更不知道保健医药及工业卫生的功效。至于厂中正常的团体娱乐男女间的交际来往，以及如何发挥工厂民主精神，他们更是茫然了。就是一辈技术工人有一些在上海养成了不良习气，不守食堂秩序，或在场中唆使同辈怠工取巧，须从品质上加以感化。再如怎样运用正当的手续表示舆论，贮金保健必须强迫执行的用意，以及国营工厂在体制及办事手续上与私人小型制造厂，有不可等量齐观的地方，都须当作工业常识尽量灌输给工人，慢慢矫正他们的偏见。还有许多工人不大认识文字，厂中的布告训令，往往是以讹传讹，致发生许多不必要的误解，也只有在日常开导当中，可以逐渐破除他们的狐疑。我们要以工业建设来建设我们的新社会，一开始就应该以广义的工业教育来补救社会教育之不足。

尤其是这个新旧交递，文化失调，社会生活受到很大的激动振荡的时候，每个人大都觉得失掉了自己的部位，找不到个人生活的重心。尤其从乡间出来的人，已被这种时代新潮冲得神昏目眩，我们实在对于他们的生活该有开导的安排。所以在目前办工业，不但是一个物质上的革新，也同时是一个心理和文化上的革新。

管理人员如果认清了这个原则，必不会以工人相安无事为满足，于工人的工作情形而外，要人了解工人们的出身，环境，教育，交游，个人心情，及日常生活等等。因而在管理工人的时候，亦必比较有根据有把握，则所谓人事与技术管理上的事情，不待沟通而自通了。换言之，我们不仅要把工人当工人，还要从他们自己的立场去了解工人们的活动。

现在工厂里执行管理的各级干部，在管理上尚未能善尽职责，自然更难期望他们在工人教育上已经发挥了若何功效。我曾经听到一位管理员和一位考核股长，在背后评论厂里工人，一个说某几个人有流氓习气，某一次对他自己欠礼貌，另一个听了也深表同情，说他们常常随意说厂方的坏话。最后这两位先生表示已经有了对付那些人的办法在胸了，过了些时，当日被指出的几位工友居然以退厂开①。从这件事上我就觉得他们还缺乏一种诱导和同情工人的热忱，并未想教人改过迁善，无形之间是在凭自己的职位与工人斗权力。还有工人告诉我，某次一位四川工人自动退了厂，过了几天又来请求复工，随后再有工人要退厂，管理员就以这件事取笑他

① "以退厂开"疑排印有误，可能为"已退厂离开"。——编者注

们，说不要像某某工人一样，去而复来。又一次厂中召集防护团员，还额外定了一笔报酬费，以资奖赏。报名的工友相当踊跃，可是有人听了一位职员说"这是金钱的吸引作用"，他们就决定终止报名。

负管理之责的人若处处对于工人不加同情，反随时吹毛求疵，不顾工业中人力困难，仅以表现自己的权能为快事，自然会引起工人的反感，而使优良的工人也感到灰心。就如上次厂中开革了几个工人，有位朋友还忿忿不平的这样说："工人如果好，厂方就不应该开除他们，如果是不好，开除了之后，岂不是让他们去害旁人？"当然，这几个工人是否应该开除，或工人开除了之后，到底是改过迁善，还是自甘暴弃而日趋下流，我还无从断言，而且这位朋友的说法，也未免有点近乎理想，不过从他的话里，倒是为我们工厂管理指出来了一个努力的目标，那就是在工厂中，也可以用教育来帮忙管理。不过回溯昆厂的工人与职员间的隔膜和上述管理上的决裂，就不能不令人想到在我们上层社会里还没有培养出一辈适合于工业管理的干部。

四　管理人材

工人管理，本来可以从机构和人材两方面作研讨，不过关于机构那是整个工业管理上的问题，不是现在我们所需要讨论的事。所以我们只愿在这里分析我们在这个工业开创期间所需要的是什么样的管理人材，当然这个需要是完全根据管教合一的方针出发的。

真的配执行管教合一的人材，不独要有相当的学识和工作经验，还得要明白如何对付工人。他们能明白新工业所负的使命，同时也知道我们的社会是逗留在一个什么时代，我们的工人是从什么环境出来的，他们要对工人有同情，对社会改革有抱负。唯其如此，在场内和场外两种管理人员须随时对于工人发生接触，因而对于工人个性可作多方面的考察，每个管理员仿佛就是工人的导师。则厂中在派工督工，和一切惩奖陟黜上，就会灵活周到，不致有多的隔膜和误会或枘凿不相容的事情发生。因此管理员的生活，最好能与工人打成一片，以便亲身体会工人的心情，并可以从下层的观点上，看出厂方一切措施的成败利弊，以备全厂革故更新的参考。比起来某一部份负责人的片面观察，一定更能切合实际而无顾此失彼之虑。

在第九章论工人与职员对立的时候我们已经提过，在昆厂管理当中，刚好有两个相反的例子，一个是工人出身的管理员，很能和工人接近，但为厂方所不满，一个是学校出身的，厂方认为他是标准干部，可是工人对他多怀反感，认为太骄傲，太固执。换言之，从工人出身与从学校出身的管理员，各有长短，前者知道重人事，但心术不大光明，后者只知道技术管理，但书生气习太重，忽视了工人的心理因素。

上面虽是两个极端的例子，但是也可以看出在工场管理人员当中，正有两种不相同的类型存在。据说过去在上海私人厂里，用来管理工人的多半是领班或工头，从好处说，他们也是懂得工人的心理，知道工作上的细节，工人如有错误，他们可以动手做给工人看，工作的快慢和成品的精粗，他们也胸有成竹。下了班他们和工人仍然有来往，一旦赶起工来，他们可凭私人间的感情，请大家兄弟帮帮忙。所以有一些老技工仍然称赞这种领班制。可是有些青年朋友却不赞成这一说，他们也认为领班和工头们的出身不正大，一旦得了约束旁人的机会，不是克扣工人们的待遇，借厂方的声势擅作威福，就是营私结伙，拉拢一派心腹自己充当作老头，动辄以同时退厂要挟厂方。过去一些厂中行凶起衅和借故报复的纠纷，据说多半是领班或工头们干出来的勾当。

无疑的，昆厂对于那位工头出身的管理员放心不下，也无非是有了这点顾虑。可是从学校出身的管理人材，又大多为工人所不满，因为这辈新从学校出身的实科人材，太重视了机械，不明白下属工人的心情，误以工业标准化的实施，一切得有一定的格式，无形之间把工人看作了机械的附庸。殊不知现代劳工管理已有重视人事因素的趋向。例如欧战以后，美国的工厂管理，已认为战前偏重物质设备的错误，转而注意到心理的因素和管理人员的领导才能。德意两国更是注重精神主义观，务期劳资双方联成一气，以整国家的利益为前提。而苏联之史塔哈喏运动，以荣誉来奖励工作效率，正是充分表现出唯心主义的色彩。可知制度化，标准化，只是就利用器材设计制图，以及分工制造而言；若以工人作对象的时候，实不必故步自封，曲解机器万能之说，主物质而役精神，致陷全厂于沉闷散漫的境地。

管理人员出身不同，过去的经验和教育不同，对于工人管理就表现不同的长短，各有偏祜，所以用不同的方式培植这种干部，就得以不同的方法补偏救弊。如果要从工人当中，物色出一批管理工人的干部，就得调察以往的积弊，然后对症下药，养成他们的科学精神及公民观念，如此才可望他们御事严明，公私判然，有旧式工头的长处而无其短。不要因为偏重私事关系，而妨害了应该树立的制度和法则。他们是我们旧时代的技术干部，脑筋里只是横着一套私人关系，还不习惯于新工业的人事机构，我们要设法潜移他们的恶习气。

但就工厂训练，只是一个补救的途径，将来大批的管理人材，还得由正式的学校负责陶冶。不过我们过去实科人材的训练，偏重书本而少实习，并专注于自然科学，而忽视了人文的因素。所以此后不独要学理与经验并重，且须于自然科学之外，修一两门人文科学，如社会学，工业心理，或工业发达史等，使他们明白我们社会经济的背境，通达工人心情，并了然于工业建设的历史和意义。他们一旦分发到工厂执行管理的任务，庶可以执行管教合一的原则，不再摆出一套旧式读书人的面孔，不以特殊阶级自居，对于工人就不会拘于制度规章而忽视了人事因素，能明白建设工业的用意，不过是为社会为人群谋幸福。

所以到最后，负经济建设责任的人一定得明白，创办工业，并不只是树立许多栋厂房，立起许多烟囱，从国外搬进来大量的机器，再物色一批技术人材和足用的劳工干部，开工出货就算是达到了最后目的。工业建设，实在是一个很重要的社会变迁的过程，在这个过程里，包括生活方式的转变，两种不同文化的调适、社会价值的重新规划，人们的心理状态更得在这种冲击动荡之下求其平衡。所以就人事因素看，有了足够的劳动干部，并不算完全解决了这个问题，我们的管理方式和管理人材也得适合于新工业的需要。

附录　内地女工

田汝康

一

东方的工业大部分还是靠着女性的支持。不论我们对于这事实有什么感想，也不论造成这事实的原因何在，事实还是事实，不容许我们忽视的。

让我们先看看战前我国的工业中心的上海，中国经济统计研究所所发表的调查结果：民国二十年所调查到的工人总数中，有百分之五五是女工，二十二年有百分之五三点七是女工。若把女童工的数目加进去，女工在总数中的百分比将高至六二和六一。[①] 杭州的情形也相若，据浙江省政府二十四年调查，全市女工占调查所得劳工总数的百分之五四点三，童工除外。[②] 东方工业先进的日本女工的数目，从 1919 年起到 1928 年止，从没有比男工少过。[③]

把一国的工业基础大部分建筑在女工的劳力上并不是偶然的。这正表示这些国家的工业还限于轻工业方面，而且它还得靠成本较轻的劳力来维持，换句话说，这些国家工业还是很落后。没有成年的工业才需要女性的保育。

以上海的情况说，纺织业是最重要，饮食品业次之。"纺织业厂数皆占全体工厂总数百分之三三左右，而其资本额则占全体百分之三八至三九。纺织业工人人数在民国二十年占各业工人人数百分之六十点一，而在

---

① 刘大钧：《上海工业化研究》，第 83～84 页。

② 《中华民国统计提要》，第 279 页。

③ Popof：《日本经济》，赵南柔译，第 329，330 页。

二十二年则占百分之五六，其产值在前年为百分之四五，而在后年为百分之三五点五……纺织业所雇佣之工人为数甚大，而其中女工又占大多数，约三倍于男工，故在全体工业中，女工亦比较为多。"① 至于机械及金属制品业则规模极小。"厂数占百分之一四至一八，而其产值则合百分之二或三，工人数亦占全体百分之五；资本额比例尤小，二十年是二点六，二十二年为三点九。"②

杭州的工人也集中在棉织业和绸织业，占全体工人的百分之六八点七。③

"日本工业的基本部门，还得算织维产业，虽说事实上在最近十年至十五年间，织维产业在日本国民经济内的比重已见低落。全部在职劳动者中百分之五十，系集中于这个产业部门，并且其中有一半是妇女劳动。"④

"日本的工业的构造，因其中以轻工业，尤其是织维产业占最优越地位，遂使榨取未熟练的劳动力——女子及幼童——的事，得了广大的万能性。织维产业劳动者总数内，妇女占百分之八一，即八十一万一千人时，男子数仅为十八万七千人而已，即以十六岁以下的未成年者言，其数并超过成年男子数有四千五百人之多。"⑤

战后我们的工业，是否还是依着上海和杭州的老路的发展，或是否要经过一个和日本二十年代相似的阶段，我们固然不能确说。可是我们是有理由可以相信轻工业，尤其是纺织业，在中国还有很大发展的余地。于是我们也很可以想象现在分散在广大农村和市镇里，在家庭里打杂的小姑娘们，迟早的要一批一批送进工厂里去。就在她们身上，我们将看到我们工业的建立，这是一件极严重的事。

若是我们有一天会和日本一样动员几十万的女子到工厂里去工作，我们一定要经过一番很复杂的历程，不但是工业史上的一件大事，也是中国社会变迁的大动力。女子进厂绝没有男子这样简单。在我们的社会中，男子本是家庭里出外赚钱的人，养家是他的本分。他们从农业里或其他职业里走入新工业，不过转业而已。女子则不然，她们传统的责任是管家，一

---

① 刘大钧：《上海工业化研究》，第 65～66 页。
② 同上，第 68 页。
③ 《中华民国统计提要》，第 279 页。
④ Popof：《日本经济论》，赵南柔译，第 321，322 页。
⑤ 同上，第 331 页。

个兼任着妻子和母亲的人要入厂就业，就有很多牵制。若是我们新工业的设施并不能使一个女工兼顾为妻为母的家庭责任，则我们能吸收进厂的女子也就有了很大的限制。工厂里的工作能否成为一个女子的终身职业也就成了问题。除非我们能改变整个的男女关系，家庭结构，靠女工来维持的工厂也就不容易获得一批安定的劳动者，在工厂管理上也就发生一套管理男工时不常发生的问题了。若是我们的工业只能利用女子一生中某一个短期的劳力，那些在工厂中已经把生活习惯改变过的女子，重得出厂经营她们的家庭生活，厂内的生活对于整个社会的影响，自然很严重了。我们对于这种工业也不应单看成一种生产机构而已，而得考虑到它在社会教育上的功能，正因为它对于将来社会影响之大，所以社会也有权利过问到女工在厂内的生活了。因之，女工的问题也不是单纯的工业问题，甚而是一个工厂的社会问题，这个问题自然值得我们详细加以研究了。

二十九年的暑假，那时丁侃先生还在世，他和周先康先生，费孝通先生有一次讨论到女工研究的重要，希望有一个人能到女工的工厂里去实地调查。可是一时找不到一个女的研究员能担任这件工作。这时我正在预备去边疆做研究，因为雨季还没有过，所以有一两个月的空闲，而愿意利用这个时期做一尝试，虽则我很知道一个男子去调查女工所有的种种不易克服的困难。但是既是一种尝试，也不妨试一试。若是这个尝试的结果能引起别人的兴趣，能有更合适的人，继续这项工作，我的目的也就可以算达到了。

我们把要研究女工的意思告诉金龙章和朱建飞两先生，他们不但给我们很大的鼓励，而且给了我们一个实地调查的机会，这是我们愿意在这里特别表示感谢，因为没有他们的赞助，我们的研究决不易顺利进行的。

我在八月中旬住入厂内，可是男女的界限使我不能得到亲密观察女工生活的机会，所以我只能采用谈话的方式，来探听女工的身世和她们对于工厂生活的态度。我们在该厂大礼堂的角上，用些桌子和空床作为墙壁，划出一个临时会客室。最初我们和管理员讲好，按着工人宿舍的次序，依次一个一个的把工人请来会客室中个别和我们谈话。可是在实行时，就发生了困难。管理员为方便起见，把一舍的工友同时全领到大礼堂里，然后一个一个分别进入我们的临时会客室。可是坐在大礼堂另一角里的，很可以从木床和桌子的空隙窥见我们谈话的情形。谁也有她的好奇心，于是不久就都拥到木床边窥听嘻笑，弄得谈话的人十分窘困。起初我们很想把秩序维持下来，但是孤独的工人面对着来路不明的访问者，常是低着头，弄衣角，空气紧张极了。在这种情形之下，自然无法得到我们所预期的结果。最后，我们决定改变谈话的方式，爽性把全舍工友请来，大家坐在会客室里，情形果然大不相同。她们人多不觉得害怕。她们各人本来都很熟。凡是她们之间要互相保守秘密的事，我们也决不能在几分钟的初识中打听出来。可是有很多自己不好意思说的话，小朋友中却很有愿意代言的。因此个别谈话一变而为集体讨论，而结果也使我们满意得多。我一天一天继续和女工谈话，丁，周，费三位先生也时常来参加，我们还不时请厂方负责人和我们举行讨论。

每次谈话我都用卡片记录下来，每晚把当天的记录整理出来。正因为我们把这次工作视为尝试性质，所以我们在事先并不规定问题表格。我们一贯想让女工自己发展她们谈话的方式，然后从她们的谈话里发现问题，因之，每晚整理谈话记录时，常有新的领悟，使我自己对于女工的问题渐渐发生浓厚的兴趣，甚至每每自恨无法摇身一变，变为女身，能打破她们和我的隔膜，更亲切的去认识她们每一个人的个性，了解每一个人的身世，体会每个人的困苦和希望。我对于这一叠一叠的记录，总觉得是浮面而未深入。但是为了时间的限制，为了男女的隔膜，我有什么办法呢？

当我记录的卡片积过三百号的时候，女工们对于这项谈话一点都不觉得唐突，她们称作"谈心"，甚至有遗漏没有和我谈话的要求管理员给她们补谈的机会。这时我也明白，自己不是个女性也有特殊的方便之处。这一群青年女子，整天在厂里做工，有这样一个男子来和她们"谈心"，而且时常给她们同情，在感情上确是一个难得的发泄机会。有很多女工，向我大哭，有很多向我诉苦，她们谈话的声色语调，都表示着对我已没有顾忌的态度。

一天又一天，到十月十一日那天，我的卡片号目已到了六三四的时候，日机的轰炸果然炸着了我在调查的工厂。轰炸后，我在灰尘中取出我的行李，暂时已不能再进行我们"谈心"的工作了。我也随同我们的研究室迁移到乡间，接着是丁俶先生的不幸，一时慌慌乱乱的，把这件调查工作搁置了起来。不久，我也就离开了昆明去滇边工作。到现在一隔已有两年。这一大叠卡片已经好久被人所遗忘了。这次滇边失守，我又在一个工作的半途被敌人打击回来，利用这几个星期的空闲，把这叠卡片又翻出来，整理了一下，下了一个决心把这些材料抄写出来。抛砖引玉，我们日夕盼望有人能继续这个研究，作一更深刻和详尽的分析，使大家能明了女工的问题是怎样的一个重要而极有兴趣的问题。

二

那一种女子现在在工厂里做工呢？在我们访问到的六三四个女工中，有一件极清楚的事实，就是已经结婚的女子为数很少，只有四六人，占总数的百分之七。在这四六个已婚女工中有十个是寡妇，有二九个是和丈夫不和，出来自谋生计的，只有一七个仍和丈夫维持同居关系。我在本文的开始就提出这个事实来的原因，是在要说明现在的女工很不容易兼顾家务。我们所调查的那个工厂固然是允许在厂外居住，但是住在厂外的工人为数很少，因为做夜工，或是做早工时往来很不方便。该厂是最早实行三八制的工厂，虽则一天一个女工只要做八小时的工作，可是做完了工还要回家操作未免过劳，因之，已婚的女子，除了住在厂附近的之外，不容易想到入厂来工作。

百分之九十以上的女工是还没有结婚的小姑娘，这些小姑娘在我们传统的家庭里并不担任供养家庭的经济责任，她们"待字闺中"有权利享受父母的保育。即使在家境并不富裕的人家，这些小姑娘也大都在家里打杂，帮办家务，她们为什么要进厂呢？

第一点，我们可以看得到就是这些入厂工作的小姑娘们，有很多是因为家庭破裂而挤出来的。六三四个女工当中，父母两亡的四八人，父亲去世的一六五人，母亲去世的七五人，父亲不知存亡的八人，总数是一九六人，占总数的百分之四十九。没有父亲的女儿，就不容易享受家庭的供养，而得解决自己的生活问题了。在中国的家族制度下，父母虽死还可以靠亲属关系获得经济上的支持。但是在这些女工中，我们却看见大多是从小家庭中出来的。这些女工中，以同居一代半一行的家庭组织占总数百分之七十八，所谓同居一代半表示一家中仅有父母及子女同居，同居一行即表示除直系亲属外，并无旁系亲属同居。在一个小家庭中父亲或是死亡了，为女儿的很可能有出外自谋生计的必要了。当然，我们可以设想那些没有了父亲的小姑娘，虽则没有伯叔的照顾，若是有个能干的长兄，她们也就不必"抛头露面"的离家入厂了。据我们的调查，六三四个女工中，行长的一九〇人，行二的一七二人，行三的八九人，独生的五〇人，所以差不多有三分之二的女工在兄弟姊妹行列中，年龄都是较长的。这些女工中有长姊的不过二三五人，按照全体人数的比例分配起来，大约是两个半女工中才能够分配到一个长兄的帮忙。而这些长兄是否有能力来供养他的弟妹呢？让我们看看他们的职业：

军人 64　　　　　　小本商人　　54　　　　艺徒，机匠　49
商店伙计 44　　　　机关低级职员　32

在这里我们可以说有一大部的女工是因为家庭破裂才出来做工的。可是我们并不能忘记还有一半女工是有父有母的，她们怎么也愿意放弃她们传说①的权利受父母的保育，而要入厂做工呢？三三八个父母双全的女工，她们父亲所操的职业如下：

小农② 25　　　　　商店伙计 73
小店③ 41　　　　　小贩　　70
机关低级职员 65　　职工手艺 48
　　　　　　　　　赋闲　　17

虽则在这表上我们可以看见，这些女工的父亲都是从事于收入比较不很大的职业，但是赋闲的为数很少，而且大多是因为年老退休的性质。依我们对于一般社会的常识来说，像这种人家把女养在家中，是很可能的事情，所以我们还得追问，为什么她们愿意进厂。

以上我们是想从经济的原因上检视，为什么女工入厂做工，这是我们普通的见解，总觉得入厂工作是为了要挣工钱，要挣工钱是为了要维持生活，要供养家庭。可是事实上经济压迫决不是唯一的原因，甚至不应视作主要的原因。依我和六百三十四个女工谈话的结果，使我觉得最普遍最直接的入厂动机是在逃避因种种原因（经济是其中之一）所引起的家庭烦恼。女子的进入工业，和男子不同的，也许就在这里。她们是出于消极的动机，是逃避传统社会结构中对于女子所加予的痛苦。我们在女工的出身，教育程度，以及年龄等项目中很不易找到一个共同的性质来，但是"在家里耽不住"，却是一般的，除了极少例外答案。她们向我们声诉各式各种的家庭问题：父母双亡的女工所遭遇的是监护亲属的轻蔑；母亲去世的女工所感觉的痛苦是继母的虐待；有哥嫂的大都是受不了嫂子的气；订

---

①　"传说"，原文如此。——编者注
②　包括由佃农及有耕地三亩左右自耕农。
③　所有资本在一千元至三千元之间。

过婚的常因对婚的不满；结过婚的不是婆媳不和就是姑娌不睦，不是和丈夫吵过嘴的就是被丈夫遗弃的；其他家庭腐败，叔伯争闹，父母斗气，母亲改嫁，……每个女工的谈话中都少不了这些话。可是正因家庭问题的复杂，使我无法用数字来表示各种家庭纠纷的影响。每一个例子，都可以说是一回小说，牵涉了很多的问题，在这里不妨举一例子来看看：

三四九号卡片上我记着："自己十九岁，昆明人，已婚，娘家有父亲，继母，两个弟弟，一个妹妹。父亲现赋闲在家，一切家用全靠继母织布做小生意维持。当在家时，继母常加毒打，什么苦都受过，直到上半年，父母接婆家五十元聘金，将自己遣嫁至小街子。婆家生活很苦，公婆做小贩，丈夫在染坊里当小工。生活苦倒无所谓，只是婆婆见不得，天天骂自己懒不做事，上月就因为同婆婆还嘴，被丈夫打了一顿，并且声称晚上要杀自己。自己害怕，逃来昆明表妹（本厂工友）家躲避。不料继母知道此事，认为自己有辱门风，遂通知婆家前来捉人，并告诉婆家说，这样儿女，就是打死也无所谓。婆家因为听见这些话，所以回到小街子后，当天晚上就痛打一顿，以后更见不得，天天寻事生非。迫不得已，才二次逃来昆明，自从经过上一次的事情后，不但娘家回不得，就是表妹也不敢收留自己了。无法可想，才请表妹介绍入厂工作。进来已有一个多月，不料上星期天放假，在街上突然遇到丈夫，他说自己在昆明做坏事，他问过厂里并没有这样一个人，要拿小刀将自己杀死。他说继母曾经说过，这样的女儿早杀死也好，免得抛她的脸，当时要拿索子扎自己，幸得几位工友帮忙，才逃回来。这几天他整日站在厂门口要抓我，以后日子不知道要怎样过……说过放声大哭。"

上引这个例子可以表示女工处境的复杂，要想用几句话来说出这女工所遭遇的家庭问题是很困难的。她既受继母虐待，又受婆婆压迫，丈夫又和她不和，打了不算，还要杀她，这个原因使我无法把家庭问题再归类分析。同时，我虽很详尽的记录了每一个女工所遭遇的家庭问题，但是并不能一一的把她们列举在这里。女工家庭中没有发生问题也有，但为数不多。我记得有一个十四岁的小姑娘跳跳蹦蹦的十分高兴，她说家里什么都好，因为自己喜欢来就来了，工厂里朋友多，好玩。也有个例子是因为投考中学没有考上，拿工厂当学校来欺瞒家长的。也有个例子是因为和同学感情太好，同学入厂作工，舍不得分离，遂伴同入厂，而家长根本还没有知道的，……这些我们不妨视作例外。

　　我曾说女工入厂并不是积极的想挣钱，主要的还是消极的想逃避家庭生活的痛苦，这句话还可以从另一方面得到证明。在我和女工的谈话中很少人感到工资不满意，更少人将工资拿回去供养家庭，反而大多数人在工资自用之外，若逢到添置衣物的时候，倒转向家庭求补助。以入厂最早的第一班工人来说，各人手上的金戒指，嘴上的金牙齿是她们普通的标识。其他工人虽不一定有戒指和金牙，但新皮鞋，新旗袍都是不缺的。我们会客室里望出去就有一个零食摊，吃豌豆粉的，络绎不绝。昆明的电影院里也常有她们的踪迹。我会以《木兰从军》这一部影片做试验问她们看过这电影没有？那一周中和我谈话的女工中有三分之二是回答看过的，她们那样花费，直使我们在学术机关做事的人十分羡慕。同时也可以表示大多的女工并不需要缩衣节食来维持别人的生活。

　　我又访问过好几家女工家里，提到女工们是否拿钱回家的事。这里是一个例子：

　　这位家长是一个女工的寡母，生有两男两女，长男已婚，从军在外，一年多没有消息，仅留下长媳在家，次男十二岁，在小学念书，长女就是这位女工，幼女十岁，在家帮忙工作。这位女工的家庭环境并不大好，一来并没有什么产业，二来也没有什么人可以帮忙。现在一家生计全凭母媳二人的力量来维持，她们同帽店里缝揭帽子的里胎，日夜辛苦工作，一家温饱可以不成问题。最近因为空袭关系，疏散下乡，她们又设法摆了一个小摊，售卖零食，由十岁的女儿经营，母亲在旁监管一切。据这位母亲说她的长女加入工厂是因为她同她嫂嫂争扯的结果，她嫂嫂骂她在家吃闲饭，她就赌气走了。那母亲也骂媳妇，媳妇也向她赔过礼，但是她仍旧不愿脱离工厂。她说工厂里虽然苦点，比起从前在家里受别人的闲气总也好些。这位母亲又说，她们家里虽则收入少，但并不希望大女儿来养家，实际上她还常常向她母亲要钱，要鞋穿，这位母亲觉得女儿做工对于家庭最大的帮忙，不过是省了一个人的伙食，少给些零用钱而已。

　　在谈话中，这位家长的观念里总表示她的女儿不听话，让这样大的女孩子在外面抛头露面实在不应该。这话代表中国社会对于女孩子的传统态度。在中国社会里，经济的压迫不十分严重时，并不能使家长要自己女儿挣钱回家的，至多在家里揽些针线做做罢了。我也问过不少女工，她们家长是否同意她们入厂，差不多一致的回答是不愿意的，但是慢慢能够对女儿同情的是母亲，父亲们对这种举动总觉得是败坏门风。

在我们传统社会中，家是女子的囹圄，女子的生活无论如何摆脱不了家。所以单单经济的压迫决不易迫使女子自动的感到这监狱的可怕，单单的经济的压迫也不会使家长因此打开狱门解放自己的女儿。要求解放只有越狱，要求越狱只有靠女子自己的觉悟，而使女子能觉悟的只有她们在这监狱里所受的打击。因此，我可以肯定的说女子入厂的动力不是经济的，而是出于家庭的破裂和家庭的痛苦，经济的压迫不过是使家庭生活不安的原因之一罢了。

三

在目前这个激烈变迁的中国社会中，感受着传统家庭制度压迫的女子当然是很多。可是像昆明这种内地的都市中女子能谋经济独立之机会并不多。雇用女工的工厂自成了一辈想求解放的中下层女子的福地了，谁能得到这个机会呢？于是我们要一述女工入厂的援引了。

据我和女工谈话的结果，除去工厂开创时所招收的第一班女工外，以后入厂的女工一概是由在厂的职员介绍进去的。当工厂初办的时候，工厂当局以纺织工业在昆明尚属首创，因此对于工人质量的品质抱有相当的热望。而且事实上，工厂学校化的理想亦完全做到。经过当局的宣传，有关机关的吹嘘，一般人听到上课，实习，宿舍，津贴等名词，也就把工厂当做学校看。等到第一班女工入厂之后，她们就成了新工友主要的介绍人了。第一班工友是个主要的辐射点，以此为中心，再以种种关系分射出去构成了女工入厂的路线。

援引新工人的主要关系是亲属，从第一班女工起，直到最近招收的女工为止，大部分的女工可以说出介绍她入厂是她什么亲戚的。凡是家庭里发生问题的女子，她所能乞援的人也多限于亲戚，若亲戚中有人在厂里，她对于工厂也就不致怀疑；而且凡有在厂的女工有亲戚愿意入厂的，自然愿意加以援引，一则解决了她亲戚的困难，二则自己在厂多一熟人。

正因为入厂是一个想解放的女子的特殊机关，所以厂方不必多方设法去公开招收女工。在厂的女工自会不断的把她的亲戚或是朋友介绍进来，因之女工来源的地域分布也就表示出不平均的现象来了。这一点我们最好先看外县女工的县籍，外县来的女工一共有 103 个。一般的情形是距省城愈近的，人数愈少，其中百分之九十的人是来自距省三天以上路程的。例如河西，盐兴一带距省并不近，交通也并不方便，然而工友人数反较距省近而交通方便的昆阳宜良一带地方为多。这种特殊分配的原因很多，可是重要是在亲戚，朋友援引的结果。例如盐兴的十一个工友全是由309号姓邓的工人介绍来的，河西的十二个工友则由127号姓丁的工友介绍来的，鹤庆的五位工友是由厂方某职员介绍来的。可巧邻近的县份没有人在厂工作，所以这些地方的女子入厂的机会，也就不容易得到了。当然，我们也可想到比较更内地的地区，传统的势力更黑暗，所以有一个人碰巧进了厂，就有很多人跟着要求进厂了。我们也可想到要逃避家庭的势力，愈远的是愈有保障，离家有三四天路程的工人，也可放心不致在厂门外有个要杀她的丈夫等着。

家在昆明市的女工地域分布也发生集中的趋向，在附图中，我们可以看见和厂址愈近的工人愈多，在工厂附近的一条街上来的工人竟占本市工人的七分之一，若是连南区一起算入，竟占本市工人的一半。这种集中的情形固然有很多的原因，但是我们应当知道的就是昆明还不是一个现代化的都市，在地域可以分出不同阶级民的居住区。而且距离较远人数较少的现象，也不能用工人来往方便与不方便上去解释，因为不住在厂里的工友为数很少，厂方膳食和宿舍的设备早已打破了此种地域上的障碍。所以我认为这种分布不均的现象，还是出于起初入厂的多是工厂附近的人，她们因地域邻近的关系，对于工厂的疑虑较少，以后由于援引的缘故，使这种集中的现象更为显著罢了。

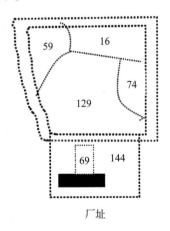

厂址

从上述的情形看来，女工们入厂的动机既不是在积极的想得到一个终身职业，也不是对于纺织工业发生兴趣，更不是受了经济压迫，想找到一个挣钱谋生的机会，而是消极的想逃避家庭纠纷。工厂在她们看来只是歧途彷徨中的一个歇足地，是警报声中的一所防空壕。工厂方面更利用原有工人的援引来招收工人，所以加入工厂的更容易是那些家庭中有问题的女子。这一类的女子进入了工厂，在工厂生活中表现出什么特色呢？这是我们接着要讨论的问题了。

四

感情在女子生活中是特别重要些罢，她们为了感情的不满走出了家庭来到工厂里，可是她们并不反抗感情本身，在新环境中她们还是留恋着亲属间的感情联系。她们在厂里还是以感情的联系来组织成生活的团体。一个女工会和我说，"一个人不能一辈子不要家"。家是女子的囹圄，可是也是她们生活的寄托，她们希望工厂是一个家，一个理想的家。

工友们由亲属的援引而入厂，也依亲属的关系来组合她们厂内的生活。让我举第四二舍作例子来说明，她们十个同舍的关系（见下图），这十个人本来都是依亲属关系互相联合起来的，这是一种很普通的组合方式。若是亲属关系不够组合时，她们也可以用同乡关系来补充。十七、十九，四十与四六等舍纯是由船房，小板桥及路南县属的工友组合而成的。三八，三九，五二，五三，五四舍则完全由七十多个回教徒的女工组合而成。

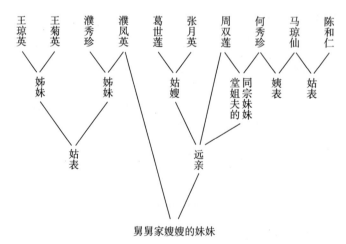

舅舅家嫂嫂的妹妹

女工们利用亲属，同乡，宗教的联系来组合她们在厂的生活团体，不但在工余常在一起，出入也常在一起。就在这种团体中她们互相安慰，得到感情上的满足，她们在这里又找到了她们的新的家了。可是不能靠这些原有的感情联系来组合她们生活团体的工友怎末办呢？这里我们找了一种极有意义的"假亲属组合"了。

三五舍里住有十二个女工，她们之间并没有现存的亲戚，同乡以及宗教的联系，可是她们不愿意在没有感情的亲密关系中生活下去，于是另创一种组合的方法，从想象中把这一个宿舍里的人安排成一个家庭，这个家是姓"松柏长春"。她们说家长某从军在外，失踪多年，这个家由母亲胡秀英及二叔刘文清二人领导一切。母亲且系继配，因为生母本系另一工友陈继英，因故离厂，被认为已经死亡，家长另娶胡秀英为继室。另外还有二个嬢嬢，惟不在厂。她们又假设这家共有七个儿子，两个女儿，不过这七个儿子中，前四人已入赘上门去了。现在家中仅有三个儿子，五子张桂英娶媳周子贞，七子何汝芬娶媳孙吉仙，六子尚未娶妻，但已有所恋，女儿黄淑中、吴桂贤，均未出嫁。这个家庭向喜招婿入赘，但一时尚无适当人选。

这个假家庭的组合表示着很深的意思，它是女工们实际家庭的缩影，同时也是女工们理想家庭的雏形。父亲失踪，母亲继配，是一般女工们所遭受的苦处；至于能将家庭中所不喜欢的男子弄到别处上门入赘，各人能自由选择自己的配偶，招婿上门，继承遗产，又岂不是女工们常有的梦想？一个因家庭破裂而出走的女子，心理曾受到重大的打击，亟求慰藉，甚于常人。她们需要有像家一般温暖的空气来解除内心的紧张和烦闷。她们并不反对有家，她们理想的终身职业不是在工厂里当女工，而是在一个美满的家庭中当一个分子，在无可奈何的时候，只能画饼充饥来创造"松柏长春"一类的假家庭了，可是所画的饼也正表示了她们内心潜伏着不得满足的要求。

据说像三十五舍这样的假家庭组合在这个工厂里还有好几个。她们说只要看那些穿着同样衣服，剪着相似的发式的女工，同来同往，亲亲密密的，就表示有这种组合的存在。

工人们在厂的生活形成了很多小团体，这些小组合虽则在表面不甚显著，而且有些甚至是秘密的，但是它们影响工厂的管理很大。它一方面维持住了工友之间，工友到工厂之间的亲密关系，使她们生活得到感情上的满足，而且同时替工厂吸引新工人，维持工厂的秩序，减少工人离厂的数量。从多方面看来，这种组合是值得我们特别加以注意的。

工厂为实行三八制的需要把工人分为三班。据厂内一般职员的谈话却公认丙班工作成绩最好，秩序也容易维持，中途离厂的人也不多。我们为了要寻找优良工人的标准起见，会比较这三班工人的情形。但是在教育程度，身体健康以及家庭背境等上都看不出丙班有什么特点，只是在丙班里小组合比较多，比较广被，比较严整，换言之，丙班工友间的关系比较密切些，这和工作效率是很有关系的。

这些小组合代替了家庭的效用，使大家在感情上有所寄托，得到相互的慰藉，生活上可以愉快得多。愉快的生活是增加工作效率所必需的条件，而且工友与工友之间，因为情感的联系，在行动思想上容易获得合作和谅解，能彼此合作的工友，在工作上也容易得到优良的成绩。其他方面，如对于厂内秩序的维持也很有贡献，放假时间，厂方采用联保的办法，使工人于假满时能按时返厂。联保人间联系密切，就不易有故意旷工的事发生。有时更因为顾虑小组合间的声誉起见，一举一动，大家也必留心些，遂使生活起居，宿舍清洁等也能胜人一筹。小组合团结力强可以使本来想离厂的人受小组合的吸力，取消离厂的企图。凡此种种都是这种小组合对于厂方的贡献。丙班的荣誉实是七十多个回教徒工友，二十多个小板桥来的工友，二十多个路南来的工友，珠玑街来的十多个工友，以及其他种种小组合所造成的。

五

为了要逃避家庭生活的痛苦而入厂的女工，她们所期望于工厂感情上的安慰甚于经济上的报酬。上节我已把女工们如何在厂里组合成感情生活的小团体，简单的说明了，现在我们可以看她们对于厂方的关系了。

我在和女工谈话时常常问她们对于厂方有什么不满意的地方，请她们不要有所顾忌，尽量的告诉我。她们对于厂方的设备，工作的繁重，以及工资的高下都不常提到。她们唠唠不断的是那个管理员对她们脸色不好看之类的感情上的不满足。简单的说起来是厂方太刻板，太没有感情。举例来说，一般工人都觉得：一，工厂当局为什么工余时间不准工友外出，请假为什么一定要一大套麻烦的手续；二，无论大事小事，管理员为什么不替工友设身处地着想，总是用一套规则来约束人，打官话；三，工友和职员间为什么一定要保持着很大的差别。在她们理想中工厂里应当是一个家，厂方是家长，体贴她们，照顾她们，保护她们；她们对于家长尽心的工作，亲亲密密的，同时也随随便便的在一起生活。工厂方面在物质设备差欠些倒也无所谓，但在感情上却不能有裂痕。她们并不抱怨工资太少，却哭诉为什么管理员在发薪时当着众人警告她们请假太多。在她们心目中，从扣薪水一直到停职的处罚都比较当着众人给她们警告来得轻些，面子要紧。伙食即使坏到不能吃对于工人的影响比不上厨司开口骂人来得严重。她们不提小菜的好坏，可是有很多工友向我说厨司不应当拒绝她们要一些酱油。夜工确是最苦，若是管理员能露些笑容，她们的苦也值得受了。这些琐细的事在局外人看来真可能是微不足道，可是在这辈女工却认为值得在我面前放声大哭。因之，我常常和厂方的负责人说，我们对于这辈工人应该把她们视作心理常态的人看。事实上，我们应当记得其中不少的确是在人生中受过极大的刺激的不幸者。她们向厂方要求感情上的安慰，至少不能在厂内再度受感情上的刺激原是件可以体会到的事，不足为奇的。

她们对于厂方尽管有很多的抱怨，可是在她们家长的面前却绝不吐露的，当有家长来参观，和探视他们的女儿时，我有好几次在旁边，女工对于厂方的批评却完全不同了。我也好几次访问女工的家属，从他们的口里打听女工对于厂方的态度，结果都是表示女工对于厂方非但没有责难，而且褒扬太过，近于吹嘘。在这一顿谈话里，总离不了工厂资本如何宏大，机器如何微妙，设备如何完全。此时在工友眼光中，父兄所在的机关，所从事的职业，皆卑不足道，家庭里的一切更不足提了。一位家长说："我的女儿在家里住不惯，看不惯，因为厂里什么都不同，就是地板一天还要洗几次，不知道真不真?"工人们不单只赞扬工厂的洋楼大厦，即使上面所举的种种所谓无情的设施，此刻亦均改口一概加以夸扬，认为工厂管理如何严格，厂长薪水如何了不得，工作如何紧张。厂门口几个卫兵稽查本来是一般工友诅咒的对象，届时亦变为大家夸耀的口实，觉得必要有他们，才能显出工厂出入之不易。有一位家长告诉我说，她的女儿对于妹妹所在学校管理松懈表示不满，认为既是学校，为什么允许学生自由回家，这种情形在她们厂里决不能够发生。工友们甚至于喜欢找出一番大道理来告诉别人说，工厂是后方生产的营房，等于在前方冲锋陷阵，生活艰苦一些是应该的，可是这些话在和我谈话时却不经见的。

女工们在不同的情景中，对于厂方发生表面上好像矛盾的态度，其实很可以藉此看出她们所处的地位。她们大多是不满于家庭的环境所以入厂的。她们要在她们家长面前表示她们出了家庭所享受的比家里好得多，一种胜利的骄傲。在家里所得不着的，在厂里全有。她们要使她们的家长屈服，表示她们比家长在地位上高了一等。她们很有些像元春回家的神气。正因为她们急于要证明工厂比家庭更好，所以她们对于工厂方面也时存奢望。她们不但希望工厂成为一个家，更要它成为一个理想的家，在这个理想的家中融融洽洽，快快活活。人都是一样的，谁不想在磨折过自己的人前吐一口气。就是这一点报复和胜利的心情，在历史上造下了无数的英雄，也就是这一点心情，给女工心理一个深切的特点。

可是让我们记着，工厂并不是一个收容所，也不是一个社会医院，自然更不是一大众的家庭。它的目的是在生产，它要求于工人的是效率。给工钱做工，是很明白的经济关系。若是工人在工厂中得不到温存的空①气，那并不是厂方的吝啬，本是工人们误解了现代工厂的性质。可是正因为这层误解，挤出无数工人们的眼泪，平添了厂方很多的麻烦。工人们在这方面得不到满足，于是表现出不安定的现象，影响工作效率。为了维持厂内秩序，为了增加生产效率，也许厂方稍微改变一些对于现代工厂性质的看法，来迁就工人的要求。我们说现代工厂不是社会救济机关，可是事实上却的确收容了无数要求解放的中下层女子。厂方尽管可以觉得除了改善工人的物质生活的设备，别无其他责任，无奈一辈工人却存着感情生活改善的奢望。在这个时期在中国开办工厂招收女工的，也许不能不兼顾到这些实际的要求，在经济打算之外不能不兼顾到社会的打算罢。

六

我在本文的开始已说过在厂的工人中只有百分之七是已婚的。接着我就指出现在工厂的设施似乎很不宜于须兼顾家务的女子。因为这个缘故，工厂所能利用的时常只限于女子在长成和结婚之间的一个短期，因之，我们也很可想象雇用女工的工厂中工人的流动率一定是很高的。后来我曾说明了女工入厂的动机常是消极的逃避家庭痛苦，很像是警报中找个防空壕躲一下的性质。女工流动率的高更是可以预知的事了。

我曾一一询问六三四个女工在厂的时期，很足以表明流动极高的情形：

年限	人数	百分比
三年至四年	22	3.8

---

① 1946年商务印书馆版原文此处空缺一字，根据前后文补上。——编者注

年限	人数	百分比
二年至三年	66	10.6
一年至二年	143	22.9
最近至一年	403	62.7

上表明白告诉我们，在厂一年以上的工友占全厂人数三分之一。有三分之二的工人都在最近一年中进厂的。我们知道该厂在这二年中并没扩大工人总数，所以这也表示在最近一年中，有三分之二的老工人离厂他去。这一点厂方也和我们说过好几次。虽则厂方并不愁没有新工人来填补缺额，但是这样高的流动率，确在管理上和工作效率上发生不良影响。一个工人至少要费一个月的时间才能学会纺织的技术，三个月之后，才能到熟练的程度。当一个工人入厂，工厂方面就得费这三个月的"教育费"。若是一个学会了技术的工人不到半年就离厂，则厂方所花的"教育费"也就收不回来。工厂方面为防止这种损失起见，规定中途离厂的要赔偿这项损失，而且还要在入厂时填写保证书，可是事实上保证人大多系本厂的职员和工人，故保证责任一旦履行起来，困难很多。我们可以设想一个工厂里若是通常要有一半的工人是在学习时期的，则这工厂的生产效率也就无法提高了。工人流动率因之也成了厂方所感觉到十分头痛的问题了。

现在让我依这次和工人谈话的结果分析一下离厂的原因罢。当然，我所能得到谈话机会的都是在厂工人，她们既没有离厂也就无法知道她们将来怎么会离厂。所以我只能间接向她们打听那些她们所熟悉的人为什么不继续在厂工作，更就那些正要打算离厂的人当中，听取她们要脱离工厂的理由。

第一类离厂的女工，是因为使她们入厂的家庭纠纷幸已解除，好像警报已经解除，自可走出防空壕了一般。我可以举几个例子在下面：

五五号女工："二十六岁，马街子人，已婚，入厂系由于婆家太婆性情太怪，容不得人，婆婆去世后，继配婆婆进门一月，即为太婆赶走。前年二小叔，因事出门，弟媳亦被逐。今年正月间又因口角要赶她自己，连五岁的重孙子，也不准留在家里，多方哀求，始将重孙子留下，允许她每周回去看儿子一次，但不许在家逗留，公公和丈夫对自己都很好，可是上辈既如此做也无法挽回，所以一年来暂在工厂栖身。最近太婆得病很重，恐不久人世，何时断气，当即归家。家中有穿有吃，自己不愿在厂久作。"

五七号女工："盐兴人，已订婚，未婚夫系初中五学期休业生。依照家乡风俗，通信至结婚至少须隔十个月，以便女家有所准备。不料夫家不体贴这种意思，去年腊月间通的讯，今年四月间就要迎娶，父亲觉得嫁妆来不及办理，所以拒绝了这次要求。男家认为有意悔婚，因而发生口角，中间又有人挑拨，竟向县府起诉，判决罚款二百五十元，解除婚约。她自己气愤来省，父母本希望她进学校，她不愿意，乃由表姊介绍入厂。最近父亲来信说夫家似有悔意，曾央人向父亲说合，父亲已答允，所以不久或将回家。"

二五九号女工："十六岁，昆明人，父亲去世五年，母亲去世四年，哥哥抚养自己。自去年嫂嫂进门后，哥哥耳朵软，听嫂嫂的话，对自己极虐待，常常借故骂我。几个月前，打我一顿，连眼睛都打出血来。同院的看不过意，才设法叫我进厂，暂时离开家庭躲避一时。最近姑妈晓得这件事，从开远赶来看我，并请亲友同哥哥讲理。哥哥愿每月出饭钱，请姑妈养我，并且自己做不惯夜工，所以最近想同姑妈到开远去。"

第二类离厂的工人是因为实际上并未得到家长的同意，家长也不肯承认既成事实，知道了女儿在厂，一定要勒令出厂，例如：

三三四号女工："十六岁，回教徒，父母双全，有一个哥哥两个妹妹，一个弟弟，父亲同哥哥均在缅甸经商。高小毕业后，母亲本要自己升学，不过自己体谅家里人口太多，供给困难，兼之同嫂嫂难处，遂自愿入厂。母亲本不允许，但亦无法禁止，故对父兄信上，仍遮掩自己仍在学校念书，最近父亲说要回家一转，所以不久或将离厂。"

四六号女工："十八岁，父亲已去世九年，母亲去世十二年，一向由叔婶抚养。十六岁时由叔婶做主与某君订婚。某君前在易门师范毕业，继入军校，近随军出征。因叔婶对自己态度均不甚佳，在家株守无味，乃由堂姐夫介绍入厂。最近婆家曾来信指责不应入厂，未婚夫对自己此种举动也不甚满意，结果只好不回叔叔家去，左也不好，右也不好，做个女子真难，此去前途茫茫，不知如何了此一生。"

二七〇号女工："十五岁，父亲十三年前死在缅甸，继后母亲改嫁，遂将自己交由大爹抚养。大爹在某机关任科长，对自己尚好。惟大娘则很难相处，自己遂设法入厂。不过大爹以为如此做法，过于掉脸，不只活人不好看，连死人也难堪，勒令立刻出厂，所以打算本星期六就请长假回家去。"

上面所举出的第二类工人与第一类工人比较起来，离厂情形又有不同。第一类工人离厂是为某种烦恼的消失，或是某种问题的解决。而第二类工人的这些烦恼仍旧存在，中途离厂只不过（是）家长强迫的结果。此外尚有些工友则烦恼困难依然存在，家长虽不强迫，但她们对于新环境并不能满足，自愿离厂，这些可以列为第三类，例如：

一五八号女工："十六岁，父亲服务军队，近出差在外，家中有母亲，姐姐同自己，姐姐在昆华女中读书。入厂系由于自己不愿意念书，认为读书并无意义。姐姐写信告诉父亲说自己不用功，父亲封封信都骂我，自己不很高兴，赌气离开家庭来工厂工作。进来已经将近一月，不过这里工作太苦，自己受不了，做夜工到下半夜，简直眼睛都睁不开，所以打算月底还是回家的好。"

一二五号女工："十五岁，通海人，父亲去世十多年，大哥二哥从军在外，已多年无讯。家中有田二百多亩，父亲死后，被四位叔叔设法联合吞并。母亲与之起诉，前后共七年之久，由县府以至昆明高等法院无不告过，然母亲终归是女人，结果无法申冤，眼睛都哭坏了，母亲看自己在家里也难过，才叫自己来省姨母家暂住，继由亲戚介绍入厂。这里虽然还可以，但是总是挂念母亲不放心，恐最近要离厂回家。"

第三类的工人离厂之后是还到原来的烦恼中的，可是还有一类工人既离了家也就不再想回去，但是这个工厂并不能满足她们，于是她们设法改行，例如：

二〇九号女工："做工全靠身体，现在年轻力壮，耳明眼快，自然无所谓。若三十岁后，恐就不能维持，那时工厂只有请你滚蛋，所以长在工厂本来说不到，就是决心要在也在不了，自己近来想出厂补习簿记，然后再设法找事。"

三六号女工："这里工作太苦，每天做八个钟头，站得头昏眼花，而且每月所得工资还不够鞋子钱，并且机器常常走电，随时有生命危险，所以决心想掉事。"

一九一号女工："要上长，做工决不是办法，苦一辈子，结果到尾还是一个工人，厂长也轮不着你做，所以想请叔叔另外找事，或是继续升学，因为读书才好呐①。"

———————————

① 呐，同"呢"。——编者注

一六四号女工："自己本想去考女店员，可惜不会打算盘，才投身到工厂来。现在想努力补习一下，将来还是想到商店里去。"

我在上面列举了这四类离厂的工人，可是我并不能说明那一类比较多。然我们已够注意到女工的离厂和她们入厂的动机相关的，至少有一半离厂的工人并不是对于厂方不满，或是对于工作觉得太苦，而是因为入厂的原因已经消除，或是外边的力量不许她们再继续，所以即使工厂方面能在精神上物质上提高工人的待遇，还是无法吸住这一辈工人的。我说这话并不是想叫工厂方面不必在这些方面增加吸住工人的力量，因为还有一半工人的离厂，确是因为对于工厂的生活不满意。她们的不满意有些是厂方可以改善的，好像机器的走电，夜间工作的光线等，但也有一些不是厂方可以为力的，譬如一个人觉得做工不能作为终身的事业，或是觉得不能做厂长就不值得做工等，工厂限于它的性质，不能改成一个专门学校。但是厂方也可以注意到这些问题，予以部分的满足，好像办理劳工保险，做了多少年之后，就可以退休，靠保险金生活；以及奖励有能力的女工，给予升迁，甚至给她们奖学金补助她们入学，她们也没有理由说在现在工厂做工的没有将来可以做厂长的人才。若是厂方能尽它的能力，明白工友的心理，倡导各项设施，工人的流动率至少可以减低相当程度。

七

目前办女工厂的人多少会碰着许多困难问题，不是在他厂内所能解决的。以招工来说，他不容易得到一批以做工为目的，而且希望能长期在厂工作的女工。在厂里他虽则尽力于工人的膳宿娱乐以及工作环境上力求改良，可是为了工人们受不了规则的拘束，甚至为在管理员谈话时的声调引起风波，他虽则把工资极力提高，可是工人出出进进依旧安定不下。我遇见过好些管理女工的人，都似乎毫无办法，莫名其妙的感觉到对付女工的不易，这原因是在我们对于目前女工的性质还没有真切的认识。

我希望上文可以使读者得到一个印象，就是管理女工的人所碰着的问题，并不是一个单纯的工厂管理问题，而实在是牵连了整个严重的社会问题。几千年来，在我们传统社会中生活的女子，她们活动的范围始终脱离不了"家室"的限制，即在目前，虽则原则上已经承认了男女平等，但男女在社会上的机会还是不相等的。女子脱离了父兄，丈夫，儿子，她就不易找到一个独立谋生的地位。因之，即使她们受着种种痛苦，除了自杀脱离这个世界之外，很少有其他解脱的办法，而只有忍气，只有吞声。现在工业的发生，给女子一个自谋生活的机会了，于是一般要求解放的女子就向这出路挤去，把以生产为目的的经济关系，变成了一个妇女收容所，一个社会救济院。这是工厂当局所意料不到的。

若是工厂设立的目的完全是在于生产货品，则工厂的变质诚属不幸。不过从整个社会的立场来看，却未必尽然。当社会分工并未臻十分严密时，或是由于某种特殊原因，一种社会机关常兼理着多种功能。在一方面看固然因为不专一而受到损失，可是从多方面看，很可能是得失相消。尽管工厂里因工人流动率太高，使生产效率诚低，但是因工厂的不限制短期避难者的入厂，却补足了社会制度上残缺的部分。

工厂的设立给内地妇女确立了一条解放的路线。中下层妇女既有独自谋生的可能，她们对于家庭里不平等的待遇，大胆的敢于反抗了，甚至可以脱离家庭，使家长无所施行他们的威力。上面我已经举出了许多例子说明女工们可以走出她们的囹圄，现在可从家长口中来看一般妇女怎样自求解放。

二二七和三七六号女工系姊妹，姐姐系新寡，最近才由妹妹介绍入厂。她们的哥哥和我说："大家相熟，谈谈也无所谓。请想，纺纱厂那是好人进去的么？里面什么人都有。家里又不是吃早没晚的。去年小的同内人不知为什么吵一场走了，今年大的从娘家回来，不到一个月，又要耍这套把戏。不知道的还说我们夫妇不容人。我常叫内人忍气些，免叫外人笑，结果还出这样的事。从前气恼还少些，自从入厂后，气恼更大，星期天回来，免不了吵一场。两姊妹合成一伙，总说我们偏待母亲，因为不放心，她们每过才回来看看，不然一辈子也不跨我的门。我说：'不放心，你们请去养。'她们一提这个就要同我分家产。家母也是老颠冬①，有时候不惟不镇压一下，反而挑拨她们直闹……是她们像个人样，我也不让她们进这样的地方去，叫人家打我的脸。若像这一类人也只有让她们到这些地方去。"

上面这番谈话可以看出这两位女工怎样攻击她们的哥哥，保护她们的老母，要是她们仍旧要靠她们哥哥过活的话，这种行动自然不会出现。

由于能经济独立，所以一般工友不只可以消极的脱离家庭的束缚，解

---

① 颠冬，糊涂的意思。——编者注

除了种种无情的压迫，同时积极方面行动，也得自由，自己可以支配自己所得的工资，来求物质的享受，自由交朋结友，更可以很从容的去选择自己的终身伴侣。这些情形在工人的谈话也许还看不清楚，所以我们不如从家长的谈话来看，一则工人素由家庭抚养长大，入厂以前的行为如何，入厂以后怎样发生改变，家长自然清楚；二则家长若是代表一种旧势力的话，则一般工人出门的情形，解放的程度更容易表现出来。

二〇一号女工的祖父是个农夫，他曾来厂参观过，他说："这样苦，若剩得下钱来还无所谓。不想好的学不到，厂内人多品杂，大家吃呀，穿呀，尽讲究这些，这样做了做什么？小姑娘家就这样，大了怎么办。我一点也不赞成，她父母顺着她那也没有办法。"

二三二号女工的父亲是中医，据他谈起来，觉得："惭愧得很，这都是自己教导无方，让自己子女做这样羞人的事。你家想，我们是读书人家，她母亲家是世代名宦，她几个叔叔也在外面读书。就是穷到饿饭，也不会叫自己儿女出去做工，提起来真丢人。又不是要她赚得的钱拿来养家，她反而时时向家里要钱。不是她母亲护着她，我不要她进我的门。我晓得是我管的严①，不能让她到外面自由胡闹。要像这个样子才能乘她的意在外面胡行乱为，气人气人。"

另外一位家长，她的女儿已经请长假离厂，现在正备办嫁妆，准备出嫁。这位家长是开线铺的，据他说，他的女儿，"从前在家里常同她母亲（按：继母）闹，自她进工厂之后，我少了多少气恼。并且女子能够做点事，我也不反对，至少自己的饭帐②钱零用钱可以赚赚。只是听说厂里坏人多，不过像我们这样的家声，教管认真些，清的自是清的，外人也说不上。这两年她还听教管，所以我也任她去。这几年她添置的东西也还有点，我嫁妆钱倒也省了些"。据我知道这位工友的未婚夫是某机关的庶务，婚约的订立是双方自己同意了之后，才托媒说亲，只是瞒着家里而已。

上面这三个例子，很可以显示这三位女工，在旧式家庭束缚之下，如何藉工厂里工作的机会求得解放。第一位女工，自入厂后生活享受可以自由支配了，第二位女工则因为入厂才开始脱离她顽固父亲的监督，行动得以自由了，第三位女工由于入厂方获得婚姻上自行选择她的配偶。可是女

① 1946年商务印书馆版此处为"厂"字，应有误。——编者注
② "帐"，原文如此，应为"账"。——编者注

工们解脱了传统的束缚，得到相当的自由之后，她们是否善于利用她们的自由这是另外一个问题了。

工厂给了中下层内地女子一个解放的机会，解放到什么程度，以及经了一番工厂生活之后，这辈女子性格上有什么变化，她们出厂后的生活怎样，自是我们亟愿知道的问题。可是这些问题我在这里无法加以讨论了。我只想在这里指出，工厂既给女工以相当生活上的自由，它也应该利用她们在厂的期间并给她们一些如何享受她们自己以增进个人和社会的幸福的指导。幸或不幸，现代雇用女工的工厂附带的担负着解放女子的责任。若是工厂方面忽视了它的社会责任，使一般女工在出厂之后，误用她们的自由，在社会上造成不良的声誉，一辈真正要求解放的妇女不敢进厂，或是女工的家长加紧防止女儿进入工厂，则对于将来中国工业前途，免不了会发生不良的影响。

书　后

　　国衡把他那本一再改写过的昆厂劳工的原稿交给了我，预备送出去付印。我又从头读了一遍。我觉得在研究方法上和在解释目前劳工问题的理论上，还有可以补充及发挥的余地；因之，愿意在书末加上几页附言。

一　预定的研究方案

　　国衡这本书在方法上更可以代表我们研究室所提倡的"社会学调查"或"社区研究"。我在《禄村农田》[①] 的导言里曾提到社区研究和流行的社会调查的分别："社会调查只是某一人群社会生活的见闻的搜集，而社会学调查或社区研究乃是要依据某一部分事实的考察，来证验一套社会学理论或'试用的假设'的。"[②] 换句话来说，社会调查者记录所观察的事实之外别无其他责任，而社区研究者则还要用理论来解释所见的现象。社会调查的中心是事实，社区研究的中心是理论。

　　这一番辨别在一个普通读者也许并不发生任何意义。最近我在云南大学及西南联合大学授课，学生中也有很多不太明白这两种方法上的区别。我觉得要明了这区别最好也许是亲身参加这两种不同的工作；次之，是详细比较在两种不同方法下做出来的报告。在农村经济方面用社会调查方法做出来的报告有 L. J. Buck 的 *Chinese Farm Economy* 和 *Land Utilization in China*；行政院农村复兴委员会的各省农村调查；和李景汉的定县社会概括调查等。在劳工问题方面有陈达的中国劳工问题等，这些著作的书末多附有一套调查表格。调查者根据这些表格在实地访问或观察，把结果填入表内。根据这些表上的数字加以分类和统计，就完成了调查工作。我们社区研究的步骤却并不如此。

---

① 费孝通著，本丛刊乙集第一种，三十二年十一月出版。
② 《禄村农田》，五页，此系引 A. Radcliffe-Brows 之演讲词。

　　社区研究的出发点是一套已有的理论，所谓理论是对于社会现象的解释。由已有的理论发生许多相联的问题。根据这些问题去考察事实，目的是在看我们所持理论是否可以解释这些新事实，若是不能的话就在实地观察中去寻求新的解释，形成新的理论。以前我们所出版的研究报告中，我们忽略了把我们研究经过描写出来，并说明我们带了什么理论下乡，怎样修改和怎样充实我们的理论。也许就因为这个原因，所以还有一部分读者不能辨别社会调查和社区研究的差异。在印行这本《昆厂劳工》时，我们不妨把我们在开始此项研究之前所拟定的研究方案附在书后，以备读者的参考。

　　下附的研究方案是根据我们的研究室同仁和南开大学丁佶先生，清华大学周先庚先生，沈同先生等共同讨论的结果而写成的，时间是二十九年八月。在这方案中，读者可以见到我们在设计这项研究时所持的理论和所提的问题；更可见到社区研究者所带下乡的方案和社会调查者所带下乡的表格不同在什么地方了。下面就是预定的研究方案：

云南工业发达中劳工问题研究计划

　　（一）我们的问题——我们是想从劳工的一方面来检讨后方新兴工业现在所遭遇的问题，并想从这些问题中看到后方工业发达的前途和限制，藉此想指出，若是我们想在西南确立一现代工业的根据地，在劳工方面应当采取的种种措施。

　　西南的新工业能否维持和发达，单从劳工方面说，是倚于能否吸收和维持足够数目的劳工，和能否保养和提高劳工的技术和效率。我们若是要回答这问题就需要很多方面的知识，好像：劳工来源，招工机构，工作动机，待遇和报酬，工人生活，组织，以及营养和健康。不但我们要知道厂内的情形，同时我们还得顾到厂外的环境。劳工来源的丰富和枯竭是决定于供给工人的那些社区的组织和经济处境；招工机构常是利用着社会中原有的亲属，同乡等关系；工作动机又是系于工人对于新工业的期望和他们对于工作本身的态度；工作效率更牵涉到工人在厂外所养成的生活习惯如何，营养是否充足和适当，健康程度如何等问题。这样看来，我们所提出的问题是需从社会，经济，心理，营养，医学等方面入手才能得到比较完全和能适于实用的答案。

　　集合多方面的人才，在同一的具体问题上，作有系统的研究，在中国尚是一种尝试。因之，我们对于这个研究的目标拟采取渐进办法，先从小范围做起。在小范围中，确定了研究的问题和方法，各项特殊研究能配合得拢，然后可以推广到较大的范围中去。所以我们研究的对象将先限于昆明附近的工厂，将来才扩充到别地的工厂和为其他性质的劳工。

在开始我们这个合作研究计划之前，不妨先把我们觉得在实地调查中应加注意的问题，汇集成章，以作各研究员的参考。

（二）外来的劳工——在分析新工业劳工来源时，第一可以问新工业在劳工方面得了多少当地的遗产？云南在战前有多少工业，保有多少有新工业训练的劳工？这一辈劳工有多少是被吸收在新兴工业中？若是有一部分遗漏在原有工业之中的，是为了什么原因？新兴工业对于原有的简单工业（包括市镇的手工业）是否在争夺劳工？劳工的新工业的移动是否造成了旧有的简单工业的没落和衰败？在这里我们得注意到双方工资的高低，工人在两种工业中所处不同的地位（好像新工业中的工人只负劳动责任，不负营业上之风险），新工业是否可以利用一部分原有工业中的技术和习惯？

若是依我们现有的印象来说，云南原有工业并没有给新兴工业多大有用的遗产。现在的新工业可说大多是平地造成的，他们所利用的劳工，重要的是沦陷区里移入的技术工人和从内地农村中直接或间接所吸收出来的农民。我们不妨先论外来的劳工。

从沦陷区里移入西南加入新兴工业的劳工又可分为两种：第一种是沦陷区中撤退出来没有工业经验的人，他们在后方无法进入农业社区，因而挤入工业中。这种人也许并不多，因为这次大规模的移民似乎并没有影响到和土地拉得特别紧的农村人口。我们这次研究可以旁及的看到这次抗战中移民的性质。

第二种可说是现在内地工业中劳工的主干，就是由沿海及中原工业区里移入的技术工人。这辈人固然是维持现在内地工业的主要力量，但是这个力量是付了很高的代价而得来的，因为他们从沦陷区到内地的移动需要一笔费用。这笔费用直接或间接的得在新工业的账上开销。交通的便利日减，交通的费用日增，内地要和沦陷区工业争夺技术工人迟早要成为一个严重的问题。

云南的新工业若是靠外来的技术工人为主干，则将来在战后是否能维持现有的效率，或能否逐渐发达，就得看西南能否吸住他们？能否继续吸收新的劳工？和能否逐渐把工业干部建立在不易外流的本地劳工身上？这样使我们发生了下列的问题：

什么原因使这批外来劳工到内地来的？或是因为沦陷区工业破坏之后才出来的，则沦陷区工业复兴之后，会不会回去？他们现在和沦陷区的工业区还维持着什么关系？他们在内地的生活是否满意？内地是否满足他们的期望，使他们愿意以此为一生事业的根据地？他们和本地已发生了什么联系？有多少已和本地人结婚成家？他们有没有这种打算？他们本乡有没有家属要靠他们生活的？他们若不安于后方，有多少是出于生理上的原因？多少是出于社会的原因？他们健康和疾病如何？事实上，现在这种工人移入的数目是否日渐在减少？有多少从内地重又回沦陷区的？有多少在云南住了一个时期更向内地进去，加入别地工业的？在现有各地的外来劳工中间那一个地方，那一种性质的劳工是最能安定在云南？为什么？

若是内地吸收外来劳工的力量只靠着一时的战局关系，则战事结束之后，很有失去这吸引力的可能。从经济上说，内地交通不便，生成成本较高，是否有余力在工资上提高到能和外边工业相竞争，维持现有技术工人？

假定外来劳工不是建设西南的可靠干部，则为西南将来工业打算，最重要的事应当是在借这个抗战没结束的时机，设法赶快在本地工人中训练出一批可以接替外来技术工人的干部来。于是我们可以看一看现在内地新工业中第二个重要来源了。

（三）从农业到工业——中国工业化的要义是在把一辈本来农业的人变成工业的人。工业化的过程具体说来是几百万，几千万的农民脱离农村走到工业都市去谋生，是一个个人生活习惯的改造，是一个个人生活理想的蜕化。这一批人脱离了农村，原有的农业组织必然发生变化。同时，这辈带着土气的农民能否顺利的变成工人就成了新工业是否顺利诞生的关键。西南工业诞生得太仓促，从农业到工业的变化因为时间太短，容易发生种种困难，这些困难也正是我们这次研究最主要的对象。

我们可以先从农村方面来看那种人在被新工业吸引出来？男还是女？他们和土地的关系是怎样的？他们在农村社区结构中占什么地位？为什么他们会离开农村？他们离开农村是预备长久的呢？还是暂时的？他们是否把出外做工好像出外做官一般视作是得到一些农业资本的手段，打算隔几年有了钱，娶个妻子，买些田地在农村中成家立业？换一句话说，在他们眼里新工业是否系农业梯阶中的一级？

在农村中，我们可以见到这一批劳工外出之后所引起的影响。他们的外出使农业劳动力的供给减少了，是否已减少到农业中缺乏劳工以致田亩荒废？农作粗放？工业和农业已否在争夺劳工？农村人口减少对于土地制度的影响如何？以前那种雇工自营的农田经营方式是否尚能维持？出外的工人和农村里的家属维持着什么关系？他们是否寄钱回家使新工业成为富裕农村的一种力量？都市资本从这条路线流入农村有多少成为农业资本，或成为集中土地权的力量？

这批人怎样脱离农村加入工业的呢？第一，我们须看到招工的机构，这并不只是指工厂招工的章程，而是指实际上农民离村入城所依靠的路线。什么机构使农民和新工业发生接触的？谁在怂恿农民出外，再给他们介绍到工厂里去的？他们是不是在利用原有的亲属和同乡关系？

第二，从农业到工业可以并不是直接的，路上分着站。一个乡曲的农民的语言，习惯，举止，态度和城里工人相差太远，所以时常不能一步就跨入正式的工厂之中。他们得在某种职业中先住一住脚，换一换面目，然后正式加入工业中去。

（四）农民在工业中——一个农民从农业走到了工业里若是时间太快，很可以还是带着一身乡下人的气味，他在农业里所养成的一套习惯一时不易脱掉。这一套习惯带入了工厂，使初兴的工业发生种种特殊的困难。

第一个最显著的问题是效率。工业和农业中的劳作性质上有很多不同的地方。工业中大都是单调，整齐，耐久的动作，缺乏变化，可是需要比较集中的注意力。这是和农夫在田野里劳作有很多刚刚相反的地方。田野里的工作可以悠悠的做，停一忽，抽筒烟；高兴时多做做，不高兴停一下。农民在工业中往往会格格难入，于是工作效率特别低。我们可以从不同时间入厂的工人分组比较他们工作效率。在这里我们可以在效率的变化上，算出一个农民在工作上变成一个工人所要的时间。

第二是工作的动机。我们在农村中曾经看见过农民们常有的经济打算和都市里的工人不同的。都市里的工人生活在生活程度差异很大的社区中。他们不容易知足，天天想着享受不到的东西；因之，他们要尽量的增加收入，想法多挣工钱，努力在效率上求进步。可是农民们确常在生活程度上自划一个限度，一个人达到这个程度之后，就不再劳作了。若是农民们带了这种打算到工厂中来，工资愈提高，请假的日子可以愈多。很多人感觉到西南的工人们有很多要等钱花完了才再做工的，好像南洋和非洲一带的人民一般，这责任是出于农业习惯没有脱尽的原因。

第三是工人的退伍率。在工业中的农民不过是一种过渡的暂时现象。除非在相当时间，他把农业习惯革除，他是不能长期滞留在工业中的。在过渡期间，一部分是被工业所选择了，一部分却给工业所淘汰了。在一个工业的劳力基础没有安稳的地方，好像有个筛子在筛动，不断在不熟练的工人中挑取合格的。被淘汰的工人人数多寡正代表出一个工业的劳力基础有没有稳固的情形。被淘汰的是否回返农村？重视农业？还是在各个工业间来往流动，构成工业中一辈无赖的工人？

（五）劳工的利用和保养——新工业得到了一个工人怎样能好好的利用他？怎样能好好的保养他？使我们所有的人力都能充分利用来振兴我们的新工业。在这问题中，我们得先寻出一个普通工人所能做到的工作效率标准，再把那些可以免除的使工作效率减低的因子，好像营养不足，疾病等，全数除外，然后得比较各种不同的工作环境，分别各种不同的体制，进而求出各体型在各种工作环境及各种性质的工作中，在不发生疲乏的程度下，所能做到的工作量和工作时间。也许我们所得的是一套标准，不是一个标准。有了这一套标准，然后我们可以讲到劳力利用得当与否了。

利用劳工不得其当，则工作时间很长，效率极低，同时却破坏劳工的健康，减少他们的工作兴趣，效率会一天比一天退步，以至于退伍。这是工业的损失，也可以说是劳工的浪费，不正当的消耗。因之，劳工问题中我们要提出劳工的保养问题了。

劳工的保养有两方面：一是不过分消耗劳力，一是尽量调整营养，改善工人生活。我们在这里要知道现在西南新工业劳工的工作效率是否在日趋下降？工作时间是否过长？工作时间过长的原因何在？工人的食料是否足够维持他们工作中所需的营养？营养不足的原因何在？

营养方面我们不但要做食料成分的分析，而且要注意他们膳食的组织。工人们是否个别在家庭中分食的，还是在工厂中共膳的？若是个别家庭是膳食的单位，则家庭的经济状况是否可以供给他们足够的营养？他们工资中百分之几是用在食料上的？工资若是增加是否可以提高他们营养的供给？若他们是公膳的，营养上的管理比较容易，但是各地人民口味是否会发生问题？

疾病也是消耗劳工的一个要素。我们要知道有多少劳工的停顿和退伍是出于疾病的原因。在云南工厂中有那些疾病是最多？外来劳工在抵抗疾病的能力是否较弱？他们最易患那种疾病？

（六）劳工上升的社会梯阶——上面已说过西南工业能否有一个安稳的基础，最重要的还是在能否在本地的人民中选出一批有效率的技工。而且我们觉得战事结束之后，外来的劳工有重返故乡的可能。这是西南工业的一个潜在的危机。换一句话说，为西南工业前途着想，本地劳工干部应当在最短可能期间确立起来。

从一个毫无工业习惯的人训练成一个技术工人究竟要经过多少阶段？这里我们还得先从每一种性质的工业来看，在个别的工业里分着多少种类和阶级？然后把许多工业合起来看，构成着怎样的一个梯阶？一个劳工怎样从一个粗工爬到顶上去成一个技师？从甲种简单工业爬到乙种复杂工业？这个梯阶是否有爬不上去的脱节？他是否须离开工厂才能转变走到工业中的上级阶层？

可是即使工业中有一个可以爬的梯阶，工人们是否有能力一级一级的爬上去呢？工人上升的能力有一部分也许是受制于遗传的智力。因之，我们要分别给各种工人以智力测验。有一部分是限于工业组织本身中有没有给工人增进技术的机会。学习技术的机会是在工厂之内，还是在工厂之外？在工厂里半工半学可以爬到什么阶层为止？厂方对于劳工上升的奖励也是很重要的，好像以成绩来决定工资，在工资之外另加奖金，并选拔有才干的工人升级和改变他的工作，或是给他出外学习较高技术的机会等。

劳工在技术上进级的阻力也是我们所要注意的一方面。在工人间有没有独占技术的帮会？有没有类似学徒制等的组织？我们在这里又要看到劳工的康健，退伍率和对于工业的态度等。

工业组织的性质有时也是决定工作效率和技术进步的一个要素。一个劳工对于他们所做的工作有没有兴趣要看他是否能了解他所做工作的意义。一个在为私人谋利益的工厂中做工的工人，他的兴趣不是工作的本身，而是工作的报酬。可是在一个国家存亡所关的国营工厂中工作的人，很可以在工作报酬之外，另有一种工作的动机和工作的兴趣。工作性质不同，组织不同，可以发生技术上和效率上进步的难易之别。在这里工人的教育程度，公民观念等都成了我们应当注意的问题了。

（七）这大纲的用意——以上是我们在没有开始工作时所能想到的问题。这大纲的用意是在给参加研究者有所参考，而且使各方面比较专门的研究有一个配合的底子。它绝不含有限制研究范围的意思。我们将在工作行中随时提出修正和补充，甚至结果可以完全改了样子。但是我们既要实现合作研究的结果，就不能放弃有一个整体的全面的大纲，使各方面的研究能相辅相关，不但是形式上的联络，而且是性质上的会同。

二 实地观察

规定了研究的方案，第二步就是选择实地观察的社区。这是相当于自然科学的试验室；所不同的是自然科学的研究者可以依他的问题在试验室里安排他该项试验所需的仪器和设备，他可以用人工来控制研究环境，可是我们研究社会现象的人却没有这种方便。我们没有可以加以控制的社会试验室。社会现象依其自身的推演而发生，并不受研究者的全部控制。因之，我们有所要考察的问题就得去寻一个实际社区来考察，所选择的社区又必须有我们所要观察的现象在发生。譬如，我们在禄村研究之后，发生了一个问题就是在内地农村中手工业的发达对于土地制度会有什么影响，我们要回答这问题就得翻山越岭到易村去①，因为我们知道这地方有造纸的手工业可以供我们研究上述的问题。

找到了我们发生着所要观察的现象的社区之后还不一定能进行实地观察，因为实地观察社会现象本身包含着人事问题，研究者和所研究的对象都是人，而且得在一个时候生活在一处，所以他们之间，必然要发生社会关系。即使我们不因此种关系而发生阻碍我们客观观察的感情反应，我们也必须时常注意到自己观察行为会不会引起对方的感情反应因而阻碍我们工作的进行。这并不是研究者个人所能控制的。他若遇着不愿意受人询问观察的研究对象，他的工作也必然不能有结果。所以我们在选择观察的社区时，不但要顾到问题的性质，还得考虑到研究时人事上的方便。

我们为了要实行上述的研究方案，所以曾在昆明附近选择可以观察的工厂。依我们方案中所列的问题说，最好同时有好几个研究员在不同工厂里进行观察，因为在任何一个工厂中不一定能见到我们所要观察的全部现象。而且还有许多问题须在厂外加以观察的。但是人才和经费不允许我们这样做。最初我们只选定了两个工厂，一个就是国衡在本书所报告的昆厂，另一个是以女工作中心的纺织厂，由汝康负责调查，后来因事停顿，初步报告见本书附录《内地女工》。

---

① 张子毅，《易村手工业》，本丛刊乙集第二种。

这两个研究技术上略有不同。在昆厂，国衡是住在工人宿舍里，在工人食堂包饭，因之他和昆厂工人的接触机会较多，而且接触的场合亦较自然，我们并不主张调查者应当全部成为被调查的社区中的一分子，譬如在工厂里调查就得实际做工人，这是所谓直接参加法①。事实上，这是不能，亦不必的。以往人类学者喜欢说他怎样被当地土人认为亲属，怎样容许他参加秘密集会，用以表明他观察的可靠。其实这只是表面上的亲热，实际上一个已长成的人在短期间想变成一社区中的分子是不可能的。依我们在中国农村中调查的经验，尽管嘴上说得怎样甜，我们在别人眼中，甚至在自己心中，总是当地的一个客人。我们并不求脱去这客人的身份，因为我们只有被认为是客人时，问东问西，看这看那，才不会引人疑忌。试问一个本地人怎会对于风俗习惯，甚至各家收入等发生问题的呢？因为我们是客人，固然有一部分事实人家有时可以不愿讲，可是他们也明白即使给我知道了他们不愿本村人知道的事也没有什么关系，我们反正和他们不站在利害冲突上，在工厂里研究，研究者可以在厂做工，成为工人的。可是既做了工人，而想进行调查时，就会引起误会，所以我们主张研究者，以客人的身份住在所要观察的工厂里去。这样，他不但可以和工人中不同的集团，甚至不和洽的组合，往来；他也可以和厂方往来而不引起工人的疑忌。这一点在本书中表现得很清楚。

我在《禄村农田》中已说明我们决不反对数字，我们也不怀疑调查时应当利用表格。我们和社会调查者不同的是在制定表格及规定表格中各项意义的手续，和应用表格时的态度。在本书，和我们所发表其他的报告一般，凡是可以用数字表示，而且用数字表示比较更清楚时，我们决不避免用数字。可是我们并不迷信数字。每个数字所代表的意义并不是自明的，而是需要我们加以解释的。我们所用的表格并不是在调查之前加以制定的。我们给予调查员带下乡的是一个启发他思想，引导他观察的研究方案。他根据了这方案在实地观察，在实地思索，凡遇着须要用表格来记录有系统的可用数量表示的现象时，他就在实地里当场设计他所要用的表格的格式。譬如本书里关于工资一项，曾用了"推算的""定额的""所得

---

① 即今天社会学研究方法中所指的参与观察法。费孝通先生此处对参与观察法的批评与反思相当重要，他实际上是指出，研究者完全融入被研究的社群是不可能的，保持"他者"或"客位"身份反而有助于研究工作顺利推进。——编者注

的"和"过手的"四个项目来记录。这是国衡在实地观察，思索，根据我们所要知道的问题而建议的格式，并不是抄袭其他调查，依样画葫芦，加以制定的。我们的主张是"表格是工具不是主人"。这一点是和社会调查根本不同的地方。

我们可以不以表格为主人是因为我们的调查员是和他所观察的对象有亲密的接触，若是我们没有这机会，我们就不能这样了。譬如我们在纺织厂调查时，因为男女有别，我们不能住在工人宿舍里去和工人们发生长期的和自然的往来。我们只能在一定时间，在特别预备的谈话室里和她们见面说话。这是十分不自然的。我们既然不能对每个工人有个别的认识，所以我们也不能不在谈话前预定了若干项目。更因为对方不相熟识，谈话也时常不能跳越所预定的项目，我们在这次调查的经验中更明白研究社会现象时所受客观环境的限制，所以后来决定我们除非有一个女的研究员不能对女工有正式的研究计划。

读者读完了本书，再看上引的预定研究方案，就会见到其中有很多问题本书并没有答覆的，有些是因为在调查期间厂中并没有发生可以用来答覆这些问题的现象。有些是因为须到厂外去观察，而调查者还没有这种观察的机会，有些是因为我们预定方案中所采取的理论不正确，发生的问题没有意义，更有些是因为调查者本人没有观察的训练不能得到答覆的。

读者可以在上节知道我们在开始这项研究时抱负是很大的：希望集合社会，经济，心理，营养，医学各方面的人才合作做这个与实际建设有关的研究。我们更想在研究方法上采取集体方式，不但在设计研究方案时，我们曾经过好几次集合讨论，而且希望在实地观察期间，观察者每隔两星期就得回来口头向大家报告所见到的现象，由大家讨论其意义，贡献个人的见解。但是不幸的事发生了，使我们无法实现这企图。先是丁佶先生突然逝世，接着是昆明大遭轰炸，各研究机关分别疏散，对于这研究兴趣的人相见都不容易。我们虽则时常得到周先生唐先生和沈同先生的关心和合作，但是集合研究计划不得不缩小，普通的讨论只限于我们研究室的同人罢了。于是有许多关于健康及心理方面的测试不得不割爱了。《昆厂劳工》只做到了我们研究方案中社会学一方面问题。其他方面只能留待将来了。

我在研究方案的结尾加重说明这方案所根据的理论，所提出的问题并不是限制研究者观察之用，而只是一些启发的暗示。研究者在实地里应当用他的眼光和头脑去校核我们提出的看法，并且修改我们所根据的理论。

在这方面本书是一个很好的榜样，国衡在本书中所发挥的理论实在是已超过了我们在设计这项研究时大家所能想得到的了。我愿意在这篇书后里重复提出来，引起读者们特别的注意。

三 工作效率

在研究方案中我们认为中国工业化的基本问题是在如何使一辈农民变为工人。我们更从两方面来规定变字的意义，一是地域上的变动，由农村搬到都市；一是生活习惯上的变动，由独立的，悠悠的农村方式变成合作的，紧张的都市方式。我们更进一步认为工厂里工作效率低，工人退伍率高等阻碍现代工业发展的现象是"出于农业习惯没有脱尽的原因"。这个理论实在是偏重个人的看法。一方面我们似乎假定了农业和工业两种生活方式的不相容性，虽则我们在研究方案中并没有明白规定这种方式是怎末样的。另一方面我们又似乎认为从一种方式跳到另一种方式过程中所有阻碍不过是个人生理上在时间中所养成的习惯。让我们先从第二点讨论起。

国衡在实地研究中对于第二点先提出了疑问，他在第九章论厂风时开头就说："从上面几章看来，工厂为改进工人生活在各方面已经尽过很大的努力，可是工人的反应往往适得其反。我们曾屡次提到这种冲突是新的设施和社会传统未达到调整的时候一个不可避免的现象。不过个人的积习和先入为主的观念，也未必可以覆盖一切，习惯和观念既然是逐渐获得的，也应该可以脱旧换新。譬如说不相信西医的人就未必永远不可以被说服，或用事实转变他们的成见。我们固然不该希望一个初入工厂的农人很快就了然新式工厂的究竟，但反复的教导，长期的学习也该可以破除他们的成见和惰性了。然则工人的行为实际上何以这样难得就范？战事的影响我们已再三提到，生活紧促，心情难安，确实要负一份责任，但从另一方面看，抗战也还可以激发工人的热情，增加效率，何况他们是在国营工厂做工，他们的工作又和军需发生关联，常以爱国自负的工人又何以会发生怠工玩职一类的行为？所以这一定不是习惯或观念所可以完全解释得了的，其间或许还有别的道理存在。"

把新工业不能顺利诞生，归过于劳工在未入厂之前所养成的习惯固然有一部分的确实性，但是如国衡所说并不是完全的解释。若这是唯一的原因则我们工业化的过程也只成了一个教育的过程。除非我们怀疑教育的力量，我们可以希望在时间中终可达到有效的工业建设的了。因之，我们的研究也应当偏重于工人个人的生理和心理。若是我们要注意社会因素的话，也不过是限于如何使工人得到教育的机会罢了。我们在研究方案中，虽没有明说，实在是采取了这个观点。譬如我们说："农民在工业中往往会格格难入，于是工作效率特别低。我们可以从不同时间入厂的工人分组比较他们入厂效率，在这里我们可以在效率的变化上算出一个农民在工作上变成一个工人所要的时间。"我们在劳工的利用和保养中又说："我们得先寻出一个普通工人所能做到的工作效率标准，并把那些可以免除的使工作效率减低的因子，好像营养不足，疾病等，全数除外，然后比较各种不同的工作环境，分别各种不同的体型，进而求出各种体型在各种工作环境及各种性质的工作中，在不发生疲乏的程度下，所能做到的工作量和工作时间。"这些方法上的建议表示了当时我们还认为影响工作效率的因子是体质和工作环境。所谓工作环境，虽没有说明，所指的也限于光度，空间，温度，等物质的设备。这种看法实在是普通工业管理者一般的看法。当国衡对这种看法发生疑问后，我们去参考一下对于劳工问题的著作，就发现有不少研究者同样对这种见解发生了疑问的。最著名的是哈佛大学研究工业的一辈朋友们。让我借这个机会把他们的试验简单的一述，以助证国衡的怀疑是发生得有根据的。

　　快要二十年前，哈佛大学在 Western Electric 公司开始一项关于工作效率的研究。第一步是研究光度和工作效率的影响。他们选了两组工人；甲组在不变的光度下工作，乙组在不同的光度下工作。第一次试验乙组的光度变了三次，分别在二十四，四十六，七十支光下工作。结果甲乙两组的产量在试验期中都增加了，而且增加得差不多。于是他们把乙组的光度降低，低到十支和三支光。结果乙组的产量不但不下降，反而上升；甲组光度不变，产量也逐渐增加。接着他们又改变方法，向工人说光度已经增加，但实际上并不增加，工人们对于光度的"改变"表示很满意，可是产量却并无影响。他们又说光度减少而实际不减，工人有些抱怨光度不足，但对于产量也没有多大影响。最后，他们把光度一直降到0.06支光，等于在月亮光下工作，那时产量才开始下降。——这些结果似乎说明了光度和产量并无一定的关系。

　　哈佛大学工业研究工作并没有因此停止。他们又另外选出五个女工在一间种种工作环境都能控制的房间里工作。每个相当时期，工作环境即加以改变一次，看这些改变和产量有何影响。工作环境中如温度，湿度，睡眠时间，三餐的菜单等等都有记录，产量是有自动的记录机，把每节工作所需时间都记下，工作的质地也有等级的记录。这个精细的试验一共有五年之久，记录的卡片真是汗牛充栋。世界上对于工人工作作系统的观察和记录，没有比这个试验更精细，完全和长久的了。结果却和上述的试验一般，在工作环境和工作效率之间，找不出一定的关系来。

研究者还是不死心，继续这种试验。这次是比较各种不同的工作时间和休息。好像起初是让工人在朝上和下午多得每次五分钟的休息，后来休息时间加长，并在不同时间插入短期休息，有一个时期，工人在休息期间还可以吃一些东西。这样试了两年。起初变更一次休息时间，产量也增加一次，所以试验者认为找到了工作效率的决定因素了。可是试验到第七期，试验者决定恢复未试验以前的状态，依他们的猜想，工作效率也会降低到原来程度，可是事实上并不如此，产量并无变化。

这是什么原因呢？研究者最后才发觉影响工作效率的并不是他们所控制的工作环境，而是在进行这项试验时所创造的心理状态。为了要进行试验，所以研究者和工人间发生了亲密关系。研究者把试验的意思讲给试验者听，使他们能在试验中和研究者合作。他们又时常因试验的需要访问工人对于各种工作环境改变的意见。他们又和工人们在管理室开讨论会，使工人们觉得自己的重要，而且认为他们是在参预由大学教授们主持的科学实验。他们甘心愿意合作的心理使他们工作效率大加提高。

这第七期的试验使研究者发觉到人事试验，和物质试验的不同。试验一块石头，石头不知道在被试验，并不改变他的性质。人却不然，人是有知识有感情的。他并不是直接生活在自然世界中，而是生活在他知识和感情所改变过的意识世界中。同样是一种光度，若是在两种心情中看去，可以有不同的意义，因之也发生了不同的反应。以往的试验是只去求光度和反应两者的关系，因为缺了中间的一环，所以结果两者的关系无从确立。在上述的试验中，光度和其他工作环境虽在改变，但是工人们却一贯的在愿意合作的心情中做试验，这种心情决定了工作效率之所以上升不落。他们实在是在试验工人对于工作的态度和工作效率的关系。这样，他们那些温度，湿度等的记录也并不发生多大试验上的价值了。他们应当用另一种技术去记录工人的态度，他们对于工作怎样看法，他们对于同工和上司有什么感情。这些材料并不能直接用仪器来测量的了。

一九二八年，哈佛大学的研究者决定改变他们研究的方法了。他们采取访问谈话的方式去研究工人的态度。他们要发现工作环境在工人心理上所具的意义。起初研究者以为工人的好恶可以直接从他们所说的话中得知的。若是有人对于某一件事表示不满，这件事若改良了，他也不再抱怨了。可是经了好久的试验，研究者又发现事实没有那样简单。有时一个人抱怨某项工作环境，若是这项工作环境改过了，他又转移他的不满之感在另外一项事上。不满之感并非由某项工作环境而引起，他不过是借题发挥罢了。有时，有人对于膳食极感厌恶，可是一经声诉，又遇着同情的研究者说了一些安慰的话，膳食实际可以并未改变，可是他却感觉到已经好得多了，厌恶之感也消除了。这些经验，使研究者更觉得工人的行为并不全是由厂内工作环境所引起的。每个人有他的生活史，每个人在厂内有他不同的社会生活，占着不同的地位，遇着不同的人物，各人对他有不同的看法，是他对现有生活有不同的估价。在厂外，他还有他的家庭，朋友，和其他往来接触的人。这种过去和现在生活情境，以及他对于将来的希望和抱负，都是直接影响他工作效率的要素。

哈佛大学的工业研究也因之更进一步注意到工业组织的本身，因为工业组织是工人生活中主要的社会情境。他们又发现在正式的组织之外，工人中常有种种非正式的组织。工人们依他们的历史，兴趣，或其他原因，组织成各种小团体。每个小团体中有它的规范和风气，有些是和工厂所需要的不相冲突，可是也有是不相容的。工人们在小团体里获得他们社会生活中所需的地位，面子，尊荣，名誉，等等。他们关心于小团体中的批评可以远过于工资和工厂当局对他的褒贬。在这个社会情境中他们认取他们生活的意义。若是要使工人效率提高，最好是使工人们把工厂看成是他们所关心的生活团体，至少也要使他们小团体所支持的价值和工厂所需的一套不相冲突。——从这方面进行研究，研究的对象不是某种工作环境和效率的关系，而是怎样去建立一个合作的生产团体了。

我简单的把哈佛大学工业研究的经过转载在这里，目的是指出国衡对于我们在研究方案中所提的看法发生怀疑是和哈佛大学研究结果相合的。工作效率并不是一个单纯的生理问题，因之并不和工作环境发生直接的关系。我们在预定的研究方案采取的看法也忽略了农业到工业变迁过程所引起的心理情境。一个人从农村里出来到工厂里做工，若是没有效率，主要原因也许并不是在他从农村里带来的生活习惯和现代工厂的工作环境不合，而是在工厂里并没有发生一种使工人们甘心效力的社会情境。工厂现有的社会情境并不能引起工人们高度效率的原因，一部分固然出于这辈工人生活中还带着农民的习气，可是重要的还得求之于工业组织的本身。

四　社会分层

国衡在本书中就注意到工作效率关系较深的社会因素了。他叙述了几件目击的纠纷之后接着说，"上面我们说昆厂中所发生的几件事态，决不是完全出于偶然的，实有其蓄成激动的趋势。这种趋势的主要源流就在厂中工人与管理方面有一种对立的形势。这形势也并不是凭空而来的，原来在我们的传统社会组织中一向就有这种社会分化，昆厂里面所表现出来的对立，正是从这种分化里发生出来的。"他又说，工厂纠纷"最基本的原因是我们社会里已经有一个劳心和劳力的分野，'劳心者治人，劳力者治于人'。职员是所谓长衫阶级，代表劳心的一面；工人没有受过教育，是靠体力谋生的粗人，代表了劳力的一面。所以前面提到过的那个监工因为工人的名义不好听，就情愿自己家里贴钱来升他做职员，升了职员就算晋了一个社会等级，比较有光荣，有光荣才有出路。我们的社会阶梯是由仕途入宦途，升官和发财是一套连环，所以从身份，等级和出路去看，职员总要比工人高出一等，在这个社会环境里职员看不起工人，工人对于职员由羡生忌，也正是情理之常。惟其如此，才有职员说工人是小人不可以理喻，才有厂医对职员另眼相看，才有管理员看见工人手指被打破，还说不关重要；两群不同等级的人聚在一起，在上的一层突然忽略了在下一层的幸福和痛苦，好恶和荣辱正是社会上常有的事。……这种态度带进了工厂可以成为从农业过渡到工业的一个大障碍。除非我们工厂里面负管理责任的中上级干部抱定主张，拿出眼光来，一扫这种成见，以生产为前提，把工人看作一体，对他们求谅解，具同情，才可以开拓一种新的风气。否则在我们工业建设当中，在劳工的因素上，这个问题将比人力供给更为严重"。

我不避冗长的抄引上面一段话，因为我觉得国衡在这一段话里对于我们在研究方案里所提的理论有了重要的修正。我们把农业到工业的过程看成了个人习惯的改造，上节里我已经说明了这种看法的不完全，可是我们应当怎样重述这问题呢？国衡在上引的一段话里至少已暗示了农业到工业的过程是一个社会结构变迁的过程。农业里所养成的社会结构并不合于工业的需要。国衡所提出的传统社会分化，劳心和劳力的隔离以至于成为社会身分的高下，是可以追溯到农业社会的特性的。这种分化在现代工业阻碍了合作的契合，以致发生工人与职员的对立，这种心理上的歧视实是现在中国劳工问题的症结。关于农业和社会分化的关系，我愿意在此补充的加以说明一下：

中国农村的基本特性是人口过多。人口过多有两个意思，一是当地资源不足以给人民足够的工作。结果一方面是贫穷，一方面是失业。在中国农村贫穷是大家可以目睹的事实，失业却因家属的相互扶持，不像欧美都市中的明显。但是所有研究吾国农村经济的人一致同意农民们至少有一半时间是旷费在不生产的活动中。丰富的人力挤在有限的土地上，使人丁成为生产中最便宜的一项。世界上很少国家可以和中国农民的手艺相比，同时也很少国家可以见到像中国农民的胼手砥足劳苦终日的。很多地方畜力都比人力为贵，以致牛马畜力用于农作上的远没有工人的多。这样便宜的人工使一切省工的机械失去其意义。一般农民发愁的是没有工做，那里谈得到节省人力？我们记得当现代交通工具传入中国的时候，反对最激烈的是劳动大众。在铁路上卧轨，电车被捣毁，因为这些新的工具夺去劳工的生活机会。只有人力车才是不受反对的交通工具，因为这种工具并不节省人力，反而添加人力，一人口过利的东方也是人力车通行的区域！

劳工便宜，工作上不求替力的设备，以致粒粒皆辛苦，劳作总不免是一种血汗之事。因之，凡是能不必劳作而获得生活的人必然会把脱离劳作视作可贵的优裕。有闲阶级就在这种背境里发生了。他们靠了租佃制度把土地交给别人去耕种，而自己享受土地上大部的收获。在人口众多、土地有限的环境中，不愁没有一大批无田无地的穷人，愿意接受苛刻的条件，租地当佃户，于是较大的地主很容易变成不劳作的有闲阶层。劳力者役于人，劳心者役人的社会分化于是成立。

有闲阶级脱离了劳作可以从事于较高的文化活动。他们有钱有闲可以学习那艰难的文字。中国传统的文字决不是一个每天得靠劳作才能生活的人所能学习的，至于经典之类的学问更是须毕生努力，远非这些劳工所能妄想。可是在传统社会中，礼法是维持秩序的纲纪，不读诗书就不配成为维持社会秩序中的权力，于是那些有闲阶级，因有闲而有学，因有学而有势，成了传统的士大夫阶级。役人的劳心者并不是劳其心于生产事业，而是劳心于统治工作。劳力的在被统治中经营维持社会的经济活动。这两种人在社会上形成了高低两种身分。

现代技术的发展使劳心和劳力的性质改变了。在传统的生产活动中动力的来源是我们的肌肉，因之有不必劳心而偏重于劳力的人；而且因为技术简单所以不劳力的人就得凭藉权力来获取劳力者所生产的东西，役人的方式于是发生。现代技术是起于自然动力的应用。人并不是动力的供给者，而是动力的运用者，所以生产活动的本身逐渐脱离劳力的性质而成为劳心的性质了。他们不是以劳心来役人而是以劳心来役物，不论是一个车床上的小工，或是一个管理整个工厂的工程师都是运用心思利用机器来以应付物力，所不同的只是应付的对象有广狭罢了。一个工程师可以是要指挥许多工人，他得应付人，可是他应付人是在配合各人所运用的机器以完成共同的生产目的，这是和地主役使佃户或仆役的性质不同。地主是从佃户和仆役的劳力中直接获取他个人的享受，而一个工程师指挥工人是在完成这团体活动的共同目的。在现代工业组织中只有工作和责任的划分，本质上已没有身分的高低。

国衡在本书中指出了在我们现代工厂中还遗留着传统身分的划分。大多数在工厂里工作的人还保留着工人是役于人，职员是役人的观念，工人和职员既是社会上两种高低的身分，而人的本性都是想由低级爬到高级，于是一般工人的心目中，他们的出路并不是在技术上求进步，而是在想抛弃工人的身分，从役于人变成役人的地位。这种传统的观念不变，工人这个阶层也就不容易吸收住肯努力的人才，只有那些爬不上去的人才不得不停留在被社会所轻视的地位上，这些人自不会安心，也不会拼命工作了。而且责在配合团体活动的职员若有意无意的以役人的态度去对付工人，甚至以个人的服役作为升迁工人的原因，分工精密的现代工厂组织中就会发生配合不拢的弊病。工人和职员间，各级工人间的对立就是分工而不合作的病象。

还有一点我们应当注意的就是在传统农业社会中，劳力到劳心，役于人到役人，被统治者到统治者——是一条社会地位上升的道路。一个处在低级的人若是肯努力，在相当时间内，本人或是他的子孙，可以爬到上级，所以这两级是在一条梯上的，爬得上去的。因之，虽则我们可以说劳于统治的地主们不一定用心思在生产事业上，常成为社会上的寄生阶级，可是这个享受阶级的存在也正给了每个在农田上胼手胝足的农民们一个努力的目标。有为者亦若是，多少也是鼓励一个工作一个工作者的力量，一个向上的志气。工作有目标，做人有志气，是工作效率的来源。

目前过渡时代的中国工业里，传统观念虽则没有很清楚的改变，传统的事实却已改变了。那种处于工业组织低层的工人们，在观念上被人看不起，在事实上也爬不到被人看得起的职员阶级。一个管理工厂的职员，大部分都得受过中学教育；穷苦人家的子弟须入厂做工来谋生的，很少有得着这种教育的机会。职员所必需的文字训练不是一个做工出身的人所容易获得的。国衡曾提到一个由工人出身的管理员不受高级管理员的赏识，表示了这个职员在行为和气味上不能进入职员的团体。工人和职员因为来源不同，在礼貌，谈吐，举止，态度上已有不能混合的分化，从工人到职员的上升路径上已有严重的阻碍。上级职员都是大学甚至是留学出身的人，说话时常夹着英文，工人怎能想象有为者亦若是？那个要国衡补习英文的工人，即使学会了英文又会发现还有其他必须补习而比英文更难的东西，使他失去上进的志气。这些事实摆在眼前，怎能使工人们不觉得前途暗淡，一辈子也不过是一个被人看不起的工人。这在汝康所描写的女工中更是清楚。在一个没有前途，没有出路，没有希望的事业中生活，不是三日京兆，暂时驻足，等待有较好的机会，就是因循苟且，敷衍塞责，在烟赌和酒色上去寻求片刻的刺激。

国衡这种分析，使我们从个人的生活习惯去解释现在中国新工厂中人事问题，走入了对于社会情境的分析了。在这里我们可以进一步追问，为什么在现代的工厂组织中还会遗留着传统的结构？不但在我们中国如此，即在工业先进的欧美，工厂里也有非正式的组织存在，我在上节介绍哈佛大学的研究时已经提到。这问题使我们不能不讨究到现代工业的基本性质了。

五　现代工业的病症

远在一八二九年，法国有一位工程师已经注意到这问题。他就是Frederic Le Play。他研究欧洲的劳工从那时起一直到一八五五年。在这个时期他在欧洲大陆上各处旅行，观察；发现了工业愈发达的地方，生产事业中合作的程度愈低。他为此问题调查了许多不同的社区作比较，写了六大册的报告，从一八五五年到一八七九年出版行世。他在第一册里描写欧洲东北部的农业的和渔业的村子。这些社区里的人和人有充分的互信和互助，维持着和平和安定。每个人生活在这种社区里明白：他和团体有什么关系，一举一动对于团体会有什么影响，团体里的礼法对于自己有什么意义。他不必须别人的干涉才去实行某项规范，因为在他这些规范不是限制个人行为的桎梏而是达到个人生活的方便之门。个人和团体的高度契洽下，每个个人间的行为也就配合得像是球场上的队伍。个人的参与团体生活是出于自愿的。

Le Play 逐渐向西欧研究过去，工业化的程度也逐渐加深。生活程度是提高了，可是社区生活却"动摇"了，有些而且已经在"解组"中。他又把这些型式的社区详细描写了下来。现代工业社区，依他看来，已经失去了和平和安定的能力。社会规范的权力已被忽视，亲属的联系已被拆散。在这种情形下，秩序得靠腰边挂着武器的警察来维持。每个人不安于他的现实，梦想着更好的去处，永远在不满足的心情下追求新异和刺激。个人间的系联一断，社会的重心也就不在契洽，而在于当前的利害，换一句话，人不得不集合而集合，而不是出于自愿的去经营共同生活。Le Play 更指出了三种弊端发生：一是财富的误用，财产所有者脱离所有的东西，而寄生在这上面；不利用人和物的关系去增加人和人的联系，反而去增加人和人的对立；二是知识的误用，人对于人事的知识不用来去增加人和人的合作，反而去减低人对于文物制度的信仰而损害它的威权，以致人和人间缺少了认真的精神；三是权力的误用，表现在风俗习惯礼法中的团体权力被人漠视之后，社会秩序的维持只有靠人为的暴力，以致发生彻底的专制，不顾及社会利益的权力团体或个人的权力产生——一言以蔽之，人和人的合作从自动变成了被动。

接着 Le Play 在法国社会学中有 Emile Durkheim 继起。他更从理论上发挥现代工业兴起之后，都市社区不但是丧失了人和人间的契洽，而且个人也因之失去了他生活的意义。这"一堆散沙般的人"只在物质享乐上苟延残喘。超于个人的价值已不受人注意，自觉洒脱和漂亮的人靠一些眼前的刺激过他的日子。一旦遇到挫折，他可以抛弃生命来作最后的解决，自杀了事。

依 Le Play 和 Durkheim 的说法，现代工业似乎是一种病菌侵入到和平安定的社区中，用着一点物质的享受，引诱的人们放弃他们生活的意义和人生的愉快，终于走上毁灭之途。他们的看法是否过于悲观，我们暂时放一放不论。有一点我们在这里要提出来的就是自从新的技术发明以来，人类对于自然支配力突然增加，在利用新技术，获取更大的物质享受的过程中，我们需要更多的人的集合，作更细的分工。也许是因为技术进步得太快，这许多被技术条件所集合拢来的人显然还没有在心理上，在感情上，适合这个新环境，以致发生了如 Le Play 和 Durkheim 所描写的那一大堆倾于自杀的沙砾般的个人，同时这堆沙砾般的个人在技术上不能不在一个生产系统中工作，进而发生了 Le Play 所说的三大弊病，这三大弊病到今日已表现得没有人再能否认了。一百多年前的先见并没有减轻我们在目前所受这三项弊病的磨难！

可是我们却不愿跟着 Durkheim 一般的想法认为是甘心走入这种没有组织的社区中去的，尤其是那些在早年曾经在比较完整的社区中生活过的人，他们不能爽爽快快的从愉快的环境走入不愉快的环境。我们一方面得去看为什么他们走入工业社区里去（假定 Le Play 和 Durkheim 的理论是对的，则抛弃健全的生活接受不健全的生活，显然必有理由，不能是一种自然的过程），另一方面，若是他们不得已而走入了工业社区，他们怎样去适应，怎样在可能范围中去保留他们曾经藉以获得愉快生活的组织？这两个问题使我们回到了国衡在这本书里所描写的昆厂了。在这里我们也许可以得到一些线索。本书用事实证明了工业初期劳工的进入工厂并不常是工厂本身的引诱而是社会其他力量逼着他们走上这条路的。而且我刚才所提出：为什么在现代工业中还留着过去传统的组织，甚至不受承认的遗留成为非正式的结构，这问题是否可以用劳工们怀念着过去愉快生活的结构，在个人化了的社区中去追求社会生活的企图来解释？

我们若是修改"从农业到工业"的公式而代替以"从有组织的社会生活进入无组织的社会生活"，比较上更容易了解昆厂工人们自觉的或不自觉的所遭遇的困难了。让我举一个例子来说："我睡觉的那间屋子里，时常听到为了门窗的开关问题而起口角。有时到了熄灯时候，还有人抽烟筒下棋或高声谈笑，闹得全室不安，有人起而干涉，反转来引起更大的骚扰，还有工人半夜起来开了灯忘记关闭，以致天尤未明，已有人受了灯光刺激而早醒，彼此交谈，结果亦影响全室。还有那个 18 号的帮工，每两周有一周夜班，日间也睡在同一寝室内，其他工人进进出出，自然使他不能入眠，若是遇到有特别的事故，他也靠着一股亢进的精神，和做日班的工人一同行乐。他还告诉我他很爱做夜班，就是因为夜来做工心思很集中，白天没事又可很愉快的玩耍，可是他并未想睡眠不足，会妨碍心身的健康。"

读到这一段话，使我们想到车站等车时的情形，这是一个描写没有社会组织的最具体的记录。国衡虽则用工人们的生活习惯来解释这种杂乱的情形。他的意识是说他们在家乡本来生活上是有秩序的，可是一旦进入这新环境，没有了传统的维持秩序的权威，大家就毫无顾忌的笑下棋，口角起谈来。这显然不只是习惯问题，而是说他们有在秩序生活中过活的能力和经验，可是新环境并没有利用他们这种能力去建立秩序，以致大家顾不得心身的健康了。换一句话说，在这个新环境中，尚没有规定生活秩序的组织，以致使那些人无法无天起来。我觉得这现象并不是工人们没有秩序生活的习惯，而是因为没有秩序的环境使他们无所适从罢了。

或者说工业并不是没有秩序，依着工厂所颁布的法令，没有一件事有无所适从的道理。这句话同样可以应用到现代的都市，若说现代都市没有秩序自然是不合的，可是现代都市的秩序却和乡村中传统的秩序性质不同。依 Le Play 所分析，一种是自动的，一种是被动的；一种是发生在人和人的契洽中，一种发生在权力的控制中。在家庭里，出息有序，各人起卧的规则绝不需明文规定，也用不着有具体的权力来维持这种节奏。可是一到了昆厂的宿舍里，明明有一定的规则：什么时候上床熄灯可说全规定了。可是因为不是自发的秩序，所以一旦这些法则没有有效的权力去维持也就等于废纸。同时，我们也可以设想，即使有权力，能否使每个人就范，这是问题，除非这个权力很强，否则不易发生效力。而很强的权力是否可以发生在工人的宿舍里？厂方所以不施行压制的原因也许就在怕得罪了这辈工人，以致引起退厂等事。这里告诉我们一个社会秩序的真正基础不在权力的维持，而在自动的守法。自动守法却出自更深一层的条件，就是 Le Play 所说的必须个人和团体有高度的契洽。

这样讲来，我们至此不能不提出现代工业组织中是否有达到高度契洽的可能了。

在现代工业发达的初期，因为原有的传统社会组织，西欧的封建，不能适合于新技术的利用；握有新技术的是传统人社会中没有权力的人，有权力的享受他们传统的特权，不必在新技术中谋发达。新工业没有承继传统的社会结构，反而是一种要求解脱于传统机构的力量。新兴中产阶级兴起，逐渐占领社会的地位时，他们提出了一种新的社会观。他们认为人和人的合作是出于各个人的私利。每个人若能用理智来打算怎样得到最大的利益，社会上才能有最有效的分工体系。这是个自然定下的规律，冥冥之中好像有一双看不见的手，在根据各个人的自私心安排了社会的秩序。在个人说，不必去担心这个秩序，只要一心一意的在竞争中去追求最大的利益。这种社会观在当时的确有它的用处，因为在新技术中开辟了无限获取财富的可能性。在这可能性下需要有胆量，有创造力的人去实现。传统的那种安分的态度不但不合时宜而且是阻碍利用新技术来开拓财富的力量。这种"成功即是道德"的信念打破了社会身分的拘束，使当时的人集中力量来推动这新的生产力。可是也就是这个经济个人主义使一般企业家忽视了组织生产力时的人事要素。经济个人主义把社会看成了只受需要和供给配合的市场，把人看成了一个合理计算的经济动物。在这种看法之下，一方面发生了正统派的经济学，一方面发生了 Le Play 所描写的现代工业社区的病征。

在一个竞争有自由，成就根据竞争的秩序里，个人工作的动机可以是对于将来成功（并不限于经济的收入）的期望。最显著的例子是工业初期的美国，有无数从世界各地移来的劳工，愿意为多得一些工资而接受十六小时以上的工作。他们反对缩短工作时间因为他们的注意焦点不在工作当时的甘苦，而是在未来的荣誉和生活。为未来，他们尽可牺牲目前。他们愿意这样不顾死活的追求未来，是因为当时美国的经济中，有着充分的机会来报酬努力的人，竞争是成功之路，一点都不假。如罗克弗洛，如卡内岐，那个不是个穷小子出身？在这时，工业的效率似乎是不大成为企业家所担忧的问题。到了第一次世界大战之后，即是像美国这样的新大陆，经济机会在现有的社会结构中，已不是可以作为努力者的报酬了。大企业家统制了经济机构，一切的利都集中到他们手上去了。于是一辈在工业里工作的劳动者除了每星期每月所得到的工资外，别无什么可以期待了。"为什么要努力工作"也就成了一个问题。当然企业家可以用开革工人，甚至用长期停雇来威胁工人，使他们不敢不拼命工作。可是这种鞭笞的方法永远不会达到目的的。工人们终于组织起来，用罢工，怠工，以及一切同样不顾道义的手段来对付企业家。这种劳资间的冲突暴露了经济个人主义已不适宜于成熟的工业组织。一辈远见之士，也逐渐看到目前的经济秩序中已发生了很严重的毛病。在 1933（年），Sir Arthur Salte 就说，一个社会的秩序中决不能缺少"集合的决心"。在 Sir George Paish 的 *The Defeat of Chaos*（1941）里更具体的用"愿意合作的精神"来说明世界经济秩序所必需的要素。他们都感觉到二百年来对物的技术确已大大的增进了，可是被对物的技术所联系的庞大人群（从工厂起到整个人类）之间却表示出他们契洽的精神在同一时期非但不能增加，而且反而退步了。退步到不必有专门学识如 Le Play 如 Durkheim 才看得到，就是每一个经管工厂的管理员都切身感觉到工人的效率问题了。

最初，一般发生效率问题的人，并没有想到这是社会结构本身的一种病象，而是以为可以头痛医头，脚痛医脚的。他们注意到疲乏的生理基础。哈佛大学工业研究所最早也是从生理上来研究疲乏的原因的。从工人个人血液里的毒素慢慢研究出来，一直到心理和社会原因。在过去十几年中工业人事的研究里逐渐分出两种倾向，一是从现有工业实际需要着想，为种种病态求取治疗的方法，好像是对于疾病的研究发生临床治疗的医术。哈佛大学的 F. J. Roethliberger 就注意到怎样去诊断，怎样去了解病情，同时也指出了治疗时医生们应取的态度，以及若干已有效验的技术，好像谈话，讨论，意见箱等等。他注意人事调整，以获得充分合作的技术问题，所以他觉得人事上的毛病和身体上的毛病一样是每一个病症有他的特殊性。天下没有万应丹，人事上也没有一个可以解决一切问题的方案。每一件事，每一个人，凡是发生不能顺利工作时，就得依事依人加以诊断。

在一个已经有很长历史积重难返的结构中，若发生了病症，第一步自然是求医疗治。可是社会制度毕竟不是生物机体。生物机体是无法改造的，有改造可能的话也是需要极长的时间；社会制度是人造的，所以也是人所能改的。若是我们发现了现有工业制度中有着病征，我们不但可以就这机构内加以治疗，也可以改造机构本身，取消这种病根。在我看来，我们没有理由相信人类发明了新的技术就永远不能再恢复传统社会中高度契洽的社会组织。现在固然是因新工业兴起而发生了社会解组的现象，这可以看做是一种过渡的情形。若是人类还想绵继不绝，必然不能长久维持现在这种用新技术来互相残杀，互相对立的局面。从科学里得到的力量可以提高我们生活也可以促进我们的死亡。怎样能利用新技术来生产，更以增强了的生产力来提高我们的生活是我们必须解决的问题，合理的工业组织是其中的一部分，也是最基本的一部分。

我们在这里固然不能提出一个简单的方案，但是我们可以说的就是：这本书至少可以使那些讨论中国工业建设的人注意到工业制度本身的问题。工业建设不只是盖厂房，装机器；而是一个新社会组织的建立。在这新社会组织中我们得利用科学知识所发生的新技术来谋取人类共同的幸福。在这组织中一切参加的人必须有高度的契洽。我们决不能因目前工业组织中的种种病象而回头。过去传统社会中确曾发生过契洽，每个人都能充分领略人生的意义，可是这种传统组织并不能应用新的技术。新技术已因分工的精密，使我们互相倚赖为生的团体范围扩大到整个人群。我们不能在小团体中求契洽以为满足。从新技术中所得到的力量已使我们若不用以来求与人类的契洽，即将毁灭这没有契洽而生活已打通了的世界。我们也不应成一个悲观主义者觉得人类贪了物质上的便利，出卖了灵魂，更因灵魂的丧失，连肉体都不能保存。我们面前只有一条路就是确认现有社会组织没有完成一个新的蜕化，我们得在过渡时期的病征中去探求一个新秩序的方案。头痛医头，脚痛医脚虽然在小范围中可以见效，但是这究不是根本的办法。我们可以承认疗治性的人事调整的价值，但是我们觉得，我们还有一个责任去讨究一个比目前工业组织更能适合于应用新技术，更能有效率，也更能促进人类幸福的组织。

我们这番话似乎离开本书的本题太远了。可是我们从国衡在本书中所提出的看法中再引申出去自然不能不使我们推考到工业社会的本质上去。在我看来，这本书使我们已经可以明白现在昆厂里所发生的种种人事上的问题是现代工业中普遍的现象，是出于从有组织的传统社会变化到能应用新技术的新组织中过渡时期的现象。在这过渡时期因为社会的解组，生产关系并没有建立在人和人的契洽之上，因之传统的结构，因其曾一度给人以所需的契洽，遗留在新时代成为非正式的潜在结构，这些潜在结构一方面固然满足着人们的社会需要，另一方面却阻碍了新技术的有效利用。

这种理论是这次研究的结果。我在这书后重述这理论的意思是在指明我们的方法。怎样从理论出发进入我们实地观察，观察的结果怎样修改原有的见解，形成一套新的理论。这套新的理论又将为我们以后实地观察的出发点。读者把我们在本节里所提出的看法和我抄录在前面的研究方案对照一看，就可以明白理论和观察的关系了。我因为有些读者看了我们社会学丛刊乙集的报告之后，而不明白社区研究与社会调查的分别，所以在书后加上这几页说明这本报告中的理论和观察是怎样联关起来的。

费孝通

云南大学社会学系研究室

魁阁，大城，呈贡，云南

民国三十三年十二月十八日

第二部分

魁阁学者劳工研究文章

论个旧锡业[*]

史国衡

（一）个旧与我国锡业

国人论及锡业，一定要想到个旧，提及个旧，也一定要想到锡业。由锡业想到个旧，是因为个旧的大锡在全国是首屈一指；例如自一九〇二以迄一九三五，其出口量对于全国大锡总出口量之比，最高为百分之九九.五，最低也不下于百分之八〇。是以全国内所有其他锡产区（如江西之大廈，广东之电白、揭阳，湖南之江华、临武、常宁，广西之河池、南丹等）也还不足以与个旧一隅相拮抗。故如谓我国锡产位居世界之五，实即个旧锡厂位居世界之五亦不为过。

何以说提及个旧，也一定会想到锡业呢？因为个旧全县除锡产而外，毫无其他出产可言。个旧原系蒙自之一部，迨后锡业渐兴，人口大增，乃于民国二年改设县治。现县内所谓本籍人口，实多江西湖广原籍，其他则几全为邻近各县石屏建水移居而来；至于工人则历来以本省迤东各县占大多数。在过去极盛时代，合县城与厂区人口计之，约为八千余户，而实无一家不直接间接与锡业发生关联。至于物品之供应，则虽一草一木亦必自他处运来。故个旧以锡产著，亦以锡产存，无锡业即无个旧，个旧发亦即象征中国锡业的衰落。

因此，锡业之一兴一替，动辄于个旧之荣枯。并且个旧大锡产量曾经到过一万一千余吨，而其在国内市场之销售量不过一二千吨，其绝大部分实视国际市场以为转移。故自滇越铁路修建伊始，锡价渐涨而厂务随兴；迨第一次欧战兴，国际交通大受影响，锡销陡滞，厂家即遭受打击。自民

———————————
* 原刊于《经济建设季刊》第二卷第三期，第 119～122 页。

国二十四年以迄抗战军兴之前，因受香港汇价上涨之赐，个旧曾达其空前未有之繁荣。但自抗战以还，内则物价节节上涨，外则国际交通相继阻塞，生产成本相对提高，销路乃不畅旺。故去年锡产合私家与公司计之，亦不过三四千吨。在政府方面，垫款收购维持，似已甚感吃力。至于厂商则以累代之经营，巨万之设施，弃之则百年基业隳于一旦，继续维持则又亏空累积。复业既未知何时，赔折将何所底止？是以年余以来，资本小者以告困穷，资本大者或株守以待接济，或暂时移其资金于商业。然时日如逝，方数十里内之厂房多成废墟，数千户之城垣顿成冷市，笔者五载重临，忆当年之繁荣，睹今兹之惨像，念未来之锡业，深觉对有关当局及当地厂户不能已于一言。

（二）血汗产业与现代经济

凡人碰到危急患难，总免不了怨天尤人，是以在个旧今日处境之下，交通的阻碍，物价的飞跃，敌机的轰炸，政府的定价，以及金融周转不灵，这一切都是当地人民怨尤的对象。但究其实际，这些都有其影响，但俱非最根本最终极的原因。凡是明白个旧锡业情形的人，如果能外揆国际锡业的趋势，内审政府对于主要资源经营的原则，以及社会部年①来对于劳工保护的积极措置，就可以逆料个旧传统的锡业，如不大加改进，大部分会将无以自存，故其衰落实不过一迟速慢急的问题。为的是它的产业是建筑在血汗制度之上，政府实不能听任此种状况长久存在，已属显然。再则大部分出产须销售于国际市场，效率与生产成本应与别国争胜。从前者言，劳工待遇提高，则成本亦必随之提高；从后者言，则反须压低成本，减轻售价。如此双方兼顾，自是使利润作双倍之收缩。故如别无加速效率，减轻成本的有效办法，自然会把劣势的经营，逐渐淘汰。

所谓血汗制，本来是指厂主压榨工人，冀从劳工身上剥削利润的一种方式。个旧的锡业，从工人方面言，其种种苦况，自非片言可以形容。所以有人指出他们是处于半奴隶的状态，因此说它是一种血汗制并不算是过火。不过有一部分业主，当其初入矿山之际，披荆斩棘，觅战苗，御凌夷，亦多手胼足胝，除少数极幸运者外，莫不有其艰辛而困苦的奋斗。故谓其整个产业造端于血汗之上，也不为过。因为初次到矿山去创业的人，

① "年"，疑为"近年"之误。——编者注

并不是具有现代知识的，多半是衣食艰难，走投无路，才肯不辞艰险，匹马单枪地深入荒山。如果稍试而成，挖得所谓旺硐，本利相乘，成规渐具，自可渐入坦途，同时他们对于矿工也自然比较宽容。否则开采失败，则自身尚不免于流落，更何有于工人呢？所以在当地从工人一跃而为大业主的事固有，不幸自业主沦为工人者亦往往而是。通常所谓个旧矿主狠毒刻薄有失人性，产业不稳实其一因。我们只看到某些从锡业起家的财主，现在已成巨商富贾，虽然有过一度矿工生涯，其最终的幸运总属可羡。但是我们也得想到与他们同时的，又该有多少金梦难圆，以致累死于地下的冤魂！总之过去的开采技术落后，社会不安，组织零星散漫，以致百十年来，个旧锡业依然无法达到稳定而合理的地步。

当然这种畸形的产业，在过去只算是幸存于一时，现在这种幸存的根据，实已日渐消失了。纵舍战时物价交通种种问题不论，世界锡产的战争，实已早非寻常可比。例如据世界锡产首位的马来，自第一次大战以后，为锡矿开采已逐渐机械化，此外尚有玻利维亚及荷属东印亦于世界锡业中渐据重要地位。且近年以来，英美各国对于大锡代用品的研求，已具相当成效，故并未因南洋锡产之丧失感到过分的恐慌。而我们大部分的锡业则一仍其百余年来之旧贯，技术不求精进，加以内销有限，外销由人，即售价不再提高，亦已不易与人争一日之长短。何况在另一方面，站在政府的地位以视当地矿工之处境，深觉最低限度之劳工福利必须请求，如最低工资，适当之营养，乃至医药治疗，伤害赔偿，过去一概缺乏，未必不应该先后举办，岂能一仍已往，听凭雇主以工人生死赌一己之得失？似此最低限度之要求，自会加重厂主之负担，提高其生产成本。故如不能从生产技术经营管理上求精进，自唯有停止营业之一途。我们还可就近举一例证，如该处老厂锡矿自与民营的旧式硐子打通之后，双方曾一度进行合作，结果人民利用公司设备从硐底将矿砂运至地面，除与公司按六与四之比分配外，较之由私家全部用人力背负尚多出五倍的效率。现在民营锡产的成本较之公司已高出三分之一以上，如将来公司完全采用机械，则其相差之程度当然还不止此。由此可见近代化的设备对于产业的兴替实有莫大的影响。所以当我们在那里看到炉号上的人力抽风，看到运柴米驮矿砂迟迟其行的骡马，看到各家备枪支雇壮丁以防抢夺侵占，拿来与现代的经济组织比较，真觉得还滞留在原始状态，并不止落后百年，那么还怎好与人谈并驾齐驱呢？

（三）个旧锡业的管制

不过上面所述已往的差池，也不能完全归咎于人民，因为政府对于这种重要资源的注意，并不只始自今日。在起初是云南省政府的管制，此乃根据二十七年省政府的议案，由当局参照国外市场的锡价，及个旧锡产成本，收购运销，其他一切生产所需之主要供应物品，省府也有所调整。这个议案，后来是交由富滇银行负责实行的。

迨民国二十八年六月，经济部规定锡业管理规则五条。同年十月资源委员会于昆明设立矿产出口运销处，复按十二月二日经济部公布之矿产品运销出口管理规则，将锡之收购运销统归资委会执行；采锡商人应按政府定价直接售于出口运销处，或其委托机关；即或在内地运销，亦应有资委会之运销执照。该处更为就近管理起见，特于个旧设立事务所，过去富滇银行之一切收买运销事务，从此就交由该所执行了。

唯大锡之价格系由政府规定，同时因为外销之故，其价格又不得不以国际市场一般之供求为转移。无如战时物价上涨，人工奇贵，加以个旧除大锡而外又别无所出，举凡食粮燃料以及建筑器材尽皆取自外县，而自县城至矿地复有相当行程，以致锡产成本更相形见高。故近数年来厂商累有加价之请，函电迭驰无虑百次，近而县参会省参会，远而参政会议皆曾提出此项问题。实则自二十九年以来，锡价已经增加八次之多，最近之定价已至每吨十一万元。但据厂商计算，截至三十二年年底，其成本已增至二十七万，官价至少低于成本一半。而尤觉为难者，则为炉号交锡于事务所之后，常无法取得十足现款，断续之支付，不足以弥补物价之升腾，小的业主随支随用，其仅有之资金常随锡款以俱空。而一部份炉号则又藉口款无所出，收购矿砂之后，更任意拖欠，而另移其资金于他业，故吃亏最大者厥为一辈无熔炼设备之厂主。当然在政府自亦有其苦衷，因为目前收购大锡，不只是遭受亏累，并且呆滞了大批资金。

不过从政府立场来说，不论为一个区域人民生活计，或为全国锡业计，决不会听其一蹶不振。将来锡之产销，除英美市场而外，苏联方面亦大有销售之可能。而将来本国工业发达之后，如制马口铁、器皿、电焊、合金以及玩具种种，内销亦属有望。所以，蒋先生在《中国之命运》一书里，即会指出战后锡产每年须达三千万吨。那末审未来大锡之需要，揆国内各区之厂情，实非发展个旧锡业不为功。

（四）生产的统制与调整

有些个旧朋友曾经询问我们，到战后，政府对于锡业的统制是否可以取消？我们却给了他们一个否定的答复，就是在平时，政府对于锡业恐仍将有相当的控制与调整。这不仅对于锡业为然，实为现代经济发展的必然趋势。理由很简单，像锡这一类的生产是国家的主要资源，此类企业经营的成败得失给予社会的影响至巨，政府对于这类有过分利得同时又有相当风险的事业，得设法调节处理，于个别经营之上，得有提纲挈领综计全局的一个机构，以便统筹兼顾，期于出口贸易，于私人盈余，于劳工福利，收并行不悖之功。

按我国二十七年第三次修正的矿业法，系分矿业权为三类，即矿业权、国营矿业权及小矿业权。那末不论为国营矿业权之出租或矿业权及小矿业权之登记，政府似应即早着手，庶可以安定民营厂主之心；即或民营并无法律根据，亦应即早宣布，使各厂家知所取舍从违，而不至长此狐疑观望，使公私双方交蒙不利。假使民营矿业得继续经营，政府更应有通盘之筹划与合理之监督，领得矿权之团体或个人，对于资金之筹措营业之稳定性须有相当的保证。对于动力之运用，技术之改良，亦须有最低限度之要求。决不让其再有幸则一朝致富，败则仅以身逃，置一切债务与契约而不顾的事态发生。国民暴富暴贫的现象，应俱为现代经济制度所不许，故于民间企业，须有合理之保障与安排。

过去政府对于个旧锡业之管制，好像只顾到了消极的一面，此后似宜更进一层多作积极的指导与调整。此类工作当然不只以收购现成之锡产为已足。举凡厂区交通、水利、治安、环境卫生、工人进退、劳资纠纷、开采技术之讲求、产销合作之创立，皆在在有改进之必要。其实凡此种种，各个厂家也莫不知其重要，但以缺乏公积资金与领导能力去推动发展，以致百余年来，绝少关系全厂之建树，大家视个旧为一猎财之场，偶有所得即行知足而退，对于个旧本身毫无好的影响可言。如以政府之力统行筹划，则公家投资必有所取偿，私人所蒙之利当远比其所付之代价为多。再如战时铜铁奇贵，正可以奖励锡造器皿，而广为推销，实一举而数利，殊未可以唯恐私运因噎以废食也。虽然迩来已有容许次锡内销之令，但必须机构灵活，办法切实，而主持其事之人更宜期期以发展内销为己任，使商人称便，交易繁兴，而后有成效可言。尤有进者，唯锡业兴，民利厚，则政府对于劳工保护之法令始易为力，如生产落后，成本提高，而内中除劳工成本外，甚少伸缩之可能，则雇主自必在工人待遇上作剥削。例如当前，整个个旧民营锡业已奄奄待毙，所谓工人福利将从何说起？

总之，个旧锡业自发展以来，已有百多年之历史，而矿区辽阔，情形尤为复杂，过去其每年万吨左右之锡产，乃由一千多个单位集并而来，论其开采形式，则又有所谓硐尖、草皮尖、冲慌尖等等，其矿地之零星综错更胜于我国之农田，故如欲改成集体经营，亦迥非易事。如果我们希望战后锡业即早恢复，以充国库惠边防，并为卸甲归来的战士留此十万余人之一工作场所，则个旧锡业必须由政府加以积极扶植。最好是由财政部、经济部和社会部会同商一调整原则，暂以国营与民营并存为条件，而全由政府加以管制与监督。如资金、工程、技术、水利、工人福利种种问题，政府须为全盘之设施，同时在逐步经营管理之中，又预为将来国营或集体经营作准备。于是个旧锡业当可以此次之消沉而生面别开，则此岂独个旧一隅之福音，实亦全国锡业之幸事。

云南旧式锡矿业的机运与风险[*]

史国衡

（一）无定的升沉

> 话说个旧地方，人情冷凉炎凉……人心愈趋愈薄，所以乍富不
> 长。有福之人到此，办厂全靠苦忙，好像修仙一样，总要守得久长。
> 倘若打着旺硐，儿女就是惊张，不是金箍手表，就是绸缎皮箱……若
> 是尖子折本，连夜逃回家乡……
>
> ——个旧调

在《论个旧锡业》（《经济建设》季刊二卷三期）一文里，我们可以
看出个旧锡业一般的荣枯，当视国际市场为转移，本文所要分析的，是在
个旧内部，业主之间个别升沉的关键。

从前面所节录的一段歌谣里面，我们很容易明白，在个旧办锡业，常会
发生暴富暴贫的现象，对这种一贫一富，谁也没有确定的把握。有的人很辛
苦的经营多年，总是频年亏空，最后负债过多，总不免于一逃。有的赤手空
拳上矿山，由小本借贷起身，不数年的工夫，就一变而为大矿主，就是他们
自己也未尝不感到惊奇。因此许多人只好把产业的荣枯，看作矿王老爷的意
旨。所以说在个旧开矿，是三分靠人力，七分靠天命。由这方面看，过去一
些从个旧起家的大财主，只不过是机运的宠儿，并不是一定在采矿的知识技
术上有超群绝伦的本领。个人矿业的成败，就紧系于这种机运的得失。

若是问到获得这种机运的难易，因为我们对于全部业主百十年来的
起伏兴替，毫无统计数字作根据，自然不容我们作任何肯定的答复，说是
难吧，我们明明知道现在昆明大的商家，有不少是从那里发迹，尤其迤南

---

* 原刊于《新经济》半月刊第五期，第145~149页。

一带的富户，好多都是由矿致富，从劳工变老板，再由老板生成地主或财东。就在那座个旧山城里，多少栋洋楼大厦的主人，那个不是从清寒出身爬上来的？我曾住过一家厂号，那位老主人总爱对我表示他一生的成就："我出门到这里，仅仅带了两百个有孔的钱，还帮人割过马草，不过二三十年的工夫，我有过四五千砂丁，四个炼锡的大炉，不要提别的，就是这几座大洋楼的建筑，哪一点材料，不是我一手从海防和香港运来的？现在一个小屋角，也要值一百万呢！"有一次在昆明，还听见一位大商人鄙视大学教授没出息，远不如为他做会计或翻译，奉派到印度坐庄之为得计。迨我到了个旧之后，才晓得这位富商在过去不过是当地某店子的一名小管账。再如年前某个因吝财自杀的锡业巨子，他的家产至今还是迤南一带的首富，可是他在四十二岁以前还在个旧街上为人充茶役。个旧的朋友有时同我们讲笑话，说是走进当地某些富翁的客厅，看了一些堆砌杂沓的陈列，就好像是进了古玩店或拍卖行。暴富的人有了钱，是不知道如何用的。真的，在个旧有时会令人觉得财富不一定是智慧的结晶，它似乎可以不薪而自来。

因为从这辈人的身上看来，在个旧兴业起家并非难事，所以从前一些到各县去招工的人，就以这些作为他们勾引号召的资料。赤贫变巨富，个旧是有很多例子的。有些砂丁亲自承认，他们的确是为了"黄金梦"出的门。

然则我们是不是就可以说，在个旧办锡业，鼎盛的机会特别大呢？则又不然。过去当地每年总有上十万的砂丁，就我两次的调查，和多方的比较，实在觉得他们的生活在劳工当中，要算是最可怜不过的。他们未动身之先，就向矿主借了一笔旅费，已无异以自身作了质。到厂上能够三两个人合制一床铺盖的，已算是最好的了。不然只好以棕衣当被褥。过去的食料还有豆浆汤，现在留在厂上的，只能以干饭和盐水充饥。我们碰到不少到厂已经七八年的砂丁，就没有一个寄过钱回去养家小。现在更因为一文莫名，虽欲只身返家已经是不可能了。有一位宣威矿工，十二岁就上了厂，到而今只是一个年逾四十的穷汉。他似乎还很自得，因为和他同时上山的伙伴，多已骨弃荒山了，虽欲求如他而不可呢。

（二）三个因素

这类现象使我不禁要联想到英国小说家迭更斯[①]（Charles Dickens）的

---

① 即狄更斯。——编者注

著作了，他在《劳苦世界》（*Hard Times*）① 一书里，有过这样一段话："焦炭市的厂东们有一句欺人之谈，市上每一个大资本家，都说他们是白手兴家，起首的时候，不过只有六个铜元，到后来就弄到六万镑，他们总说市上的六万工人，为什么不拿六个铜元起首，也弄到六万金镑呢？你们为什么不作呢？"这所描写的虽然是英国早年的情形，岂不是和我们个旧的贫富遭逢恰相吻合？

大约在一个政治机构尚未臻现代化的国家，工商各界的自由竞争也未真正达到健全合理的地步，社会上巧取豪夺的现象未曾消减，任何产业都可以听凭私人垄断，并没有所得税过分利得税以及遗产税制之设施，这个时期是容易有暴发户的事发生的，至于谁会暴发，那也只能归之于机遇。当然这种机遇的后面，是免不了有许多他人的隐痛和牺牲的，但无论如何，对于这种得失的分野真不好找出适当的话来作说明，要是勉强加以断语，也只能说一句老话："踏破铁鞋无觅处，得来全不费工夫。"

对于这种机运的多寡难易，既不能有确切的断语，那末我要在这篇文章中分析的，只是在什么场合之下，才会得着这种机运？机运一失，又会招致什么样的风险？我们这次到个旧，正值锡业萧条，所以从锡业兴替的道理，推论到了他们个人间的荣枯问题，于是从各方面的谈论，归纳出来了其中三个主要的因素，也就是我们通常所说的"天时"，"地利"与"人和"。

（一）天时。在个旧办锡业，确有几分像我们经营农田，种田有几分是靠天吃饭，而当地一部份的采冶亦然。若就冲塴还砂来说，所有的厂家都得受雨水的限制，若只就采发一项而论，其最受限的要算露天开采的"草皮尖"。每值旧历的新年前后，厂东们就得计划当年预备挖多少塴土（指锡矿砂的土），于是资金，工具，水塘容量，场地的广狭，食物，住室，劳动人数，都得于事先有相应之安排。然后才开工挖塴②，各家都把塴土堆在洗塴的溜口周围，规模大的积累得有如山岗。这步工作约于旧历四月底完成，四月以后，就准备着雨水降临了。倘若天时顺利，雨季之来果如所期，他们即刻转移采塴的工人去做冲洗的工作。到年底，水尽塴完，全部的工作刚好告一段落。这时候矿产的分量已足，而一切设备又无

---

① 今译《艰难时世》。——编者注
② 此处原文为"荒"，但根据上下文，应为"塴"。本文中另有两处相同情况。——编者注

虚置或短欠，这就是他们大有之年。

要是天时不利，例如该年雨水过早，连天大雨，山洪骤发，把正在挖堆的场位冲毁，使工人无法从深坑里上下，甚或雨水过大，将地面上毫无矿质的泥土冲入深坑，积压于好堆之上，纵使雨水停息，又不知还要多少劳力，才可将这层泥土铲掉。这样一方浪费劳力，一方又足以减少所挖的堆量，当然是厂家的大不利。反之，如果当年降雨过迟，预计的堆量固然排足了，无奈冲洗不能及时，水量复感缺乏，到年底还有堆未冲洗，此不独使一部分的劳力坐废，亦且要呆滞若干资本。原来堆土中所含的矿砂成分非常低，如未经冲洗出来，就无法从矿山运下个旧城区去熔炼，所以矿山的贮水量一定要充足，要水量充足，就得大部分靠天时。据说在冬天，厂上对工人还有这样一条禁例："喝汤不得洗脸，洗脸不得喝汤。"雨水之宝贵如此，"天时"之重要可知了！

不过上面所说的天时，好像对于全长的影响是一律的，其实不然，例如某家水塘容量过小，对于露天雨水的需要必更大。他们土法筑塘，工程不善，往往贮水溃漏，使冲洗工作完全停止。再如工人到厂过迟，或到厂的人数不足，影响到开工和完工的期限，即便雨水及时，亦将觉其过早了，所以天时并不是一个独立的因素，还得有其他适当条件为之配合，关键就在于人为不臧，所以不能有大家一致满意的天时，纵令雨赐时若，而各家丰歉却可迥然不同。

（二）地利。个旧锡厂的分布有数十方里之广，其间各处俱可能有矿苗，但如何去发现它，一小半是看开采的经验，一大半是靠所谓机会运气的。据传当地过去有一位赵某，曾经打过十八年的硐，不知道赔了多少本钱，就未得着一片像样的矿砂，后来亏累得没办法，只好于一个夜晚弃厂私逃，不料就在次日忽然得了好矿，遂于此一直下去挖了十多年的旺硐。这岂是赵某的采矿知识前拙而后工？本地人还相信，矿砂可以自动的流走，丰盈的矿脉是由矿王带来的。这些虽然未免过于荒唐，却正足以表示他们对于采矿方面是太没把握了。

这种没把握的事实，固然一部份是由于个旧锡矿的生成太不规则，我知道在广西办过锡矿的几位工程师，初到这里也有感到点棘手。不过如果能尽量应用科学方法，并讲求合理的设施，至少是可以减少许多无谓的错误，而可以有相当推测的把握的，不至于像现在一部份矿主公然把一切寄托在矿王爷的身上了。当地还有人把矿的矿脉比喻成瓜藤和瓜实，瓜藤就是一线蔓延的矿脉，也就是他们所称的"塘引"，开采的时候必须追踪塘引而人。如果塘引扩大，那就是瓜藤结了瓜，又称为"连堂矿"。凡是在个旧发过财的矿主，大都是曾经吃过若干锡矿的瓜实的。假使运气不佳，不唯碰不到瓜实，正在追寻着的一线瓜藤也忽然中断，一壁崖石挡着了去路，这个处境真两难了，舍之则全功尽弃，继续下去，则亏空累积，还不知挖到什么程度才再发现塘引，如是无论如何也免不了折本。锡矿在地底下的部位本来是已经生成了的，既然不知运用科学方法去探矿，只能作种种怪诞的假设，那末除了随机任命而外，更有什么别①的办法呢？

（三）人和。所谓人和，可以分作两项来说明，第一项是"供头"和"上前人"的关系一定要稳定。平常大的厂户，拿出资本出来办矿的人（即供头），往往是住在个旧城里，甚至远处昆明，他们只供给本钱，另外由经理人（上前人）住在山上管理一切，举凡柴米，工资，工具等等，都由供头买上山，听凭上前人去支配，同时上前人在山上整理出来的矿砂也陆续运下去让供头出卖或者作价收留。到年底，从矿砂的总值减去一切开销和利息，就得出全盘的盈余，双方按照合同的规定照比例分红。倘若上前人要破坏信用，他可以把运上山去的货物变卖一部以为已有，或对工资少付多报，而供头在山下，也可以浮报物价少计矿价。但揆诸事实，总是以上前人蒙混供头的事体为多，甚至有上前人把一切设备领取之后，席卷而逃的。有位大老板曾经向我发牢骚，"现在简直没有一个完全可靠的上前人，……就是父亲出钱，让儿子上山去恐怕也不行，只有父亲自己上山去比较最可靠"。这也可以告诉我们，一个企业，没有合适的机构，只靠彼此间的义气用事，是很不容易使它稳定健全起来的。

另一项人和问题，是从工人身上发生的，其中最要紧的，是招的工人必须足额，而且要按时到场，又没有很大的逃跑和死亡。因为在招工的时候，厂方垫过一笔路费，开厂之先，又为种种设备投过资，如果劳力短少，就不能尽量发挥功效了。所以每年开工之先，各厂必得遣人四出，携带一笔款子到各处去号召，或竟不惜以狡狯的手段去作勾引。工人到了厂，防范得尤其严，在过去，工人戴脚镣上工的事也是数见不鲜的。二十六年前后这个办法虽然经某位厂长下令禁止了，可是矿主们却用了一批家兵，把守一切，晚上工人进了内房，门上落了锁，外面还有人轮流值夜，

---

① 此处疑有脱漏，根据前后文补为"别"字。——编者注

白天里，各路口又有人荷枪站岗以防潜逃。不过无论防范如何周密，潜逃的总无法避免，大约厂情越坏，工人的待遇越薄，工人就越发想逃亡。逃亡越多，则厂主的亏折也就越大了。所以人事关系的好坏，也为矿业决定一部分的前途。

（三）三个因素的关联

现在我们可以把上面所述的三因素，加以更简单的阐明了。所谓天时，不过是水利和交通的问题。地利，是一个土法开采与科学方法运用上的问题。人和，则是企业的机构和劳工人事上的管理问题。分起来说，当然是每个因素都有它的重要性，但比较言之，恐怕最要紧的是地利，其次是天时，再其次才是人和。因为这整个的产业是从挖矿出发的，挖不着矿自然其他一切就无从谈起，找到了好的矿，总会找到人工去开发，挖出了矿砂，迟早也总会洗出来，而且未经冲洗的堂还可以就地卖于专门收买堂土的人，这种人可以有办法分担洗堂的责任。至于雨水只是对于露天开采的影响特别大，硐内开采可以不大受水旱的支配，所以天时与人和是比较次要的问题。不过地利与天时二者，在厂主的眼中大半是逸出了他们的控制范围，个人对之很难为力，只有对人和一个因素，他们可以有相当的把握，所以他们只能把精力用在后一个因素上面去。然而他们却未想到，如果天时不利，矿藏不丰，为了顾及成本，减少亏空，势必被逼到工人头上去打算盘，因之待遇降低，而供头与上前人又各怀长惧猜忌，自难期其人和了。反转来，如果兼有天时和地利，则伙食可丰，工资可望提高，工人不致中途动摇，产业有了前途，供头和上前人也可少怀二心。由此看来，人和是要受其他两个条件支配的。无如业主们不明白这个关联，一向只是在枝节上去应付，到头事业多舛，徒呼负负，还认为"是天亡我"，这岂不是倒果为因？

（四）均衡机运与平夷风险

由上面观之，个旧旧式的锡业，名义上是实业，实际上是大有赌博的意味在内的。有的人到了个旧，见了赌风之猖炽，遂疑心是受了广州人的影响，他们以为"花宝""番摊"一定是被他们从澳门一带搬过来的，其实广州人在这方面至多只尽了媒介的功用，实则整个个旧矿主的从业精神，根本就可以用一"赌"字来形容。"赌"是最需要冒风险碰气运的，成败付之于"赌",所以不必有合理的计算,远大的企图,以及推陈出新的改进,也只富有"赌"的精神,才肯来个旧,胜了,或则挥金如土,或则知足引退。负了,则以一走了结一切。因而个旧的全部锡业,也只能长此在此兴衰替,甲起乙伏中往复回环了。

锡业中机运如此无常,幸运可以突来,风险也可以立致,适足以使从业的人仅存一种侥幸苟且的心理。同时因为营业无把握无保障,工人待遇亦遂大受影响,产业旺时,业主居安思危,未必肯予工人以优渥,及厂情失利,其自身且将不保,工人自不免空受剥削了。又因产业无常,开采同功,而成败可以异致,败者心生妒忌,则觊觎之心起,成者心怀畏惧,则思所以保全,于是就有拉势力备靠山的事情发生。

所以要锡厂发达,一定要设法消除风险,将机运转变成合理化的数有定的利润,那末首先得改进采探的技术,才不致将生产大业付之盲人瞎马,如再能化零为整实行集体经营,则在一部份人的风险,可以和另一部份人的过分利得相均衡。再其次得解决水利问题,就当地情形看,这可有两种方式,一是用动力引当地红河的水到矿山。一是仿锡业公司的先例,建立空中索道,将堆土运到山下冲洗。水和运输的问题有了解决,则更可以尽量挖掘,全区的出产自亦可以倍增。如采探和冲洗都无意外困难,则营业有常,赢利可计,工人的待遇庶可以法令促其提高,人事关系自然可以跟着逐渐纳入常轨。这样一来,天时,地利与人和就都可以不成问题了。一定要做到这一步,当再不致升沉无定,风险莫测,那然后才配称合理的产业,也才会有健全的繁荣。

我们有劳工政策么？ *

史国衡

（一）冲破了国界的问题

在一个闭关自守的时代，劳工的生活是好是坏总是关在我们自己的家里，他们生活程度的高低，是由我们的社会总财富和分配的制度来决定的，全部的抉择还是操之在我。到了现代，经济行为已经冲破了国家的界限，不独我们的生产效率，生产成本等等和别个国家的生产情形已经是息息相关，我们劳工的生活状况也眼看和别国的劳工相陪衬相连锁，再不容一个政府把它当作一个隔绝的问题作独断的解决了。在十八世纪的时候，欧洲的矿山上，劳动者尽管还带着脚镣做苦工，可是到了二十世纪，再还有这种情形，不独是在国际观瞻上说不过去，别的国家为了不使某一国过分剥削劳动而在市场推销上占优势，也得想办法干涉或协议，于是在工人待遇上渐渐采取相同标准的趋向（见本文本五节）。毫无疑问的，现在工业先进国家的劳工生活的确比较我们的高，但是我们也未必没有提高劳工生活的心愿，只是在目前生产条件之下，纵使惠工有心，仍然会感到无从为力。

劳工生活本来是整个社会的一面，水不涨船怎会高？现在如果不揣其本，只为了国际的牵制，而求齐其末，巨川和舟楫就会两不相济了。如是，以视英美，则生产落后奚止一个世纪之差。而条文的进步则有过之无不及；以视苏联，又不足以语说一种预定的社会政策之设施，至多也只算零星救济。所以从任何一方面看去，不能说出我们真有劳工政策。社会运动本身的理论不是本文所想讨论的题目，让我们只就实际的事例作点引

＊ 原刊于《民主周刊》第一卷第廿二期，第 4～6 页。

申罢。

（二）脱了节的立法

就在去年，为了社会部要推行劳工福利，我们特地去个旧研究那里的矿工生活，以为部里日后实际改进的张本，未去之先，还有中华基督教会的代表来询问矿工情形，他们也准备亲自出马。重庆方面特为要我们和当地的劳工福利委员会保持接触，因为这个会仍是社会部，云南省社会处，中华基督教会和当地人士的一个共同组织，改进矿工生活当然是非由他们负责不为功的。可是当我们到了个旧，看了看实际情形，才晓得许多矿工们多已产尽粮绝，无可如何中陆续下了山，矿工也多作了鸟兽散，留在山上的工人，能有一点粗粮充饥已经算是邀了主人莫大的恩宠，还谈得上什么工人娱乐、运动与教育等类设施？另一方面，厂主资本枯竭，锡价跌落，政府收购大锡并不以生产成本为准，收购之后，有无十足现款割交，产业的本身根本已成问题，尚何有于劳工？是生产如彼，劳工现状如彼，而改善生活的要求和实现的可能性又如此，这怎么不是矛盾？

这个矛盾当然不只限于个旧，劳工政策如果不能和产业找到调适，这种抵触就可以随时碰到。就我们社会立法说，其荦荦大者有工厂法，工会法，有工厂检查法等，举凡工资工时，伤害赔偿，工人教育，差不多都是根据英美各国最进步的条文。而社会部之成立，各省社会处的推广，不待言劳工阶级乃是他们工作的一个主要对象。凡此法令的设施，机关的成立，姑不论目前成效，至少总可以证明一点，政府对于劳工福利似乎是有了倡导的决心。

单就我们社会立法的发展着眼，的确劳工本身不经过长期奋斗，而能使这种保障工人的至宪，能得政府的通过，成为法律以期付诸实施的事，就是欧美大陆早期的社会立法当中也是稀有的事。例如英国劳联组合，在十七世纪初年本已有正式的蕴酿，可是直到十九世纪的上半期才得到法律地位。就工作时间的立法看，从工业革命初期的十二小时制，进展到三八制，实在不是一个很短的奋斗。再如社会保险，就德国说，从雇主责任律的成立到工人赔偿条件的通过，也经过三十多年的挣扎。可是这一类的法令到了我国，在立法的程序就如顺水推舟，很少阻挠。从其通过的轻易说，好像是劳工的福音；若一究其实施的成果，则所谓法令却不过一纸空文，空疏夸大，和劳工的实际生活很少发生影响。实施的准备姑且不说，假使有一天真的要着手推行，一定会弄到枘凿不入毫无是处的笑话。这没有别的，立法与社会脱了节，立法与立法之间也未接上笋①。

我们还可以举出个旧劳工福利委员会的福利设施事项来作注解。他们为要改进工人生活，提出了几件要做的事，例如保障工人生活，成立劳工俱劳俱乐部，劳工宿舍，理发沐浴，阅览室，体育健康队，劳工识字班。这些实行真能逐步实行，自然是工人们的福音，可是一揆当地产业的弱点，矿工处境的艰难，行动自由尚未完全得到，这些福利的倡议，不知道和真情相去几千里，基本的生活条件尚待追求，谁又能在饥寒之下，作识字，打球和娱乐的梦想？

（三）立法的背境——社会与产业

当然论工人福利，我们还得有个假设，就是像个旧这一类的产业总会恢复到一个非战争时期的常态。但是即使在平时情态之下，社会就未必一定健全，产业未必一定合理，所以实施劳工事业，依然会困难重重。因为社会不安，产业就不会稳定，工人的生活自然会随着产业荣枯而一起一伏了。许多人看到个旧矿工苦，动辄指责那些厂主过于贪婪残酷。其实一究产业本身的条件，就可以见出他们自己就都是从残酷的环境中挣扎出来的。矿主们初入矿山，其初总是披荆斩棘，寻矿苗，忍饥耐苦之余，还要逃避强权的侵袭，总是在莫可如何之中，试机会碰运气。他们肯于入山冒险的人，很少是具有高的知识程度，多半是衣食艰难走投无路，才肯不辞艰险，匹马单枪深入荒山，所以他们说"若是富家子弟，万万不能入厂"。我们曾经举出在个旧起家的几位大老板，没有一个不是从寒苦中碰出头来的。有的开始是做茶房，做矿工，管账打杂，然后自己去冒险创业，成则一年致富，败则依然去做工人或茶房。我们一般人到个旧只晓得一些过去穷苦现在家私万贯的大矿家，但在他们背后，谁知道有多少金梦难圆，苦死山腹的冤魂？在这种升沉莫定，人们尚无把握战胜自然，社会有无适当机构和法律来保障营业安全的时候，又怎能希望通常的人自动的去宽大为怀？

我们为再细细分析个旧矿工的工作报酬和生活，就见出无一处不与产业处境有联带。露天开采的矿，工时特别长，而地下开采工时较短而工作

----

① 即没有接榫的意思。笋是榫的异体字。——编者注

却极其笨重。前一种方式要归咎矿量稀薄，只有尽量把人力堆上去，才可使成本减轻，如果不改变挖矿洗矿的效率，硬要缩短工时，缩到矿主觉得无利可图的限度，自然是关闭矿厂了。后一个方式，也是怪开采无确切把握，又没现代化的采冶设备，偷工减料，使得工人钻低洞，忍创伤，发生种种疾苦。由于两种生产的不同，工人的困苦也就因之而残了。

再以童工做例子，我们在民国二十五年颁布的矿场法规第五条就有女工及童工不得在坑下做工的禁令，个旧矿山虽无女工开矿，但在坑内做工的正是以十六岁左右的童工做主干，如果禁用童工另由成年人代替，由于过去的洞身太小，不是减低出产，就是使四体成年①的工人更较童工受折磨。是维持现状呢？只禁用童工吗？抑或在洞径未经改善之先一律停闭呢？政府一定要根据社会产业和环境的考虑作抉择。否则经济部要增产，社会部要停工，产业坐废，工人失业，岂得谓为合理？当然在现时，上面的矛盾问题根本就不会发生，原来所谓法令也只一纸文告，唯一的结果是徒损政府的尊严罢了。

本来禁用童工就是一件不简单的事，英国在一八三三年实行工厂检查之后，检察员在第一次工作检讨会上，所提出的困难问题，就谓保护童工大困难，厂主既不情愿童工家庭亦不赞同，而童工并无出生证，不能得其正确的年龄。可是童工问题牵涉到的范围就很广，平民的生活，普及的教育，精确的登记和检查，看我们去这些条件还有多远？

（四）一个先决条件——人权

除此而外，我们再看矿山工资的支付方式，工资变动的情形，以及矿工的生活疾病伤亡，那一点不是从矿业本身的弱点发的源？有了这种种弱点，在劳力的维持上，不得不以引诱的手段来招工，以强制的方式来阻止工人流动。不自由的劳动在极其原始的生产事业之下，不正是一个很自然的实体么？对付不自由的劳动，当然最好是用鞭笞和脚镣。马克韦伯就说过，"奴隶对于工作完全无兴趣可言，只有用野蛮的训诫才能榨取一些劳动，与今日自由劳动者在契约制度之下半息半作的劳动相当"。唯其这样，厂主不得不施压榨，工人一有机会也就星夜潜逃了。甚至他们不堪虐待，结合伙伴在黑夜里发生暴动，把矿主的全家杀个干净，我们就知道这样一

———————————

① 原文为"年成体四"，疑似有误。——编者注

个案子，矿工带走了十支长枪，把老板杀了二十一刀，报复的意味不是很显然？

在前面我们举出产业与劳工生活相关的密切，在这里又说人权要求是劳工福利的起点，自然不是说我们的劳工在现存的产业之下已经都得着了他们应得的待遇，我们可以断定就是在现状之下，真的大家尽好了人事，工人们的生活依然很有改善的可能。更不是说人权尚无保障，所有的劳工都会过非人的生活。不过我们所要特为注意的，就是劳工法令与产业的改进一定要辅而行。而劳工法令的本质的建立在人权之上，他们的生活改进才不至出于偶然。例如社会保险肇始于德国，论者恒谓当日俾斯麦氏所以这种空前创举，无非是受了社会主义的威胁，却反而忽略了十九世纪末页德国工业突飞猛进的情况，因而实在不能不有此措施。英国创立社会保险制度本后于德国，但何以此后二三十年间，英国在各种保险制度之推行上有后来居上之势？还不是由于英国的产业一向是积之厚蓄之深，所以方能与社会保险的法令相辅而相成？但产业固然是劳工托身的一个背境，如果她们政府尚无威信，人民尚无自由保障，劳工还凭什么向雇主作福利要求？只要看劳工运动随人民权利运动以俱来的史实，我们就大可以明白了。

（五）国际性的问题仍需因地制宜

劳工问题虽然是以国内社会产业做背境，以人权的确立做基石，但无论如何它已经冲破了国界，再无法关在家内求解决了。前面已经说过我们的劳工法令多多少少是受了外国的关联。我国是国际劳工福利会员国之一，总局的公约和建议我们有相机批准和接收的义务，所以从巴黎和会以来，政府批准了的公约已经十二起了。到去年在美国费城所招开的国际劳工会议，我国代表还被选为八个常务理事之一，地位重要了义务也必随之加重，政府如仍持勉与虚旋的态度，以后所受的后果当然更随之加深，劳工依然不能够均等的受实惠。

国际劳工局的主要目的，实在以国际的途径，改善各国劳工界的生活，以求人类正义的实现，用集团方式制定各种草约，凡是会员在批准公约之后，就得将实施的情形向国际劳工局报告。为什么要采协同方式呢？这当然是在防止不公平的竞争，如果某一国自动减低工时提高待遇，另一国却不顾人道，行使血汗剥削制度，则后一个必反而在国际市上占优势。

所以国际劳工局在大会宣言里已指出了这一点："又因任何国家之未能采用任何人道之制度，必会妨碍其他国家改良本国劳工状况的进行。"

当然，就是我们不是劳工局的会员，自然也该提高工人待遇，但是以会员的资格在过去设施之下，我们真是有矛盾有困难。因为劳工局所定出的标准，多半是一个全球性的，并没有制定区域，区别产业程度，制定不同的期限，一切是以二十世纪最进步的国家作标准，我们的工业赶不上人家，一定要我们的工人生活与人家一步一趋，不真是缘木以求鱼，并使我们的工业自行破产？若是工业的自给做不到，再就只有以国库的收入来津贴我们的劳工生活，因此国际劳工局所指定的在人还多限定在工业工人，我们敷衍视听，未为暂不可以对这部分工人另眼相看，但这样一来，岂不会使农人更相行困苦？因为这负担迟早总是会转嫁到百分之八十以上的农人肩头的。

上面这种方式既然做不到，摆在我们面前的就只有三个途径了。一个是顺其自然，相应不理，这一点政府似乎还不拟自圆其理自壮其气，所以尚有所不为。其次是重繁文轻实际，有约必批，批未必行，这一点似乎在有意无意之间已经在遵办了。最后一条出路，就是把改进劳工生活的计划看作整个平民生活改进的一环，而这种改进又与经济的建设政治的民主视同一体。社会产业达到了某种程度工人生活也随之而递升。我们不要讳言我们的劳工生活不如人，所应在意的是劳工生活乃至平民生活在全部社会生活当中是不是已经很合理？

（六）从社会看问题

有位朋友问我，当政府所实行的劳工政策，是不是一如当年俾斯麦的德国有点釜底抽薪的味道？其实俾斯麦式的父道主义姑无论合不合民主自动的精神，到底他的政策还暗合国情，还相当收了效。至于离开了社会实况定出来的"赧①然"立法，不管它的涵意如何，除开对外暂时徒托空言，对内空养了一批吃救济粮的人员而外，所得的是什么？然而策虽设而实虚的又岂独限于劳工！

---

① 此处原刊已看不清，根据前后文推测补上。——编者注

战时内地劳力利用问题[*]

史国衡

在讨论内地劳力利用之先，必得问我们当前劳力供应，是否已经成为问题？我们一向是以人口众多自豪的，总以为在人力一方面，可以取之不尽用之不竭，所以一直到抗战初期，还很少有人注意及此，但三四年来，成千成万的壮丁源源的送上了前线，这当然要使后方劳力继续缩减，另一方面，后方公私事业，不分缓急先后不断的扩张，商贾运输工艺各业又莫不利市倍蓰，在在需要大量的劳力。劳力的供给既未必及需求之巨，其培植更不及消耗之速，故长此以往，对于劳力问题，一任其自然发展，来源本有其极限，用之却漫无底止，则劳力缺乏的现象，即云目前尚不存在，迟早亦必有出现之一日。更进一步看，内地需要劳力最多的地方，当莫过于农业与工业，在今日，这二者似已有劳力不足的例证，例如街头巷尾的招工广告，真是五花十色层出不穷。又如去年昆明某工厂（以下称昆厂）登报招考帮工四十名，结果报名的仅八人，我们还知道昆明另外几个工厂，没有一次招工能足预定名额，又从重庆的《大公报》上，知道四川前年上忙，因为农村吸收了劳力，致少人力将米运到市上去。中央且允川省府之请，准四川暂缓兵役两月。这纵不是说明内地劳力的绝对缺乏，而至少是已有劳力周转不灵的现象在了，至于说到劳力的利用、牵涉的范围却很广，例如劳力与技术的关系，还有军队助耕，罪犯劳动，义务劳动，以及利用女工等问题，在这里我都不预备加以讨论。我只愿根据个人年来调查劳工时，所感到内地劳力在运用上的利弊得失，分作劳力的充实，节约，及调剂三个项目，来对劳力利用问题作一个概括的究讨。

---

*　原刊于《中国劳动》月刊第六期，第 14 ~ 19 页。

（一）

一说到劳力的充实，很容易令人联想到鼓励生育，增加人口，姑无论这种政策的推行若何，至少须待十年二十年后方见功效，在目前已算是缓不济急，而且论一个社区域的劳力，不仅要看它的人口数量，还得注意到人口年龄组的分纪情形，如果那里面人口虽繁庶，幼年和老年所占的成分特别高，在人口金字塔的上下两段成功①一种畸形，那么这个人口数字，又怎能视作劳力裕余的指标呢？即令一个区域的人口结构上，青年和壮年所占的成分并不低，劳力的供应，也得看这里有闲阶级的多寡，尽管它有不少年富力强的人存在，若大多是悠游终日，无所事事，则虽多亦奚以为？我们住在云南的乡间，有位同事的房东，本是一个农家，农事忙了，他们家中长工短工尽量雇，两个三十来岁的小老板却始终不下田，只是坐茶馆上烟榻，像这辈壮年人，又怎能为劳力的泉源呢？尽管有人主张强迫劳动，但在一切实行统制的社会及政治的条件尚未具备之先，则强迫劳动更何从说起！当然我们实施一种社会政策，不应忘其远者大者，或畏难而退因噎废食，不过权衡轻重缓急，及对于所得是否能偿所失的盘算，总不可没有，其实我们还另有劳力开源之道。

一个比较切实有效的补救办法，莫如自外埠或沦陷区招致工人。在过去内地工厂多分别向上海招致技工，唯因旅费过大，手续过繁，招来工人又多见异思迁，不待契约满期而他去，使厂方个别蒙受巨大损失，故多变更方针，宁愿降低标准，就近罗致，此在厂方或不为失计，但就大后方劳力供应言之，却算丢了一个大好劳力的来源。迨去岁滇越路阻，今年沿海被封，自上海招工更是困难重重了，唯接近战区省份，工厂较少，人力或当有余，物价亦平均较内地为低，如以内地工资标准为号召，则不必携带家属的工人，必乐于来内地，这以后我当另文论及，不过这里面当然要顾到役政和交通的条件。

劳力的挹注，本为不得已之措施，至于就内地言，劳力供给亦决未到山穷水尽之境，我们常见各事业机关招致工人，多袭规因便，务近忽远，务辄于通都大邑登报悬招，守株待兔，曾不思及我们的劳力主源并不在都市，且现因空袭之故，居民疏散，此等都市除商店店员及公务员

———————————

① "成功"，原文如此。——编者注

外，少数技工容或有之，其他如艺徒粗工，仍应求之于乡镇学校及广大之农村中，所以尽管劳力的供与求同时存在，第以交通不便，消息不灵，招工机构未能深入民间，供求未能呼应，无从沟通拘合，有若贮水盈渠，水道阻塞，开导不足，终不见源头滚滚而来，反坐叹水源枯竭，此外各地中小学教师，亦应设法提高学生工业意识，激发其从事生产劳动之志趣，一扫过去小学毕业不下田，中学毕业一羞作工之谬误观念，并设法使学校与产业界取得联络，使劳力之供求两方相通，则劳力来路必大可增加。

其实，除开利用教育机关为扩大劳力的努力而外，各种公私事业之本身，亦即吸收劳力之大好宣传场所，盖每一组织之内，莫不有工作人员，如能使他们感到生活安定，工作有兴趣有前途，他们自乐于向其亲戚邻里自动宣传广为介绍。可是就我所知道的，却有与此正相反之事实，我曾先后于昆明附近遇着两群不同县份的工人，他们都异口同声的告我以在某路作工时，遭受少数不肖上司欺骗压迫的故事：始则招工的队长或监工之流，以相当高的工价为饵，骗他们出去。继而克扣伙食，威以鞭笞，积压工资，终则卷欠资以潜逃。这辈乡人既不明工程局的组织真相，又慑于公家势力，不知从何追究，只好让数月辛苦尽付东流！所以他们表示："以后没有靠得住的人招工，宁愿闲在家中，再也不去上当！"似此类剥削劳工的行为，直接固然是减低劳动效率，间接的却给劳工以极恶劣之印象，下次招工时，他们就有一部分人相率裹足不前了。

还有，我们的劳力既是散布在农村中，吸收起来本较都市发展人口集中的国家远为困难。农人的乡土观念还牢不可破，安土重迁的习气未摆脱，加之内地的土地分配相当平均，人与地之间尚有一道无形的坚韧的锁链，再加上受了战争的刺激，农村一般情况好转，游资充斥，农民非有外力压迫尤不轻于离乡别里，所以我们的当前农贷政策，似已有兼顾农村劳力利用问题之必要了，但是事实上，内地工业急需大批劳力进入工厂，而农贷则一本过去方针，则无形之间不外要农人胶着在土地上，二者岂非矛盾？这当然不是说所有的农人都该离地，更不是说农贷政策可以取消，而只是指出在后方需人孔亟之际，与其让一部贫无立锥①的农民，租种一两亩田地，半闲半做，不死不活，居不安，走不脱，即贷以款项，亦不过暂

---

① 原文为"推"，应为"锥"字之误。——编者注

作生活之调剂，决不易从富裕的地主获得土地所有权，何如诱导他们入工厂，去作个不折不扣的工人呢？也许有人要问，这样一来，农村不会更感劳力缺乏么？若是让我以云南省的情形作例子，我可以说农村劳力仍大有伸缩之余地，云南的农村，雇工自营的方式很发达，只要有工可雇，地主们总是宁愿以休闲来表示身份，不肯下田去操作，则因雇农之减少，或可逼得他们躬亲耕种。此外，还有我随后要提到的换工制度可资补偿，故有关当局，宜利用各种社会政策，使农村闲散的劳力逐渐蜕化为有用的劳工，农贷的运用，不过示其一例而已。

（二）

以上是从劳力的来源上立论，但劳力亦如财富，假如开源有方，而用之无度，终必有支绌亏空入不敷出的一日。所以劳力节约也是防止劳力缺乏一个必要的措施。我们内地劳动力，因流于浪费而亟应加以节约的情形，可以归纳成三点来分析：（一）不必需的事业所浪费劳动力，（二）劳工不安及劳工外流所浪费劳动力，（三）役政不良所浪费劳动力。

第一项劳动力浪费，正如八中全会增加生产的方案中所说的："一方有人力缺乏之感，他方面则有人力浪费之实。"只要我们肯睁开眼睛看事实，这种现象确比比皆是，例如工厂盖厂房建工舍，正需要大批建筑工人，而巨商富贾豪宦们，却挟其战时利得，来辟花园建别墅，修戏院盖咖啡厂。再如昆明市郊正需要凿山洞建防空壕，而数十里外之西山，却正在鸠工庀材，把本来可以通行的山道换成石条大道，高山之下游客寥寥，唯石工成群，磐石铿锵而已，又据重庆《大公报》载，中央已令渝蓉两市所有不必要之私建筑应即停止，可知此类不必需之工程，决非某一隅特有的现象，我们并不反对花园，别墅，戏院，成游览区之本身，不过在此抗战已达最后阶段，一切应集中在争取民族生存，期致胜利的时候，举凡足以削弱或延迟到这个目标的措施，自应立即停止，俾能化无用为有用，转消耗为生产，是岂独于劳力一项为然，又岂仅于农忙时暂加禁止，即认为已告满足么？

不宁唯是，即在所谓必要的生产事业之内，劳力浪费，亦所在皆然，其最严重的，当莫如劳工不安，此又可分三层言之：第一是工人不安心于工作。表现出来的，是效率低减，缺勤过多，我在昆厂作调查，亲见一技工致友人信上有云："弟本厂工作，较上海轻松三分之二。"及询其他工友意见，亦莫不以工作不很紧张为言，每日九小时的工作，抵不上七小时，如连加工在内差可敌一日，再根据该厂二十九年从一月到八月的工人请假记录，每月请事假者俱逾总人数之半，甚至有全月不到工者，无形怠工可以想见。第二是工人不安于一定工厂，工人跳去跳来，大量流动，去年昆厂从一月到八月流率，平均每月近百分之二十，工人一出一入之间，时间上之损失大有可观了。还有昆明和重庆之间，工人互往返应募，据个人调查所得，每人移动一次，费时不下十八日之多，到厂后之休息及工作入手期尚未计入。第三是工人不安于工业，尤以半技术工人为尤甚。这些人中途出厂之后，或作菜贩，或摆布摊，或学开汽车。从时间上看，当然也算一种劳力之变相浪费。因为这类工人技术学到半精程度，既已费去相当时日，今忽尽弃其所学而谋他，以致前功尽弃，而后继之者又复从头学起，此非仅劳力之转徙也。最近从劳工界传出来的消息，工人且渐有向滇缅交界一带流动之势，亦有结队径赴仰光的，此类工人多自上海重价招来，今复不安心于内地自动流去了！

上述工人不安之原因本极复杂，稽其主因，内则起于工厂人事管理部分未能了解劳工心理，确立工人升迁制度，是以不能使职工声气相通，调和无间，以激发其创造进取及服务之热忱。外则由于各业之间待遇不均等，机会欠公平，加以劳力缺乏，挖工之风盛行，引起工人见利思迁之心，故八中全会所指出的工人移业现象，仅为劳工不安之一部，至于所谓限制云云，倒不如明察其表里原因，洞悉其症结所在，加以有效调整，以为抽薪止沸之计为尤愈也。

再论到壮丁服役，目前劳力之损失，耗于出征者少，耗于逃役者巨，先从逃出的一方面看，据张子毅先生在云南玉溪县之调查，出征一人逃役者有时多至数人，另据李有义先生在云南路南汉夷杂处区之研究，农忙时汉人劳力不足，多由夷人调剂，其中原因之一，即为夷人不逃役而劳力得以保存。在现行役政之下，户口调查不精，应征职责不明，抽调办法或亦未见公允，留住者人人有被征之惧，逃亡者或有幸免之可能，故无论其为单身独子，逾年或不及年，多以逃走为得计。再就逃往的方面言，试以工厂为例，逃役工人多不愿接受厂方保障，宁愿苟安幸免，伺机应变，唯恐缓役手续一办，县府有了存根，工厂有所凭借，于他们有所不利，所以我在《役政与劳工》文中（《今日评论》五卷三期）曾说："有人因逃役而作工，作工复因兵役而不安，如役政与工政仍不相为谋，则手工业固不利，于役政亦无补。"最近军政部和经济部曾会同公布国防军需工矿业技术员工缓役办法，确属必要政令，但在役政本身尚未臻健全之日，恐仍难除去一部内地工人惶惑心理。

还有一种因心理作用而引起之劳力浪费，即有些公私组织鉴于劳力缺乏，乃"贮员工"以"备荒"，其事业之扩张本待来年，宁于今岁多雇员工听其闲散，唯恐届时现雇不得。此在人力充裕之际，决不肯作如是牺牲，此又与贮粮备荒之心理如出一辙，其给予社会之恶果亦正复类似。假使劳力渐呈充实之象，这类浪费自可无形免除了。

（三）

劳力数量之充实，劳力用途之节约，犹不能认为劳力之充分利用，两者之间，还得参加一种调整的机构，以为沟通呼应，则所充实之劳力方有效用，所谓劳力节约，亦不致流于吝啬或偏枯之途，盖劳力充实在谋量之增加，劳力调整在谋量之合理分配，劳力节约是注意于某项劳力之运用是否必需，各个组织以内之劳力效率是否达到最高点，而劳力中调整则在酌量各组织间之功能及处境，以劳力作适当之配置，要看劳力的支配是否合理，劳力是否周转灵活，大约可于劳力分配的职业性，时间性及地域性三者见其分晓。

先就职业性言，在同时同地之内，可以产生一方劳力供应裕余，他方劳力缺乏的现象，例如最近昆明某机关招考司机二八名，报名者达百人之多；而他处招考帮工和学徒，应召者却寥寥无几，据说昆明一带不三不四的失业司机无虑千数，他们过惯了暴富生活，一旦位置被人挤掉，又不愿低首屈就他业，只好待机再起。目前后方事业发展多失平衡，一切越出常轨，各业利得悬殊，薪资异制，利之所在，则争相趋之，其待遇清苦者，遂无人问津，此实不独司机为然，而且劳力供应，因职业对象不同，本来就受技术，性别，及年龄之限制，如再在待遇上加以认为的轩轾，则有的职业劳力有余，有的劳力不足之畸的现象，自更难避免。

次就时间性言，我们内地劳力供应量之消长，由于工业季节性者少，由于农业季节性者大，因为田地作物，莫不受气候节令之支配，如果节令未届，不到下种或收获时候，纵有千百个闲工，亦不能代天行动，揠苗助长。反之，节令已到，田中秧秀，陇畔麦黄，渠塘水满，则割麦，打麦，整田，插秧，又非于一定期间完成不可。所以农村劳力有时不足，有时过剩。（见费孝通先生《农村劳力的利用》，《云大社会科学学报》第一卷）至于内地工厂招自田间之工人，因尚未与农田断绝关系，多因农忙而大量退厂，是工厂劳力之消长，径受农业季节性之影响，那么调剂农村劳力，亦即为工厂调剂劳工了。调剂农村劳力之道，莫如树立劳力交换机构，利用各地农作季节参差性，使农村劳力作短期之交换或雇佣。此种制度，在云南颇为普遍，可资他省仿效，例如今年呈贡城外，自四月初迄五月中旬，每晨必有四五百名农工，各携农具，鹄立待雇，名曰占工，附近居民届时纷往该处讲好工价后，即三三五五的领去割麦锄田，故家中只有一二妇女即可领导农作。据云在玉溪县，且有人总揽其事，斟酌供求情形，评定工价，此类农工或来自他乡，或自外县，系于自家农作未到或已毕之际抽闲来此，彼等出门之后，多按一定路线流动，匝月而归，据个人观察，此地如无此种劳力轮换制度，则田应恐将半就荒芜了！又如乡县中小学生多半来自田间，如能应乎季节，每年放农假两次，亦未始不可养成学生劳作习惯，使他们回家去帮忙父兄，藉可作劳力之补充。

再次就地域性而言，我在前面已经提到过，后方交通工具不便，招工的机构和消息也未见灵活，故劳力的流通，很难期其畅行无阻。且农民交游不广，眼界未开，自难只身向外发展。如昆明近郊工厂无时不感工人缺乏，而呈贡居民则常有请人觅工作，而竟不知有上述一类工厂正需工人的情形，大凡工业发展已久之区域及都会近郊的居民，既得风气之先，又近水楼台，招致轻易，而立于远区之一二工厂，对于较远居民，则非努力作劳力之诱导不为功。例如个旧矿工每年数万人，大半招自滇省迤东一带，该区厂户每届春季，必派老练工头，携带生家费用，到彼处张罗，然后结队领去。费用虽稍高，劳工终因而得到调剂，如仅恃个蒙石建诸县劳工，则断不足以应该矿山之用也。

大约各地劳力的供应，主要的是受生产方式，生产技术，社会组织，以及交过①文化，生活习俗之支配，故有的地方劳力不足，有的过剩，此又在于如何沟通宣泄，迁有于无，以为输缓济急之计了。

（四）

总之，当前内地劳力，已有日就减退而趋不足之虑，我们为了后方建

---

① 原文如此，疑为"交通"之误。——编者注

设大业不致因此而苟维现状，甚或停顿夭折，应速因时因地因业制宜，从劳力之充实节约及流通入手，以期人尽其力，力尽其效。唯是各公私企业固应通力合作，而有关的社会政策，亦应对此目标作适当之配合，则在劳力利用上，方可希望收联络呼应，相因相成之效果。

役政与劳工[*]

史国衡

在论吸收内地劳工问题（本刊五卷八期）文中，我分析工人入厂动机的时候曾经说过：逃避兵役恐怕是内地各省不容易免除的现象，用不着讳疾忌医①，刚巧本届国民参政大会第七日，也通过了一个改善役政，藉利抗战建国的议案。可见役政施行有缺点不仅是事实，而且是已经引起朝野人士注意的问题了。役政的健全所需要的社会条件很多，本不可期诸旦夕；而兵役实施情形，有关国防大计，可以值得提出研讨之点亦复不少；但这些都不是我现在所要讨论的问题，我在昆厂调查劳工的时候，看见从役政罅隙遗漏出来不少的人力，同时因为兵役法和劳工法缺乏适当配合的缘故，工厂也没法把这批人力加以好好的利用。结果呢？役政不能健全，内地劳工也无从安定。所以本文将从工业这个角度，来讨论应如何就目前内地劳工所表现出来的事实，设法使役政和劳工政策相配搭，使人力得到合理的支配。

（一）

当我们看了昆厂八十二个内地工人过半数是为兵役压力而来，很容易令人想到这些人既非为作工而来，就不容易接受技术训练；将来外面的压力一去，寄居的目的已达，又大有离厂返家之可能，仿佛役政无形中为工厂设了个骗局，工业吃了役政推行不良的亏；假使不是这种关系，或者我们工厂可以找着较多的忠实可靠的劳动分子，不致有两头落空之虑，其实，这只是一种肤浅的看法，只有误认了内地粗工过剩的人方会作如是观。

* 原刊于《今日评论》第五卷三期，第 225～228 页。

① 此处原文为"忌疾讳医"，疑为当时排版错误，改为"讳疾忌医"。——编者注

内地粗工是否过剩呢？我想凡是稍微明白内地工业建设实际情形的人，对于这个问题是会作否定的答复的，昆厂去年十月间曾登报招考四十名帮工，结果只有八人来报名，这里面粗工之缺乏，绝不在技工之下，只要这不是一个特殊现象，我们就可以看出内地粗工数量亦感不足，我们就不能说现在因征兵而来的工人挤掉了其他工人的位子，而实在是前者填补了后者的空缺，换言之，假使不是役政无形中为工厂逼出了些工人来，则内地工业劳力将愈为缺乏。

再从那四十八个逃役工人的身份上来分析，我发现他们大多数是富农甚至小地主的子弟。他们当中有不少是农忙不下田的人，家中雇工耕种，自己拿着烟筒在田塍上照照工，入厂后还嫌工资不够用，常从家中领津贴，这可以证明这些工人如非逃役，工厂决不能以现在的工资标准去吸引他们来。我在昆厂作调查，心中就觉得很奇怪，为什么逃役而来的工人，穷苦出身的就很少，后来经过某县工人们告诉我，才知道真的贫困份子，即或逃役多数也不上算入工厂，他们宁愿作流动的农工，挑夫，或在建筑界作小工，只有这辈小有资产者，才贪图工厂的安定和保障，因为像昆厂这一类工厂，和军需工业关联密切，政府虽无法令规定，无形中对于兵役具有相当的保障作用，可知在内地劳力竞争中，此类工厂所凭藉的是另外一套实力，这实力还是间接由役政衬托出来的。

我们还可以问，征兵不是减少了人力来源么？假使不是把成千成万的壮丁送上了前线，则内地人力的供给抑何止此呢？不过我们现在所讨论的不是役政的有无对劳工的影响，因为役政是国防大计，不是可以在存废上讨论的问题，设无役政现在劳力供应情形如何，我们实无从推测，所以只能从现存的事实看役政推行对于劳工有什么反映，站在这个论点上，我可以说工业是沾了役政的光。

（二）

工厂虽然从不完善的役政底下，接受了一批人力，但这人力究竟来得不正常，表现出来的是不安稳，他们知道在上述这类工厂里面做工，可能有免役的保障，但又无绝对把握，总是抱一个苟安幸免伺机应变的心理，所以从役政言，他们是玩法国民；从工业言，又是非常不热心不安定的工人。

我知道有些逃役入中学的学生，后来发现学校无保障，就惶惶不安，有的找校长想办法，有的索性退学他往，在工厂，正有与此相类似的情形，不过工人和厂方不及学生和校长之间有互信，逃役工人总是自为之计。例如某厂当局明白此中究竟，自愿为工人办缓役手续，可是工人们并不愿接受这保障，他们唯恐这样一来，工厂有了凭藉，县政府因而有了存根，会有什么不利的结果，所以宁愿东逃西躲。

从工人不愿接受免役保障上，我们可以指出两个很明显的原因：第一是户籍行政办理欠佳，政府无法追究逃役的人行踪，他们既有机可乘，就不愿授人以口实，此点我们且不讨论，第二是国民政府的兵役法（二十三年公布）中，并无工人免役或缓役的明确规定，在缓役法中，虽有服工役不能中辍时可以缓役的条文，但是普通工人是否算服工役呢？做工是否可以算不能中辍无条件的缓役呢？至少工人们是完全不明白的，在这种情形之下，逃役工人自然只好靠个人的机警和遭遇了。

为目前生产着想，工厂须设法使这批人安心于工作；为将来内地工业人力基础计，更应该把他们长期固留在厂里，但是这问题是由兵役而起，所以想求适当的解决，必得与役政作必要之配搭，庶可于前方抗战无妨，而大有助于后方生产事业。

（三）

本来役政的推行和劳工的供给，在本质上确是有点冲突的，因为两者同是吸收年富力强的人，从对象言彼此间是互为消长，而决不是互为补偿。再从性质上看，前方作战和后方生产，又很难说谁先谁后，孰重孰轻。唯其如此役政和劳工政策的关联益行密切，如或调整不当，轻重失衡，一方有了问题，他方也会显出畸形的迹象。

在前一文里，我说从农业到工业本不是一条康庄大道，走起来很吃力。同时，在这个过程当中，必得有其他社会政策相辅而行，则事半而功倍。英国工业兴起之易，论者恒把一部分功劳归之于英国农民的无产化，就是这种理由，我并不是说我们树立新工业，也得学英国先来两次圈地运动，其实可以与工业起配合作用的政策又何止一端，从役政与劳工的关系上就可以得一明证。

我们若把役政骗人入工厂和圈地运动使农人群集都市两件事等量齐观，或未免言之过火；土地被没收了的农人，很少有返乡之可能，而逃役工人则否。但实在说来这只是程度上的差别。因为征兵决不是工人所想像的只是战时措施，而是国家一种永久的制度，那末在实施兵役的社会条件还未具备之先，逃役总是难以避免的事体，不过战事停息以后，可以稍减其严重性而已，所以在役政还未臻健全的时候，工业总可以在人力方面接纳它一部分的漏卮，就是退一步着想，新工业对于乡民至今还是非常隔膜，兵役压迫劳工入厂，至少是尽了一点社会教育和工业宣传的功劳，一部本来不算作工的，说不定最后对工厂也因此发生兴趣不再回到他们原来的职业。

役政与劳工在实施的方法上，却可以收联络互应之效，上次欧战期间，英国军需工业因熟练工人缺乏，只好从前线召回一部出征军士，要是二者失去了联络，这一着就更难办到，再如上述国民政府廿三年公布的兵役法中，也有因担任公务或服工役不能中辍时可以缓役的规定。所以二者在对象上尽管有抵触，配合得法，未尝不可并行不悖。

（四）

但是役政和劳工政策的运用上就有缓急先后之分了，第一，因为兵役是整批的按期征调，不似工人有市场的供应，可以零星招致，伸缩裕余。其次，兵役是强迫的，义务性质的，而劳工是自动的，有权力与义务之均等。因此在二者配合的时候，应是以前者为主，而后者附之，也就是说劳工政策迁就役政之虑多，因此役政可以强迫工人入伍，工厂就不能无故阻止人去服役，假使作工即可免役，就无异鼓励人民逃役了。

让工人缓役，有鼓励人民逃役的嫌疑，不如是，劳工又会发生不安的现象，实际上对于役政并无补。到底什么是两全之计呢？我想到弥补的办法之一，是把缓役的范围推广到技术工人，就是不为安定那批逃役工人，单从后方生产事业着想，实亦有加以明确规定之必要。

技工缓役另外还有几个优点，第一是可以打破内地逃役工人东逃西躲的现象，他们为要得到比较久远的免役保障，必得想办法从速爬上技工的梯阶，专心一志的学习技术，把以前向旁处流动的打算改成向上进取的心理，于是工厂可以频添一批较安定较有效率的人。其次，我们要明白工厂只是逃役路向之一，假使我们的役政尚无根本办法，逃役者纵不入工厂，也难保其不入他业，那末这规定既不会使逃役现象加剧，而反足以鼓励劳力踊跃投入工业了。

从执行上项办法的技术上说，工厂应把粗工升技工的条件严加规定，拉长迁升时间，提高技工程度，打算逃役的人也许要因此提前进厂，但是升技工既不是一年半载的事，在他们还未跳上技工的级层以前，必要时仍可以召其服役，至少在距今一两年之内，不唯无碍于兵役，且可多获得一批人力，在工厂方面，也许为本身利益计，不愿工人多多离厂，而加粗工以袒护，故亦须取得双方之合作与确切之监督，且就现在的事实说，厂方未尝不愿保障其工人，但工人不愿接受保障，如因此而促成工人与厂方之合作，不尤较目前之情形为愈乎？

逃役的人升到了技工，将来兵役的威胁一去，他们不也会出厂么？其实不尽然，工人不安的现象是粗工甚于技工，假如他们做了技术工人，待遇到了一般职业的下级干部的水准线，个人为经济打算，必不愿中途改业。他们到了一个时期或许会不安于某厂，但是就整个内地工业人力基础看，并不算失策，此外如规定在工厂继续作工若干年以上者，由政府给予服务证明，酌减其兵役以外之力役，又何尝不可减少劳工的移动呢？

（五）

总之，在现行役政与劳工政策之下，似乎可以发生抵触矛盾的现象，有人因逃役而作工，作工复因兵役而不安，如役政与工政仍不相为谋，则于工业固不利，于役政亦无补，实际上两者是可以而且必须彼此兼顾的，本文只是就战时内地兵役和劳工的实际情形提出问题，我并不肯定的说什么是唯一的绝对行得通的办法，不过从这里看得出来在役政与工政调协互应之下，可以使内地人力支配比现在更为合理。

论技术员工缓役[*]

史国衡

（一）问题的起因及其症结

在论役政与劳工的时候（见《今日评论》五卷三期），我曾经说过，从一部农人向外流动的情形和内地工人入厂的原因看，工厂的确是从不完善的役政底下接受了一批人力，但这些人力究竟来得不正常，表现出来的是不安稳，他们知道在昆厂这一类的工厂做工，很可能有避役的保障，但可无绝对的把握，所以总是带着一种苟安幸免，伺机应变的心理，因此就役政言，他们固然是玩忽了法纪，就做工言他们更是心旌摇摇不安。

原来我们的户籍行政尚未十分完善，而执行的兵役的下层人员又未见得公允，留在乡间的农民不论合不合被征的身份，大半有被征的恐惧，而一旦离开了本地，则又大有逍遥法外之可能。在这种情形之下，逃役的工人，政府既不能追究其行踪，他们如是有机可乘，自然不能办什么缓役手续，只好凭个人的机警和遭遇了。

为目前的生产着想，我们的工厂须设法稳定这批工人，为培植将来内地工业人力基础计，自然更应该把他们固留在厂里。但这件事是为兵役而起，所以若要想解决之道，必得和役政作必要的配合，庶可无妨于抗战工作，而又大有利于后方的生产事业。不过要工政与役政作适当的配合，殊非易事，因为如果让所有的工人有缓役或免役的权利，即无异奖励人民藉做工以逃役；如不在缓役上为某一部分工人想办法，他们又会因此发生不安的现象，而东逃西躲，实际上也无补于役政，要在这里面求一个两全之计，除开让一部分工人有条件的缓役而外，恐怕是再无更好的办法。

* 原刊于《新经济》半月刊第六期，第 118～121 页。

以上是我据个人二十九年在昆明附近的工厂所见实际情形而发，到了三十年四月十四日，军政部与经济部曾会同公布国防军需工矿业技术员工缓役暂行办法，这个办法公布之后，我在重庆的报纸上，还看见过这类缓役审查委员会之成立，其实行的成效如何我还不得而知，在昆明也有技工管理委员会之组织，据我所知道的，对于技工缓役办法，并未完全依照着军经两部公布的办法去执行，因为假如泥守成章去切实遵办的话，则对于国防军需工矿业岂徒无益而实害之了，兹距该办法公布之期已届一年，而工人流动不安之象有曾未已，至于役政亦并未达到十分完善境地，故为保障国防军需事业和加强役政功能起见，应就一年来之经验将原订办法加以修改，使为一更切合实际而有效之法规，兹先就该办法之内容摘要申述，并兼论其实施时所可能发生的结果，然后再提出我们认为在过渡时期所应取的步骤，以供磋商。

（二）评当前暂行办法

按该办法第二条所指工矿业是以有关国防军需各厂矿具有机械动力有工人三十名以上，经呈准经济部发给凭证者为限，以下并列举了二十一种工矿业，第三条是载明了十三种合于规定之技术员工。第四条说明请求缓役的办法和手续，规定凡合于前条各类规定之技术员工，得由各该工矿业者造具清册，群载姓名，年龄，籍贯，出身，工作及雇用年月等项，呈请所在地主管官署审查，分别发给缓役证书。第五条是关于外来技工概予缓役。第六条是说缓役之技术员工如解雇或工作发生变动时，应由该工矿业者立即呈报主管官署缴销缓役证书，分别报兵役机关备查。第七条是关于学徒缓役的规定。第八条则载明凡工矿业者为虚伪之呈报或隐匿不报时之惩处办法。

这个办法公布以后，我虽然尚未到任何一个工厂再作长期调查，但就我已有的经验及一般的见闻来做判断，觉得这个缓役的办法，于工厂与役政实俱无功效，而且若果没有别的政策相辅而行，只照着条文做下去，则不独无补于役政，且将反而有害于指定的国防工矿业中的劳力利用。

因为归根溯源的说，避役的现象发生，是起于户籍行政未臻完善，和执行役政的人又未能切实遵照法令办理的原故。在这个罅隙之下，才有人敢于偷跑出来；因为只要离开了他们原住的社区，逃脱了当地负责人的耳目，在其他任何地方，如能凭自己的机警，不为执行役政的机关所察觉，就很少有被征的恐惧，因此他们既然有巧可取，就不愿接受役政的保障了。上节是说没有缓役的办法工人虽欲办缓役手续而不可得，只好求苟安幸免，但是在此又可看出尽管有了缓役的办法，还是有人宁愿图机取巧，不受法规的束缚亦不求法规的保障。

那就是说他们是为兵役逃亡出来，兵役的威胁一日未去，他们本来一日不得安心。但只要可以有机会幸免，他们也不愿向政府办交涉，免得授人以凭证，因为怕的是交涉无功，姓名住址都已经送到政府手里，岂不是连以往那种幸免的机会也断送了？所以若是要这批逃役的工人安心于做工，一定要他们自愿请求缓役，最好是逼得他们不得不请求缓役。

按照这个暂行办法第二条的规定，本来打算是优待那二十一种国防工矿业的技术员工，要是在这些事业以外的技术员工因为没有同样的保障而即刻就有被征之虑，则贪图缓役的人，自然情愿到合于此类规定的事业中来做工了。

可是现在非国防军需工矿业的员工，虽然没有这种保障，而事实上并没有被征之虑，上面我已经说过人民只要逃出乡间，户籍上察不出这个人来，他们到任何地方都可以找着避役的便利，要是果真这样的话，则名义上有无缓役的保障，在实际上并无多大的分别。

我们还知道现在内地，除了一部分乡村和城市中的普通住户而外，举凡公私事业机关并没有举行过普遍的登记及调查，现在国防军需工矿业中的技术员工缓役暂行办法，在执行的时候，是由各该工矿业者就所有合于规定之技术员工具册呈报，再经管理署审查发给缓役证书，则是工人不呈报时，本有逃役的可能，现在呈报之后反而要冒审查的危险，必有人不愿意轻于作尝试了。

就算是被呈报的工人有请准缓役的绝对把握，但在工人解雇或发生变动的时候，第六条又有规定应由该工矿业者立即呈报主管官署缴销缓役证书，则是逃役工人虽然是由不合法的逃避而取得了法律上的承认，则在行动上反而要大受束缚，那末只要不呈报时也可以逃脱的话，又何必要多此一道手续，反讨得层层的节制呢？

若是说这种呈报非由工人自动请求，而是由各该工业者强迫执行，但是现在规定以外的事业如尚无此种办法，则不愿受呈报的工人必反而情愿舍此就彼，岂不是正式有了这种缓役保障的工矿事业，反而会使一辈逃役的工人裹足不前了么？

还有按照第四条的规定，合于前条各款之规定之技术员工得由各该工矿业者造具清册，好像是不合于各款规定者，就不在呈报之列，那末根据上述同一理由，工人非到避无可避时必不愿厂矿方呈报了。而在第八条尚有对于工矿业者作虚伪呈报及隐匿不报（按该办法条文，所谓隐匿不报似对已经有缓役证书之工人移动而言，因为不合于规定之员工似不在呈报之列）的惩处办法，那末工矿业者不作任何呈报时并无不利，则为工人及其自身着想，亦必不愿多此一举，而冒犯妨害兵役治罪条例的危险。

所以依照这个办法执行下去，凡自度必不合于缓役规定的，必定会设法躲开呈报。是以设若原来户籍行政不完备，并不能藉此种呈报而有助于役政，设若别的事业中员工并无更多被征之可能性时，强迫执行这种法令的结果，就无异为国防军需工矿业以外的事业及不足三十人的小型工厂驱致工人了。是于役政绝对无益，而于军需生产事业反而可以发生不利的影响。

（三）过渡办法的拟议

所以为役政着想，第一步是清理户籍，普遍登记公私事业的工作人员，更须执行役政的各级人员公正严明，然后役政才有健全之可能。为保护国防军需工矿业中的人力计，亦唯有在普遍清查和登记之后，役政没有任何罅隙，则这种缓役的规定才能发生特殊的效果。

这么说来，岂不是在役政尚未臻健全的时候，对于这辈技术员工就无缓役规定之必要，而事实上这辈为了缓役来厂的工人，也没法促成其稳定了么？这当然是不尽然的。

不过在制定技工缓役的法令的时候，我们先要承认，在普遍的登记和调查未举之先，决不能靠一部国防工矿业的呈报来帮役政的忙，而只能借役政的作用来稳定并充实军需工人。有了这个大的前提之后，我们就可以这样说，逃役出去了的人，我们既不能实时追究回来，不如把他们慢慢的逼进国防军需工矿业，所以第一期不妨规定：凡是在这一类事业里面做事的员工一律缓役，同时要实行普遍的登记和调查，使缓役的人觉得军需工矿业的保障的确是较他业为优，他们自然愿意相率而来归了。

若是我们的户籍行政及各业呈报登记工作已经有了把握，又认为不应让非技术人员一律缓役，我们在原则上可以进一步订出比较严格的办法来，但另外所要顾及的就是办理上的技术问题了，工矿业者所呈报的是否完全为技术员工，主管机关实难逐一作精密的审断，何况此事在我国尚属创举，每次审查工作势不能于一短期内完成。事实上工矿业者在此劳力缺乏之际，不愿自己的工人中被征出去，也有其不得已的苦衷，何况工人流动过剧，一进一出之间，都要经过呈报和呈销两种手续，则于工矿业者和主管官署实为不胜其繁了。

所以在此时为求办法具体，手续简捷及免除许多无谓的纠纷计，莫如照技术员工在国防军需工矿业中继续服务年限为准，就是在该办法的第三条对于技术员工规定，已有"其他在工矿场经过一年以上的训练，其工作方能熟练"的一项说明，足见这个办法的本身已经承认了工作时间与工作熟练的联带性。所以用继续工作期限来作缓役的决定，在手续上不独简便可取，亦足以使一部份工人安心于一个工矿业，不致于常常动移。

这样一来，凡在某工矿业继续工作不到一定期限的员工，当有应征的义务，故初入这类工矿业的人，当不能立刻达到逃役的目的，只是将来尚有这种希望，但如不进这类事业，就永无缓役之可能。则是这种办法并无碍于当前的役政，而实大有助于国防军需工矿业了。

要是这一步成了功，役政又真正的走上轨道，就不妨进一步再作技术程度上的规定，到了那个时期，技术员工的缓役办法才可以纳入正轨，且亦唯如此循序渐进——即第一步让所有的国防工矿业的员工缓役，第二步是以继续服务年限来定缓役的先后，第三步才以技术精粗来作决定，那末我们的整套办法，才有早日纳入正轨之可能。

童工与艺徒[*]

史国衡

罗素（B. Russell）在《自由与组织》一书里面，曾经讽刺过英国，说拿破仑的失败，是失败于俄国的寒雪和英国的儿童，他的意思是指拿破仑的推翻，英国生产制造事业也很有功劳，但这种制造事业有很大一部分是建筑在儿童身上的，原来自工业革命以后，儿童已一变而为雇去利用的对象，生产事业主角之一，童工的问题也就随之而起了，像从十八世纪末叶到十九世纪初叶，英国产业中的儿童所经历的种种惨象，如工作十二小时以上，日夜轮班，并时遭到毒打，有时七八岁的儿童困倦思眠，因而趺①进机器粉身碎骨的事，我们可以不提，就是据一九三一年的报告，英国的工业当中，雇用自十四岁到十七岁的未成年的人做工的也还有二百一十多万。

何以工业革命以后，业主才大量的雇用童工呢？主要的原因当然是由于工厂制度兴起，剥夺了无数人的生产工具，吞并了许许多多的小型企业，这辈新形成的劳动阶级因为收入减少，自给不遑，故不得不让他们的孩子提前出外谋生。加以儿童所需要的待遇低于成年人，又易驯服听命，而在机器生产之下在某些方面因为身体轻巧，手指柔和，其效率并不减于成年人，所以常为雇主所乐用。

不过大量雇用童工，固然是工业革命以后才有的现象，但利用儿童从事生产，实早已随行会制度以俱来。例如中世纪英国的行会即规定艺徒学艺的期限为七年，一定初满七年才可以告一段落，可见这种规定并不是完全为了学艺。而且历史上的事实也告诉我们艺徒的工作限乎于所习的行业

---

* 原刊于《自由论坛》第一卷第三期，第 30 ~ 32 页。
① 原文如此，疑为"趺"字之误。——编者注

之外，还要为师傅操作家务以及其他种种的服役，无形之中，这七年以内有一部分时间，是用来作了他们学技术的代价，即如我国旧式匠人带领徒弟也多半规至少三年才得满师，满师以后，还要随着师傅做一两年的工，自己只能得到一部分的报酬。所以就这一类的艺徒而论，从其学技术的一面看，是艺徒，但从其被利用的一面看，也就无异于童工了。故真的所谓艺徒其与童工的比较也不过是程度上的差别。因此可以说大量利用童工虽是始于工业革命以后，而利用未成年的人从事生产，实早在这时代以前了。

本来顾名思义，童工与艺徒在社会上的处境，应该有很大的分别。童工当然是用来正式从事生产的劳动分子，而艺徒只是在一个学习期间，应该是施教的一种对象，只为看作将来的生产要素之一，那末唯其艺徒是教育的对象，就应该有教育机构来担负起这种职责，若果不然，而以之诿于以营利为主要目的的生产机构，当然很难免要以教学为借口，变艺徒为童工的事情发生，尤其艺徒教育就离不开实习，所以学习和工作之间就很难划出界线，何者是为工作实习，何者为旧式做工，所以雇主为了讨偿他们在教学上的支出，就不得不在艺徒身上索回，而在工作与学习不分的情况之下，要利用艺徒自是轻而易举大可不现形迹。

可是在过去行会制度之下，师傅对于艺徒的打算，毕竟与现在的雇主对于童工的打算大有不同。那时的师傅和徒弟在一起工作，由于徒弟人数不及，师傅总可以个别顾及，工作过程中一切细节，以及艺徒的生活思想活动全在师傅照料之中，还有不少师傅把女儿嫁给自己艺徒的事体的，可以想见其师徒关系之亲密，艺徒学习期满，升为职工，然后得了行会的许可就正式开店营业，并且当时各行对于艺徒人数概有限制，只要当了艺徒将来总不怕没出息，因此可以说艺徒即或亦被利用，不过这种利用只是暂时的。到了新工业时代，情形就大不相同了，成千成万的童工，是纯粹处在一个生产劳动的地位，雇主所贪图的是儿童的劳力和低廉的待遇，甚至在英国，有的工业等到童年工人到了十八二十岁，即刻将其辞退，另换一批儿童，即或到了成年幸而不被辞退，也只是永久在绝路上（blind alley）做工，不会有什么好出息。这就是现在的童工远不如旧日艺徒的地方，很难得跳出他们这种厄运来。

有了这种比较，我们要问旧日的艺徒确比当前的童工境遇优越，是否过去的师傅一定比现在的雇主慈祥呢？我们的答复不是慈祥，而是在两种不同的生产方式之下，自然会形成的两种结果。原来过去的生产完全靠人手靠技术，技术愈高可以利用的价值也愈大，唯其要利用的是技术，故当时的师傅总得使艺徒边做工边学习，或者是先让他们把技术学好然后做工。到了现代，生产是靠机器与人力的配合，有的部门简直不需要什么技巧，只要有人看守机器即成，所以雇主对于工人可以不必多在训练上下功夫，而可以直接加以利用。这就是说过去生产方式的本身就是艺徒的一个保障，他们有所失也有所得。到现在，如果国家对于新工业中的童工不给以相当保障的话，就很望①雇主们自动的对于他们有什么提携，所以现代的国家最好是能把职业教育与生产机关划分开，否则对于一辈未成年的工人应该特别加以保护。因为在新工业当中也有袭用艺徒名义召使未成年的人来训练技工的，所以也得防雇主假艺徒训练的名义以行童工之实。

以上是就一般的情形来讨论童工与艺徒，至若我国现处在一个新工业突起的时期，过去的遗产只是手工业和农业，新的技术工人极感不足，大量训练艺徒，自是必须经过的一个阶段。就我个人调查所得，内地新工业过去几年向沿海一带移植技工，不唯化费太大，管理困难，而且流动迅速，将来还未亦能保留在内地。后来又利用内地成年工人加以速成的训练，结果这批人在学技术的兴趣和工作效率上俱不见佳，所以有的厂渐渐转向到艺徒的训练。在政府方面，国防最高委员会底下设有技工训练处，在二十九年就有艺徒训练计划，并已指定一些公私厂家负训练之责，由该处加以一定的津贴，这当然是一个很好的现象，不过根据上面的论断，我们就会觉得这里面很可能隐伏着一种危机，就是在战时人力不足之际，像这样鼓励各厂招收艺徒，是不是会像拿破仑战争时代的英国，将走上大量利用童工之一途呢？

昆明一带私人厂家训练艺徒的情形我还不知道，就我所已经作过长期调查的某大国营工厂来说，其对于艺徒的训练已经有点不合乎我们平时规定的原则了。据照国民政府修正工厂法（二十一年公布）第六十三条的规定，工厂所招学徒人数不得超过普通工人三分之一，但是这个厂的普通工人为一千零七十六人（三十一年十月），而艺徒则为五百八十二人，且此五百八十二人当中，就有四百人根本没有经过任何训练而径行入厂做工，名分上说是半工作半学习，其实不过是为技工当助手，做粗活，据我看这

① 原文为"很望"，疑为"很难指望"。——编者注

种艺徒简直和每日做十小时的正式工人没有什么两样。至于另外一百八十二个艺徒，本来属于国防最高委员会技工训练的一个系统，除两小时学习而外，照例有七小时的实习，这七个小时，在起初三四个月还可以说是用实习上，如打小锤用锉刀，开车床。可是此后，定要每个艺徒完成两部镑称，才可以算毕业，主持人自己就承认，这个用意在借训练来生产，至于艺徒和一部分执教的人员就觉得这种办法对于厂里确不无小补，可是对于学习的人则是一种损失，因为要完成这种生产品，便得有些可以不必多做的也得做，还有应该学的不得学。有一个时期，木型间的技工缺乏，厂中就下令要那一组的艺徒不必上课，硬要留在厂内做九小时的工，也就此可以看出厂方的政策是生产重于训练，这也就是上面所提出的理由，把训练工作诿之生产机关，初很容易转移到利用的途上去。

我们很可以相信，主持艺徒训练的人，起初并没有利用艺徒的意思，可是因为战时人力缺乏，可以不期然而然的破坏了既定原则，例如上述的这个工厂第一期招艺徒，曾经有十四五岁考取了的艺徒，又被打发回乡去的事，可是第二次招艺徒因为应考的人数太少，于是十三四岁的也一并收容了下来，当时就全班的艺徒年龄而论，虽然从十五岁到十八岁的占百分之七七，可是最小的也十到十三岁，据照我们工厂法的规定，童工的最低年龄为十四岁，艺徒的最低年龄为十三岁，所以若是要利用到十二三岁的儿童，只有假借艺徒之名才可以偷到这种巧。

本来在人力不足之际，又当生万分急迫，利用教学上的便利借用未成年的艺徒来补成年人之不足，无宁说是一种由变求通的办法，只是在这种通融之下，我当保有两个前提，一个是不要违背儿童的发育和康健，第二是要使他们将来有出路有前途。像我这一次的调查，一百三十五个艺徒当中，一年之间，曾患过重的眼病的，就有七十三人，受过伤的十三人，患夜盲的五人，患肺病的三人，其中最显明的一个例子，是一个曾经考取了空军幼年学校的一个艺徒，入厂一年以来，非坐在第一排就看不见黑板上的字迹，这不能不说是由于厂方对于艺徒的保养过于疏忽。再就艺徒的出路说，我刚才已经提到，厂中太偏重于生产。致艺徒学习，范围过于窄狭，已经使得一些艺徒为了将来的出路感到恐慌，厂里的意思，是决定要他们在毕业之后，还要留在厂内做三年的工，所以正唯恐学得太多不安分。这又可以见出这种训练为厂中本身打算者多，为艺徒之前途打算者少。

其实，政府对于艺徒训练计划，在规定本相当周密。为技工训练处，对于各厂艺徒之训练，已经拟定详目，于军事管理，工场实习之外，尚有国文、公民、史地、理化、数学，工厂须知等等详目，对于各课教学内容，儿童心身的发展的都已经有所规划，并对训练经费还有半数的津贴，这可以说是已经相当合乎艺徒训练的理想了。可是在实施上为什么难得做到这一步呢？这却又有种种因果的关联。

第一我们的政府只有种种的计划交到各厂，至若怎样推进，怎样监督，政府却没有一种检查制度以为之防。在这种情形之下艺徒的保障，完全托在雇主的心肠上，结果凡是心肠好的对于艺徒只照及训教而不加以剥削利用的，在营业上一定较别厂吃亏，所以我们很难希望有这种自动的善心出现。所以为了防范厂家借艺徒的名义来利用童工，就得有好的训练机构，再如在训练方面和经费负担方面何者应归政府，何者应归厂家，都应该有个确切的分别。

第二我们的生产事业正处在一个新旧嬗变之交，在好的机构而外，还得有适当人选的训教。例如上述某厂艺徒训练班中的军事教官，就不知道适应工厂教学的环境，硬要把他们过去在军事机关学得的一套搬到厂里来，在艺徒入伍期间，每天早上四五点钟就起床跑步上操，艺徒被子叠得稍欠方正，行军偶尔不合军事要求，就被打得头破血流，所以有的艺徒中途开小差了，有的下操以后再上工就倦极思睡，我想十八世纪的英国儿童困倦了轧死在机器里，还是为了生产像这样上军操弄到艺徒头昏眼花，所得的是什么呢。还有艺徒对我讲，他们进厂一年多，总觉脑子反而比以前迟钝，常常发痴，尤其一听到上军操，就不自觉的发抖。

再如学科训练一些教员都是照本宣课。据我的访问，全部艺徒对于所上的功课能有点了解的还不上百分之十。最有趣的，有一次在他们考完机构学之后，就有人辩论内燃机有几个优点。有的说三个，有的说两个，可是他们完全凭课本，进来一年多，却并没见过内燃机是什么样子，这是说教书的人未能使主课与实习沟通。

还有技术实习的指导，多半是过去私人工厂出身的技工，其中有的因为过去做艺徒的期间，受过多少苦楚，他们的手艺都是暗中从他们的师傅那里窥窃而来，所以临到自己做师傅，也照样不肯教艺徒。我就知道，某次车床上皮带扭了，艺徒去问一位教师如何拨正，那位教师故意躲开艺徒的视线，暗中用手把皮带扶正了。又一次某处电线断了，他又要艺徒去取铜丝，待艺徒取了铜丝来，他却已经接好了。

所以在训教方面的人选，一定要做到为工业而训练，学科与技术实习发生关联，尤其在教学上，要彻底打破过去一种秘而不传的观念。要是不能做到这几步，那末在这种新旧产业交替，人材青黄不接的时候，很可能使得一辈工业中的青年，既未切实作童工利用，又未好好当艺徒教习。

第三我们当前的工业是树立在一个农业社会里面，我们的艺徒候补队伍，必须大量取给于农村。而农村生活过于简单，现在一代儿童的父母又大半是老农，老农们过去的一套家庭传统教育，决不是以应付现在工业社会的要求，故如何讲求工业卫生，如何选择新职业，如何应付新的人事环境，在在须要生活的职业的乃至公民的指导，庶可以使这些乍出田舍的童年们，不致于轻易在动荡的潮流底下作牺牲。现代工业社会的趋势，是生产者在这个社会里所占的部位。日趋专门，日趋窄狭，而社会机构却日变复杂，消费的花样日趋新奇，所以到最后，童工与艺徒的分野，也许将不仅在于某种技术训练之有无，而还在广义的工业教育之得失。

西南工业的人力基础[*]

费孝通

(一)

说起工业，最容易联想起的是机器，是烟囱，是厂房。甚至有人会觉得所谓工业化云云，其内容也不出去买机器，盖厂房，天天烟囱里不断地有黑烟送出来而已。至于工业里还有"人的因素"，那就不大有人注意的了。有些人以为人和机器是势不两立的，有了机器就不要人，机器是人的替代品。又有人认为人和机器是二而一，一而二的东西，人不过是机器的配件罢了。工业任何部分的活动无不是靠人，在利用机器中，人和人发生了种种很复杂的关系，这些关系的调整是工业能顺利发展的基本条件。忽视了工业里的"人的因素"和忽视其他因素，如原料、资本等一般会使工业前途蒙受极大的损害。最近我们常到各工厂去参观，和经营工业的人谈话时，深深的觉得劳工质量的增进和维持以及劳工的管理等已经成了西南工业中急切的问题。为了西南工业的前途着想，我认为这些问题是值得提出来详细讨论的。

工业的"人的因素"包括的范围很广，大体说来可以分人和事两部分，人的部分注意到工人组织和工厂管理等。4 卷 10 期本刊陈雪屏先生的《工作和闲暇》是讨论这些问题的嚆矢。本文将分析西南工业里所用劳工的来源以及说明现有人力基础的不稳固，希望负有发展西南工业责任的当局能及早注意预谋善策。

(二)

西南本来是一个工业落后的区域。若是没有这次抗战，在最近的几十年中西南很少有发展工业的希望。抗战把工业带到了后方，而抗战之能否

---

[*] 载《费孝通文集》第二卷，北京：群言出版社，1999，第 458~463 页。

胜利又大部分倚于后方工业能否建立起来。换一句话说，西南现有的工业并不能得到很好的遗业，新工业是要平地造起来的。而且造得要相当的快。单从人力方面来说，哪里得来这一大批新工业里的劳工呢？

新工业在当地缺乏遗业最显著的苦难是劳工的缺乏。现代工业中的劳工不是一朝一夕可以造就的。于是西南工业不能不大量的接受外来的劳工。机器和原料从甲地搬到乙地，一样可以用，可是劳工的徙移却不是一个简单的问题。

第一是内地如何去吸收外来的劳工？在目前西南工业之所以能得到外来的劳工，可以说是托了沦陷区工业崩溃的福。当抗战初期沿海工业区沦陷时，有一大批劳工失业，随着政府的内迁，辗转到西南，他们是流亡的劳工，很容易的被吸收在西南的新工业区里。

沦陷区的工业在敌人的控制之下逐渐恢复之后，这类流亡的劳工也跟着逐渐减少。但是西南工业正需要人力的充实，于是和敌人发生了争夺工业干部的经济战。各工厂个别的在上海等处设立招工的机构，可是这一幕重要的争夺战，并没有整个的计划，更没有健全的机关来统一筹划，这笔费用也全数由个别工厂负担下来。结果自然不易发生良好的结果，我们虽没有统计的数字来考核我们这方面的工作，但是在西南工业里技术的缺乏正可以反映出我们并没有做到应有的成绩。外来劳工的吸收既然没有全盘的筹措，更没有积极的奖励，在交通日见困难的情形下，前途显然是更不易乐观。

外来劳工的数目既然不易增加，我们就得设法尽量利用已来的劳工。但是人口的迁移常会发生水土不服的苦难。外来劳工健康情形如何？有没有特别的卫生保障？我们是急需知道的。但是至今尚没有任何可靠的材料可以给我们一些正确的知识。据说在外来劳工中性病的传染很广很快，这虽是一种传说，但是很可提示我们外来劳工社会生活的失调。外来劳工中单身的较多，社会生活的调适比较更困难。他们脱离了家乡来到一个人地生疏的地方，社会的控制力顿然削弱，他们没有亲属朋友的监视，没有顾忌的可以任性所致。性病还不过是次要的结果，近来大家痛心的走私也有一部分是出于个人责任心和道德观念低落的缘故。

生活不安定，对于职务不觉得有前途，心理的烦闷，都会直接影响工作的效率。我从一个朋友那里听说：在某工厂里，一个普通工人一天只做一百个螺丝钉，可是据工人自己说，一个螺丝钉只要一分钟就可以做好。我又在一个工人写给他朋友的信上读到一句很值得注意的话，他说：在这里的工作，比上海轻松三分之二。这样说来，不论是从客观的标准还是从主观的自觉来看，外来劳工的效率在新环境中真是意外的低落。我们且不去追问工作效率低的原因，可是这已足以使我们说西南工业并没有充分利用外来劳工可能的贡献。

外来劳工若是不能在新环境中得到满意的话，新环境就拉不住他们。他们不是迁移到别的地方去就是回老家，这里又发生了一种过虑，就是西南工业吸住外来劳工的能力怎样？已来的劳工有没有逐渐他去的情形？生活费用的一天高似一天会不会使外来劳工再度迁移？更严重的是，战后劳工的动向如何。若是战时西南工业尚不能吸住外来劳工，则战后更不容易了。这是潜伏在西南工业发展过程中的一个可能的危机。若是政府的经济政策是要在西南建立一个工业根据地的，对于这种危机应当及早预防，防止的办法固然很多，但是最基本的就是要使外来劳工觉得在新环境中个人的希望大，前途光明。现在这辈劳工的态度如何？这是值得我们深切注意的。

（三）

若是我们觉得外来劳工究竟不是建设西南工业的可靠干部，则目前应当赶快设法在当地人民中选择和训练出一大批新工业的工人。现在本地工人是哪些人呢？简单地，大体的说来，他们是来自农村的。

我常是这样想：工业化的过程应当看做是几百万几千万的农民脱离农村走到工业都市去的过程，是一个个人生活的改造，是一个个人生活理想的蜕化。这种看法在西南更是确当，因为西南的工业历史太短，发展得太急促，从农业到工业的转变太直接，现在的西南工业中有着一大批刚离开农村的农民，虽则他们已参加了新工业，可是从他们的生活习惯上说，还是充分的保留着农民的味儿。"农民在工业中"的一句矛盾的话已可以用来表示西南新兴工业的一种特色。

工业的兴起不能不从农村吸收出一大批人力来。有不少经济史的学者认为英国工业化之所以能如是之快，得力于十八九世纪的圈地运动，圈地运动的结果使大批农民不能在农村里找到工作，不能不来到都市里来当工人。工业革命一定是要农业革命来辅翼的。可是，西南农村里有什么重要的改变可以促进新工业的发展呢？以目前论农村的经济结构至今并没有重要的改变，于是农民为什么脱离农村更是个有趣的问题了。

我们所知道内地农民进入新工业的重要原因有两种。一种是由于征兵、债务以及其他家庭冲突等使农民不能安居在农村里，工厂成了他们暂时栖息的地方，这并不是过甚其辞，最近我们在某工厂调查女工人入厂的原因，可以说有近80%是出于家庭间的不和，经济压迫还在其次。以工厂为躲避烦恼的地方的人不易把工业作为一生事业的出路。征兵征过，债务还清，家庭问题解决，他们对于工厂还有什么留恋呢？

还有一种原因是由于农闲的利用。农村里一年至少有180天没有农作可做，在这农闲期间田地少的人家就得卖工过活，新工业给予这辈人新的卖工机会。不论出于上述的任何一个原因，都是会引起新工业中高速的退伍率。

为什么不能使这辈本地劳工安定在工业里呢？原因当然很多，最重要的是在新工业的吸引力小和农业在最近几年内的繁荣。本地工人既有大部分是从农村或市镇中出来，他们没有工业的技术，在新工业里只能取得小工的地位。做小工的工资较低（甚至低于农业里的工资），工作繁重，而且没有出头的日子，我们知道有不少抱着相当希望愿在工业里发展的人，到了工厂里觉得满不是所想象的那回事，跟着又退出工厂的。

在农业里工作惯的人，对于工厂里有规则的劳动，常会感觉到困难。习惯本来可以改变的，若是工业能吸引住他们，他们住久了自然养成工业习惯。不幸的是工业吸引力既不大，一上来农民们生活全觉得不对，回乡的心自然更易成为事实了。

从农业到工业并不是一条太顺太便的路，若是没有压力，没有特别的吸力，农民不易走上这条路的。内地的农村，租佃制度不发达，不像沿海省份农民的经济压力那样大，所以他们要离乡入城，一定得加强新工业的吸引力，新工业的吸引力中最重要的就是要以事实来证明在工业里当工人是有较大的前途，劳工是一件值得作为终身事业的职务。

（四）

依我们的分析，西南工业的人力基础动摇得很，不论是外来的或是本地的都表现着游移的趋势。在这个不稳固的人力基础上，西南工业的前途显然是有很大的限制。我们希望关心西南工业的人能注意这久被忽视的"人的因素"，及早设法来稳定这基础。西南工业需要一个有效率，不游移的劳工队伍。

1940 年 10 月 6 日

劳工的社会地位 *

费孝通

(一)

我在《西南工业的人力基础》一文里，曾提到西南新兴的现代工业中潜伏着一个严重的危机，就是现在的情形若不加以改变，则战后的西南工业很可能发生人力缺乏的现象。最近我们在昆明附近工厂里调查的结果，更使我们觉得这问题的严重。

先就技工来说，各工厂里的技工，最大多数是从沿海和沿江各工业区沦陷之后移来的。现在因交通线的阻断和沦陷区工业的复兴，这供给的来源已形阻塞。至于那些已经来西南的一批技工，则又因生活费用的日涨，私人生活的不易调整，大多还是在过他们的流亡和避难生活，很多抱着五日京兆之心。有不少人会很明白地向我们说战后无论如何是要回家的。如何可以设法把他们安定在西南工业里是我们将来还要提出来讨论的问题。这里且不多谈。

关心西南工业前途的人，似乎已都觉得西南工业的人力基础应当从速建立在当地的人力上，换一句话说，我们得赶紧造成一批可以负担将来工业发展责任的本地工人。可是我们的调查结果，却使我们十分寒心，因为我们发现现有工厂中的本地工人的安定程度甚至可以说比外来的工人更弱。在本地的男工中有大部分是为逃避兵役而入厂的。家里有相当的田产，在农村中本属于雇主自营的地主阶级。在本乡暂时不能住，农田上没有他们也不要紧，于是到工厂里来消磨一些时日，等征兵这回事过去了，又可回乡享受他们安闲的日子。

---

 * 载《费孝通文集》第二卷，北京：群言出版社，1999，第 468～474 页。

以本地女工来说罢，她们固然没有兵役，但是有家庭中时生时息的冲突，使她们要找一个暂时维持生活，脱离烦恼的场所。靠了这一种旧社会的压力，新工厂中得到了一批女工，可是这压力并不是永远存在的。和丈夫吵嘴的，等丈夫回心来说两三句好话，或是有亲戚朋友出面调解了，她们都随时预备离厂。

我们听了两位在工厂里实地调查的朋友的报告，不免觉得这些工厂说得过分一些，真是做了收容所、避难所的工作了。就是那些因经济压迫当工人的，也并没有把工厂里当工人作为他们有希望的出路。欠债的人希望秋来收成好，可以清理了账，回家去，经营商业失败的还是念念不忘又一天发财的日子，在工厂里是发不了财的，这在他们也是最明白。

这些事实显明了一点就是传统经济结构中还没有发生一个重要的变化，造成一种进厂的压力，使那些劳动者不得不在新工业中讨生活。回想欧洲工业革命的时候，同时有一个农业革命相配合，使大批的农民不能不离地。一离地，工业正是为他们预备下的一条出路。在目前我们的处境始与此相反：农村经济在抗战中繁荣了，农村的劳工可以得到一天 2 元的工资，外加酒肉；地主们因农产品价格的飞涨，生活普遍地提高了；市镇里的工匠，因疏散人口的数量增加，生意兴隆；更加上交通运输的需要，一个赶马的小孩，一个月都可以有 150 元左右的收入。试问工厂如何能去吸引他们呢？

当然，我并不是说农村里和市镇里是没有闲人了。只是说目前的农村里和市镇里使人进工厂的压力的确是极弱，在这个情形中要希望建立一个西南工业的人力基础只有在增强工厂的吸引力方面打算了。在本文中我愿意提到一个吸收劳工的重要原因，就是要提高劳工的社会地位。

（二）

我们曾和 600 多个女工谈话，除了少数之外，大多觉得做工不但没有前途而且是失面子的事，有不少小姑娘们向我们痛哭，原因是在她们的表姊妹都在学校里读书，而她自己当了个工人。男工中也有很多表示宁愿薪水少做个小职员，不甘心做工人。他们感到工人在社会上的地位太低了，做不得。

提高社会地位是每个工人的要求，最显著的是现在的一个新工厂中，已没有人用"工人"的名称，而全改口叫"工友"了。工友两字可说是新名词，在六七年前，只有清华大学那些学校里，才能听见人不呼"更夫"而呼工友，现在"工友"是被普遍采用的。工厂管事的人和我们说，若呼劳工作工人，会得罪他们。

我还听见一个例子，有一位上海新来的太太，借用人家一辆汽车，她没有"入国问禁"，直呼"司机"作车夫，要他搬行李。司机的为顾全面子起见硬硬头皮把他送到了家，可是以后永远不再开她的车了。最近听说四川有些司机的又不甘心作"司机"而要人称他们作"工程师"了。

这些名称上的关心，却正表示了劳工们的"卑下心理"。他们对于社会地位的感觉过分敏锐，正因他们事实上得不到社会上公认的地位，有些教授在饭馆里吃客饭，看着满座司机、技工们全席大嚼，回来觉得工人的享受已超过了他们自己，工人的社会地位已经提高到了教授们之上了。可是事实上却不然，他们穷奢极侈的挥霍，正表示他们除了食色的低级享受之外找不到用钱的地方，社会没有全部接受他们，这些行为正是要求社会地位不得其道的表现。

士农工商社会地位的传统标准，在每一个人心里是否已经改变过来，在我看来还是很成问题。在农村里，依我自己的调查，我的确知道农民们认为下田劳作是件不体面的事。有面子的不下田。在市镇里，再穷也不能把长衫当去，长衫代表什么？是社会地位，是不用劳动的人。看不起劳动本是农业社会的特性。靠肌肉为动力时代的劳动，本是牛马的事。人们和牛马做同样工作，哪里会被人看得起呢？我们得承认体力劳动毕竟是件苦事情，避苦是人之常情，所以若是有避免劳动而能生活的人，他们总可以说比劳动者高胜一筹。不论他们的生活程度如何，他们的社会地位是高的。

劳工地位可以提高是发明了利用自然动力之后的事，有机器之后，劳工是处在管理机器的地位，他不再是牛马而是指挥牛马的人了。他们可以有"人的尊严"，有权利向社会要求崇高的地位了。

劳工要求地位是由农工到工业的过程中必然的现象。鄙视劳动却也是农业传统阻遏工业萌芽常见的压力。我们现在正处在农业到工业的大变局中，若是要促进工业的发展，一定要设法提高劳工的社会地位，改变对于劳动本身的看法。

（三）

提高劳工的地位是需要双方并进的。一方面要使工人以外的人明了劳动的价值和工作的性质，一方面要把工人社会生活的质量同时提高起来。社会学家常说人是在别人眼中认识自己的。工人们要能安心做人是需要在别人眼中的到他所希望的看法。因之劳工的社会地位的提高是要靠社会一般态度的改造。我在上节中已说明看不起劳工是农业经济中所养成的成见，在运用机器的工业社会中是没有根据的，所以若是一般人能多和新工业接触，他们的成见是会改变过来的。现在鄙视劳动的成见还是这样深，正表明了一般人还是不认识新工业。

我们在工厂里调查时曾注意工人家长们态度改变的事实，女工们的家长大部分是不赞成他们女儿入厂工作的，但是其中有些人到了厂里参观之后，发现厂中一切设备，都不是他臆想中的样子，他们被机器打入了一个很深的印象，就是新工业中的劳动和农田上的劳动在性质上基本是两回事。于是他们对于女儿的工作也不加干涉了。

若是我们要责备一般人不了解新工业，其实还是责备新工业本身较合理。试问一个普通人有什么机会和新工业能发生接触呢？"工厂重地，闲人莫入"之外，还有常派着武装士兵禁止参观。当然，工厂决不能让杂人任意出入，可是在这工业初期，工厂参观是一种很重要的社会教育，只有把新工业具体给人看，才能把农业社会中传下的那些不合于工业社会的态度改变过来，对于个别工厂，招待参观是一件麻烦事，可是对于整个工业的前途着想这却是一件必需的工作。至少每个工厂应当从工人的家属做起，规定招待他们的日子，借这个机会把机器开给他们看，把出品的性质分析给他们看，把工作的意义讲给他们听，一言以蔽之，给他们一些工业教育，这样在厂的工人可以不致再受表姊妹的奚落，不会再感觉到社会的鄙视。

从劳工本身说来，被社会鄙视也不是没有理由的，过去在工厂做工的人，不但被人看不起，甚至可以说，没有被自己看得起过。教育程度低，使他们不能发展较高的兴趣。社会道德更是不甚注意。现在的"司机"们固然没有人称他们作"车夫"了，可是实际上他们真的配称作"司机"么？他们能保护托付在他们手上的机器，使那些机器可以最有效率的应用么？他们能不借用他们特殊的技能做有害社会国家的事么？若是"司机"们整天作践他们的汽车，大量做走私的业务，单单名称上的改口，决不会真的提高他们的社会地位的。

（四）

从农业到工业并不是一条无阻的康庄大道，一路上有各种各色的挫折，劳工社会地位的低落是农业文化留下在工业发展道上的障碍，社会地位是构筑在社会通行的价值观念的基础上。本文的结尾中，我们愿意再提到以前曾说过的一句话，就是工业的建立不能单靠机器的购买，厂房的建筑，这些是表面的东西，得来是不难的。重要的基本的，我们还得建设一个能使机器顺利和有效活动的社会环境，创造一个和新工业相配的精神，这是工业教育的工作。

1941 年 1 月 12 日

新工业中的艺徒[*]

费孝通

（一）

两年来内地新工业曾发生过人力缺乏的严重问题，在那时候各种较大规模的新型工业在后方都已经开工，一时需要大批技工，可是哪里找这许多技工呢？西南一带在抗战以前的新工业是没有基础，内地原有的技工人才显然不够供给这突如其来的需求。临时也难造出须经相当培养的大批技工来，因之，新工业还得靠沿海沿江原有工业区里搬迁出来的技工来支持。据史国衡先生1940年在某工厂调查结果，63个技工中有60个是外省人，内地工人大多只能当帮工和小工，40个帮工中有31个是内地工人，41个小工中只有8个是外省人。这些数字充分表示当时新工业的技工里极多是外省来的，在这批外来技工身上，内地新工业得到了它立足的可能。

当时我们认为这种现象不是正常的，建筑在外来技工身上的内地新工业并没有获得稳固的基础，不久上海、广州、汉口等已沦陷的工业区，在敌伪的控制下，一部分工业已经恢复了过来。除了少数富于爱国情绪的，大多数工人已经觉得在当地可以获得就业机会，并不急于要到后方来了，而且我们的政府在争取工业人力上始终没有采取积极和有效的措施。各工厂分别地、单独在沦陷的都市中秘密招工，后来，后方生活费用猛涨，交通阻滞，不但沦陷区的工人不敢贸然就道，连在那些地方招工的工厂也觉得交通费用太大，无法担负。于是外来技工的来源可以说大都阻塞了。

外来技工来源一时阻塞，而后方工业还是在不断发展中，人力缺乏是必然会发生的现象。民国二十九年到三十年，这现象已经相当严重，人力

---

* 载《费孝通文集》第三卷，北京：群言出版社，1999，第44~49页。

缺乏并不能阻止新兴工业的建立，整个后方工业里却发生劳工不稳定的恶果，譬如甲厂要招工人，市面上并没有新的人力可加以利用，于是想各种方法来吸引在别厂上工的工人转厂，乙厂的工人被挖了出去，为了维持工作，不能不用同样手段来向别厂挖掘工人。实际工厂里只有一个空位，但这却已够使大批工人因此而在各个工厂中不住地流动起来。在工人方面说，动一次可以好一次，工资提高了，待遇改善了，地位升高了。可是从工厂方面说，却蒙受很大的损失，纪律无法维持，效率每况愈下。曾有一个时候管理员对了工人到处委屈求全，可是工人却气焰高涨，一语不合就可以卷铺盖，不怕第二天找不到更好的位置。在生产上的损失实在无法估计，至少得超过所受轰炸损失的好几倍，所以树立内地工业人力基础也就成了当时的严重问题了。

（二）

新工业中并不是没有内地工人，我在上文已提到在帮工和小工等非技术工人中，内地工人是占着多数，于是我们要问：这些已到了新工业中做工的内地工人能不能被提升成技工，用以增加技工的供给而减少劳工的流动呢？要回答这问题我们得看到两方面：第一是这些在新工业中的内地工人是否稳定，第二是他们在厂中有没有学习技术的机会。

据史国衡先生所调查，81 个内地工人中却有 45 个自己承认是为了要逃避兵役而入厂的。他们家里人多有着相当田产，并没有出来"吃苦卖工"的必要，只是因为逃兵才不能不出来躲一躲。这批人不但没有在新工业中上进之心，而且既有的工作都不想好好地做。当然，在内地工人中自然也有破釜沉舟矢志在新工业里谋出路的，但是他们教育程度极低，字都不识的小工要升到能看图纸，能运用复杂机器的技工，即使不足难如登天，也决不是一朝一夕之功所能实现的，而且一个天天扛原料的小工，可以在工厂里住了一年，连机器都没有看见过。当然，工厂里大多有升迁的制度，规定从小工升帮工，从帮工升技工的办法，但能利用这办法爬上去的，实在并不多。所以我们若要希望内地工人能在当时的工厂机构中培养成技工，至少是一件极难的事。

（三）

一方面后方工业已经领教了技工缺乏的打击。而另一方面又不容易在原有工厂机构下产生大量的内地技工，那怎么办呢？于是发生了新工业中的艺徒。这是说新工业已觉悟到非拿出一些本钱来培养它所需要的技工人才不成了，起初各工厂是各自为政的，各厂对于艺徒的训练、管理、待遇等可以有很大的差别，一个极端可以说是工厂附设的初级专门学校；另一极端却是在徒弟制下童工利用的复活。前者多见于国营大工厂，后者多见于私营的小工厂。

可是不论艺徒的性质如何，新工业采取了艺徒制后，人力基础的确安定了不少。内地新工业中采用艺徒制还在三年之前，一个完全的徒工固然要三年到五年的训练，但在训练期间，他们有过一些基本技术之后，就能实习，换一句话说，就能在工厂中担任正式的工作。所以这三年在艺徒制中已产生了为数不少的新工人，我们知道一个工厂，艺徒出身和尚在当艺徒的工人已经担当了全厂一半以上的工作。这实是内地新工业中的大事，应当大书特书的，因为这是一个工业化过程中的胜利，解决了后方生产中一个严重问题。

可是正因为艺徒制对于新工业是一个应急的措施，这个制度也很容易发生流弊。我已说过有些小工厂，老师傅们借此名义招收童工，他们可以用较低的工资来榨取未成年儿童的劳力。我们当然可以记起当英国工业发展的初期，也曾因为人力的缺乏，为了要减低生产成本，普遍地雇用过童工，写下工业史上最黑暗的一页。前鉴未远，我们是否在走这条老路？

为了防止艺徒制的流弊，最高国防委员会规定了艺徒训练的办法，而且在原则上把这件工作视作是政府举办的事，由政府委托各大工厂推进艺徒训练工作，并且顾及个别工厂不能担负这项经费，所以由国库支给。这种措施无疑是值得赞扬的善政。因为新政推行未久，有的成就和所遇到的困难还不好说，可是我们觉得艺徒制对于我国工业的前途影响极大，所以极愿意促起社会人士的注意，而且更希望主持和办理这件新事业的人能互相公开地把他们宝贵的经验多多发表、讨论和检讨，使我们所需的新工人能更有效地产生出来。

（四）

最后，我愿意附带地提出几点和负有推动艺徒制度者加以商榷。

艺徒训练的意义是在由工厂来担任初级专科学校的职务，它的长处是在设备上的便利，在这个时候要大规模地创办合适的初级工艺学校是件极困难的事，所以借已有工厂来作训练机构，在设备上说是最经济、最便利了。但是把这种教育事业加到一个以生产及营利为目的的工厂身上去，对于工厂却是一个额外的担负，间接加重了生产成本，虽则政府在原则上是承认训练艺徒的费用应当由社会来担负，由国库支付，但是事实上，政府所给予工厂的津贴为数极少，据说还不够艺徒的饭食，于是在工厂立场上说，自然得极力在可能范围中，使艺徒能及早自给，使他们能参加生产工作，这个倾向是无法避免的，除了在政府支持下，不必讲营利的国营工厂外，若是要把这笔教育经费转入生产成本，这个工厂和其他工厂竞争上，就处于较劣的地位，若是在工厂里训练艺徒不免有侧重于使艺徒早日参加正式工作的倾向，则艺徒训练在不大有效的工厂检查制度之下，很容易被一辈以营利为目的的工厂，利用做招收童工的护符。要防止这种流弊，最好能及早规定只有国营工厂才能担任这项工作，而且在预费上加以提高，使训练工作不致增加工厂担负。在实行艺徒制度的初期，尤宜考察各厂实施的状况，对于管理有成绩的加以鼓励，而对于没有成绩的加以取缔。

还有一点可以提到的就是艺徒训练的内容，以工厂来担任这项工作，很容易偏重于技术上的训练而忽略了一般性的教育以及青年生活上的教导，艺徒的年龄大多在 13 岁到 16 岁之间，这是生理上变化最强的时期，他们需要的并不是片面的技术教育，而且要养成一套完全的人格，在工厂里的生活多少总是容易向片面发展，更因为求学习技术的效率起见，甚至可以将那些艺徒长期的和家庭及女性隔离，管理艺徒的人员在肩负着一个家长对于子女的责任，怎样能使艺徒不成一座机器而成一个人，那实在是艺徒训练中一个重要的问题，这些问题对于一个对付惯机器的工程师也许不易发生兴趣，但是在社会立场说，若是在这 20 年中培养出的新工人，在普通生活中不太健全，而把将来的工业放在他们肩上，是一件极危险的事。将来的工人是一个工业化、社会化的主干，甚至可以想作是政治上的一个重要角色，他们早期的修养一定会影响对日后的行为，整个社会都会受他们行动的影响。所以我觉得艺徒的训练应当成为现代教育家的研究对象，现代教育家决不能自限于学校之内，工人教育的确立实在是他们的不容卸脱的责任。

1942 年

劳资的鸿沟[*]

费孝通

美国是个民主国家。若是有一个人敢在美国人面前说是要破坏他们的民主，那必然会激起每一个人的强烈反抗。可是民主两个字所指的内容是什么，美国人并没有完全相同的见解。我在上面已经指出传统的见解是消极的，是指限制政治权力对个人权力的干涉。这是反抗中世纪封建制度的过程中所发生的见解。这种消极的民主自有它在历史上的贡献，现代经济能得到惊人的发展不能不说是自由竞争的结果；此外，更重要的，是确立了人民控制政府的政治，我在后面还要提到，美国在经济即使发生了与民主精神有严重脱节的时候，只要美国人民坚守着政治民主的信念和制度，经济上的设施最后总不能离开人民幸福的标准太远。

我在上章指出，民主的积极性已经逐渐深入美国人民的意识。积极的民主是注重个人的社会性，个人幸福的兑现不但是生活所赖的物资的丰富，而且是要在精神上觉得个人活动的社会意义。在战争中，每个士兵能守纪律，能够服从，不是因为他怕禁闭，怕刑罚；而是要出于自发、自动的心理。自发自动的心理只发生于个人觉得这样做是达到自己所具目的的最有效的方法。在战争中士气的决定是在士兵是否衷心地接受战争的目的。凡是不能接受战争的目的的人最好是不要加入军队，因为他会影响士气的。在两次世界大战中，英美征兵法中都规定凡是良心觉得不能参战者得请求免役。我就知道有一位念人类学的朋友，因为这个理由，到现在还没有穿军服。军队是如此，其他社会活动亦是如此。所不同的是战争的活动所具的目的比较明显，而其他社会活动不然；战争中土气决定胜负的力量也比较容易见到，而其他社会活动不然。譬如说，在战争中每个小单位

---

　　* 载《费孝通文集》第三卷，北京：群言出版社，1999，第 268～274 页。

的长官不能以个别的胜利而满足，可是在社会的经济活动中，每一个小工厂的老板很可以不必关心其他工厂的成败。在经济活动中，大多数的人还没有意识到这是和战争一般的有一个参加活动者所共同的目的的存在。共同的目的，虽则存在，若是参加者不意识到，而要他们守纪律，尽责任，只能从消极的强迫和刑罚中下手了。

我们回头看看19世纪的经济学家，他们为了要从封建的硬壳中解放出个人的能力来，发挥科学所允许给人类的富裕生活，所以一贯的主张让个人尽量依最大利得的冲动中去谋发展。可是像亚当斯密那种深思远虑的学者也不能不考虑到个人最大利得是否就是社会经济活动的目的。人是为了聚积财富而去经营生产的么？在这个问题上，他只能信托上帝了；冥冥之中自有一个主宰来配合每个人个别目的的大计划，至于这个大计划是什么呢？他也明白，应当是最大多数人的最大幸福。他所不明白而要求助于上帝的是个别目的怎样配合于大计划完成这大目的的过程。在当时，这问题并不严重，所以还可以不必深究。

可是，个别目的配合于社会目的的过程一旦不加深究，参加经济活动的人也就把社会目的搁置不问了。有利可得的还可以靠人类的本性，或社会的奖励来发现自己所做的事有什么意义，那些出卖劳力的工人就不容易维持他们的士气了。要他们做工只有让生活的需要来压迫他们，用失业来威胁他们。当然一个人迫于饥饿不能不接受工作，可是这决不是经济活动的社会目的。这种人就是参加了经济活动也不能在高度的士气里发挥经济的能力。

积极民主是在使个人积极的参与社会活动，要实现这积极的参与，必须要参与者觉察到他们个别活动的社会意义。在经济活动中做事的必须要觉得他一己的工作是可以提高最大多数人的最大幸福的。美国在过去的工业史中并没有达到这境界。

美国工业是在消极民主的精神中发生出来的，这神精神庇护了大企业的长成，而大企业的目的是在为投资者创造利得。这些利得固然也是社会的财富，它提高了美国人民的生活程度，可是因为大部分的利得是交给投资者，所以没有资本的人并不能充分的和均等的享受到由工业中创造出来的幸福。这种分配方式，对于社会有没有好处，那是另一个问题，可是至少可以使一般在工业中从事劳作的劳工们感觉到这些工业并不是属于自己的，他们不过是不得不做工的被雇者罢了。这样在心理上划下了劳资的鸿沟。

有一次我和几位 20 多岁的在工厂里做事的小姑娘们一同去游泳。在沙滩上，她们很得意地告诉我，她们已在厂里组织了一个工会，有一位是当会报的编辑，为了下一期的社论在发愁。我就问她们，这工会的目的是什么呢？她们的回答可以归纳到三点：一是维持工资的标准，工厂方面不能随意升降；二是保障职业，工厂方面不能随意开除工人；三是工人们合作谋生活福利的提高。这里我们可以看见劳资的鸿沟了。关于生产的计划，制造什么东西，怎样才能销出去，销出去对于民生有什么关系，有多少利益，生产者方面可以得到多少报酬……这一类的问题，劳方是似乎不关心的。他们在现行制度之下是没有资格过问的。厂方既然把他们的劳动力看成了商品，他们所念念不忘的也是商品的价格怎样，市场怎样。工资能提高，职业有保证，他们的问题也解决了。

在厂方看来，劳工自然成个讨厌的生产因子了。若是这个因子规定了价格，又规定不能随意开革，他们就不易在这因子上来调适经营的需要了。譬如一种货物因为某种原因在社会上的需要减少了，他们得少出一些货，价格得定得低一些；可是他们在劳工上的成本不能缩小的话，他们也就不容易张罗了。在一个企业家看来，劳力最好是和其他生产要素一般能支配自如，涨缩随意。但是劳工是人，人会组织起来，用集体的力量要挟、交涉，使这一个生产要素的性质和其他的生产要素不同。

美国早年是倾向于限制劳工在经营上发生阻碍的。最有意思的就是国会里所立下的反托拉斯法对于独占企业的兴起并没有发生阻遏的效力，可是却用来作禁止劳工组织的法律根据。劳资两方面既发生了鸿沟，一方面的组合自会引起另一方面的组合，可是在时间上说，美国的情形是资早于劳。1890 年资方可以说已经有很坚固的独占组合，而健全的劳工立法一直要到两位罗斯福总统手上才算立下基础。以往的劳工运动的目标，还是不出沙滩上几位小姑娘所告诉我的三点。不过在这次大战中，新的倾向已经发生，我将留在以后再讲。

以西洋几个大国来说，苏联和美国处于东西两端，从经济组织上论，这东西两端正代表社会和个人的两种偏重。美国对于东方这偏重社会的经济组织，在这次大战之前，成见很深。现在虽因罗斯福的领导，社会上一般的见解已有很大的改变，但是已经改变了多少，还是不易说。所谓改变也不过是认为这两种经济形式可以并存互助，并不是美国愿意接受苏联的形式。因为过激的社会立法，在英国这些社会立法已被认为是保守的东西，在美国还常有人指斥为"共产"。

美国劳工运动的落后原因很多，最重要的我们在上文曾一再提到的，在工业兴起的 1890 年左右，美国西部还没有完全开发。凡是在工业里感受到不痛快的，可以向西去。美国最后一州新墨西哥到上次大战前两年才成立。我在上文中也曾指出，美国的工厂是靠欧洲移民来维持的。新入境的移民，语言也不太通，在举目无亲的窘状中，谈不到团结。何况新大陆有工作可做已经比了故乡的生活高出无数，绝不敢轻易冒险和雇主作对。即使劳工有力量能影响立法机构通过劳工法案，可是在罗斯福当政之前，还是各州各自为政的。某州若保护劳工，那就等于驱逐企业家到别州去，对于本州似乎是有害无益的。既有此顾忌，法案自然不易通过。

若是美国有开垦不完的边区，工业的繁杂又是一帆风顺，每一个劳工能得到合理的工资和就业的机会，劳工运动是没有必要，也没有意义的。财富分配固然患在不均，可是还得看不均到什么程度，假若最低的收入也能丰衣足食，即使在上的享受过于王侯，社会上所起的不平之感，也不致太严重。假若最低的生活程度不能保障，即使没有什么富人，大贫和小贫之间还是会发生冲突的。

美国拓殖时代事实上在这世纪之初已经结束了。工业的发展，在技术上讲，本是可以无限的，但是因为现有的经济制度包含着矛盾，以致不能继续不断的繁荣，不景气的威胁使劳工对于职业失去了安定和保障。现代工业的矛盾是在生产和消费的配合里。企业家经营工业的目的是在于获取利得，增加财富。生产是为了再生产。每生产一次，就得扣下一些利得为再生产之用。可是从一次生产到另一次生产之间，必须有消费者去购买生产品，给生产者以利益，才能继续这生产再生产的过程。若是一个社会中财富不能普遍的分散，则购买力也就不能增高。每个人的消费量究竟是有限的，大量的财富集中在少数人手中，这辈富人不能把所得都用来购买消费品，所以有一大部财富消费不了，变成了生产资本。生产资本扩大，要发生利得，也必须有相配的购买力，一旦生产资本太大，社会上的购买力赶不上，所生产出来的东西销售不出，企业家无法获利，只有停止生产，经济活动停顿，劳工失业，这就叫不景气。在以利得来作企业目的的经济结构中，繁荣和不景气好像有一定的循环。美国工业发达过程中每隔若干年必然有一次不景气：1837～1841 年；1873～1878 年；1893～1897 年；

1904 年，1907 年，1921 年；1929～1933 年；这些都是不景气的年头。每逢一次不景气，大量的工人因工厂关门而失业。企业家、资本家在不景气中固然要倒霉，可是真正会遭遇饥饿的是那些因为企业家没有利益可图而关闭工厂之后失业的群众。在 1932 年有 1200 万人失业，满街都是找不到工作做的流浪者，他们家里都是愁容满面的妇女和为了饥饿而哭闹的孩子。情形极惨。

美国人民对于失业是颇有经验的。在我们中国因为最大多数的人民是在乡村中，而且大多有家庭、氏族、亲戚、朋友们互相通融，使失业不成为一个严重得使人谈虎色变的事体。有一次我和一位在大学里教书的美国朋友谈起。我说做中国人真不容易，责任太大，美国人多舒服。他笑了一笑："各有各的苦衷。我看你们不常忧虑职业问题，我们谁也不敢有此自信：不景气像鬼一般降临，大学的经费来源断绝，不能不缩紧；我们自己若没有积蓄，根本就不知道怎么办。你们可以有哥哥、弟弟、伯伯、叔叔等家里人，他们会觉得有帮你忙的责任。我们呢？谁也管不着，职业完全没有保障。"大学里教书的尚且是这样说，其他的劳工更可想而知了。

尽管美国人保守着传统的消极民主，但是，这是个具体而且切身的问题：职业的保障。因之，劳工运动虽则比了欧洲是落后，但总是免不了的。

美国的劳工运动中主要的是职业组合。同业的工人组成一个工会，各职业工会组织联合会，像美国的各州合组联邦一般。职业组合主要任务是"集体交涉"，用以提高工资和缩短工作时间。全美的总会叫 AFL（American Federation of Labor）。我对于这个组织曾有不太好的成见，因为这个工联是主张限制华侨最有力的团体。他们反对东方人到美国去，也并不一定是瞧不起我们，而是因为他们要保障职业。他们怕生活低、工作勤的竞争者，所以排斥华工。其实这正反映了美国劳工眼光的浅近。他们不想在增加机会中去谋职业保障，反而流入消极的态度，想用经济以外的手段来消灭竞争。这组织在两次大战之间的 20 年中，在美国劳工运动中势力最大，在 1924 年，会员有 300 万。

美国劳工并不是没有眼光较远的人。差不多和工联同时兴起的有一个当时很有声誉的"劳工武士会"，名称很怪，英文是 Noble Order of the Knights of Labor。这个工会是包括一切劳工，除了赌徒，开酒馆的，银行家，律师和掮客。他们主张 8 小时制，禁止童工，社会公用设备的公有，增加累积直接税和土地制度的改良，换一句话说，他们是想在广义的社会改革中去提高劳工的生活和地位。他们主张用立法手段，从政治入手来改良经济制度。在政策和作风上，在我个人看来，是最可取的。可是 19 世纪的时代，这些社会改革还是太早，时机未熟。以童工来说罢，我已提到过在美国独立的时代，哈密尔顿曾公开地奖励童工，他觉得工业的兴起可以提早一个人能工作的年龄。他不过是当时企业家的发言人罢了，代表着当时一般的见解。在 20 世纪开始的时候，美国有 75 万从 10 岁到 15 岁的儿童在工厂或其他职业里工作。有一个人调查了 8 个纺纱厂，发现了有 556 个 12 岁以下的儿童在工作。另外一个人见到有六七岁的孩子，半夜两点钟时还在罐头公司里做工。反对童工的民意虽则逐渐增强，而且工业成年之后，对于童工的需要也降低，但是在 1930 年还有 200 万在 18 岁以下的儿童在做工。一直要到罗斯福的新政实施，美国的童工问题才算解决。我举这个例子来说明广义的社会改革在早年只是属于理想的范围，所以这些"武士"们不易得到广大的同情，他们的组织也无从发展。一直要到这次大战中，"武士会"的后身 CIO 的组织才在劳工运动中产生重要的力量，这是后话。

编后记

　　本书为云南大学民族学与社会学学院社会学系马雪峰主持的国家社会科学基金项目"'魁阁'时期云南九村镇再研究"（项目编号：16BSH003）的阶段性成果之一，也是云南大学社会学这一学术共同体追念"魁阁"先贤、体认学术传统的集体成就。我们认为，在严酷的战争背景下，在一个民族的政治意志接受最严峻考验的年代，"魁阁"学者们所做出的这一批社会科学研究，熔铸了血与火的家国情怀及对文明的深度反思。整理并出版这些研究著作，其精神激励意义和学术薪火相传的价值，自不待言。社会科学文献出版社的杨阳编辑及各位同仁，在编校方面付出了辛苦努力，在此深表感谢。尽管再三审核，本书仍然可能有某些错漏之处，还请读者诸君提出宝贵意见，发送邮件到如下地址：ynusociology@gmail.com，以利修订。

　　法国诗人勒内·夏尔说："我歌唱新生儿脸上的热烈，绝望的热烈。"这是令人心魂震撼的诗句。我们期望我们重新整理的这本文献合集同样有面向历史与现实的热烈。受到夏尔深刻影响的福柯，也曾经表达过对历史的看法：大写的历史的确是我们记忆中最博学、最警醒、最活跃并且无疑是最拥挤的区域；大写的历史同样是一个深底：所有存在物都是从这个深底开始存在的，并且不确定地闪烁。在历史深底"不确定地闪烁"，是存在物最令人着迷的特质。但愿这些如星辰般闪烁在历史天空的记忆，能够穿透虚空传递给我们，激励后来者前行。

　　是为记。

图书在版编目（CIP）数据

魁阁文献. 魁阁学者劳工社会学研究 / 何明，赵春盛主编；张美川，马雪峰分册主编. -- 北京：社会科学文献出版社，2019.12

（云南大学西南边疆少数民族研究中心文库. 魁阁研究丛书）

ISBN 978 - 7 - 5201 - 5819 - 0

Ⅰ.①魁… Ⅱ.①何… ②赵… ③张… ④马… Ⅲ.①社会科学 -文集②工人 -劳动社会学 -中国 -民国 -文集 Ⅳ.①C53②C976.1 -53

中国版本图书馆 CIP 数据核字（2019）第 295881 号

云南大学西南边疆少数民族研究中心文库·魁阁研究丛书
魁阁文献2
魁阁学者劳工社会学研究

主　　编／张美川　马雪峰

出 版 人／谢寿光
组稿编辑／佟英磊
责任编辑／杨　阳

出　　版／社会科学文献出版社·群学出版分社 （010）59366453
　　　　　地址：北京市北三环中路甲 29 号院华龙大厦　邮编：100029
　　　　　网址：www.ssap.com.cn
发　　行／市场营销中心 （010）59367081　59367083
印　　装／三河市东方印刷有限公司

规　　格／开　本：787mm × 1092mm　1/16
　　　　　印　张：16.25　字　数：271 千字
版　　次／2019 年 12 月第 1 版　2019 年 12 月第 1 次印刷
书　　号／ISBN 978 - 7 - 5201 - 5819 - 0
定　　价／498.00 元（全四册）

本书如有印装质量问题，请与读者服务中心（010 -59367028）联系